MÜNCHENER TEXTE UND UNTERSUCHUNGEN
ZUR DEUTSCHEN LITERATUR DES MITTELALTERS

HERAUSGEGEBEN VON DER
KOMMISSION FÜR DEUTSCHE LITERATUR DES MITTELALTERS
DER BAYERISCHEN AKADEMIE DER WISSENSCHAFTEN

BAND 67

GREGORIUS EREMITA

Eine Lebensform des Adels bei Hartmann von Aue
in ihrer Problematik und ihrer Wandlung
in der Rezeption

VON
VOLKER MERTENS

ARTEMIS VERLAG
ZÜRICH UND MÜNCHEN

MÜNCHEN 1978

Als Habilitationsschrift auf Empfehlung des
Philosophischen Fachbereichs II der Universität Würzburg
gedruckt mit Unterstützung der
Deutschen Forschungsgemeinschaft

ISBN 3 7608 3367 5

Satz und Druck: Erich Spandel, Nürnberg.

Printed in Germany

Frage dich, und höre nicht auf zu fragen, bis du die Antwort findest; denn man kann eine Sache viele Male erkannt, sie anerkannt haben, man kann eine Sache viele Male gewollt, sie versucht haben, und doch, erst die tiefe innere Bewegung, erst des Herzens unbeschreibliche Rührung, erst sie vergewissert dich, daß das, was du erkannt hast, dir gehört, daß keine Macht es dir rauben kann; denn nur die Wahrheit, die erbaut, ist Wahrheit für dich.

Ultimatum: Das Erbauliche, das in dem Gedanken liegt, daß wir gegen Gott i m m e r unrecht haben. Entweder-Oder. Ein Lebensfragment. Herausgegeben von Victor Eremita, 2. Teil. Kopenhagen 1843

VORWORT

Meine Arbeit versucht, neuere Ansätze der Geschichtswissenschaft mit literatursoziologischen und -typologischen Fragestellungen zu verbinden. Wichtig waren für mich die Veröffentlichungen von A. Borst und R. Sprandel (vornehmlich für das Theoretische) auf historischer Seite, auf germanistischer Seite hat mich K. Bertaus Versuch beeinflußt, Literaturbetrachtung in einen universalhistorischen Zusammenhang zu stellen.

Ausgangspunkt ist die These, daß eine kollektive Mentalität Autor und Publikum als gemeinsamer Verständnisrahmen umschließt, die sich für die hier interessierenden Phänomene in »Lebensformen« konkret fassen läßt. Daher wird zuerst eine solche Lebensform mit Hilfe historischer Zeugnisse nachgewiesen und dann die Korrespondenz mit entsprechenden Details in dem hier zur Diskussion stehenden Werk verfolgt. Für die Literatur gehe ich dabei von einer wesentlich immanent bestimmten Interpretation (Erzählmodell) aus, die jedoch durch produktions- und rezeptionsästhetische Überlegungen ergänzt wird. Um den postulierten Bezug auf historisch evidente Lebensformen wahrscheinlich zu machen, sind die literarischen Werke zuvor so genau wie möglich nach Zeit und Publikum zu fixieren; daß dabei über mehr oder weniger gut begründete Vermutungen oft nicht hinauszukommen ist, liegt in der Natur der Sache. Die Summe von Details, die einzeln insignifikant erscheinen mögen, wird hier jedoch größere Wahrscheinlichkeit ergeben; daher ist eine Ausbreitung von Einzelheiten mitunter auch peripher erscheinender Art nicht zu umgehen.

Die technische Anlage versucht, Rücksicht darauf zu nehmen, daß längere Ausführungen von Einzelproblemen, obwohl sie zur Absicherung oder Ergänzung wichtig sind, die Gradlinigkeit der Argumentation stören würden. Sie wurden daher in mit Großbuchstaben gekennzeichnete Appendices am Schluß der Arbeit verwiesen. Nicht opportun erschien mir dieses Vorgehen jedoch für den historischen Aufriß der Lebensform Eremit, da hier die Breite des historischen Materials erst das Konzept dieser spezifischen Forma vivendi deutlich macht und den Hintergrund für die Einordnung ihrer literarischen Ausprägung genügend glaubhaft bereitstellt.

Bei einem derart häufig bearbeiteten Gebiet wie dem ›Gregorius‹ Hartmanns war es mir nicht möglich, zur jeweiligen Problemerörterung alle anderen Standpunkte zustimmend oder ablehnend zu erwähnen; Zitate, die lediglich den Nachweis der Kenntnis bestimmter Arbeiten erbringen sollen, habe ich möglichst vermieden, den intendierten Zweck erfüllt das Literaturverzeichnis. Wo ich mich allerdings auf vorliegende Forschung stütze, habe ich die entsprechenden Autoren an Ort und Stelle aufgeführt. Die Arbeit von F. OHLY, ›Der Verfluchte und der Erwählte. Vom Leben mit der Schuld‹, Opladen 1976, erschien nach Abschluß des Manuskripts. Sie geht vom literarischen Paradigma aus, untersucht die Schuldproblematik in der Erzähltradition und kommt, was die Bedeutung für den Sinnzusammenhang angeht, auf ein analoges Ergebnis: »Das Verhalten nach der Schuld ist Ziel der dichterischen Absicht, die in den Gregorius-Texten laut wird« (S. 10). Auf Fußnoten habe ich weitgehend verzichtet und Literaturangaben wenn möglich in den Text integriert. Untersuchungen zitiere ich mit dem Nachnamen des Autors und der Seitenzahl, bei Autorinnen und mehreren Verfassern gleichen Namens habe ich die Initiale des Vornamens hinzugefügt, eine Jahreszahl gebe ich bei mehreren Arbeiten eines Autors an. Quellen erscheinen unter dem Verfasser oder dem gängigen Titel, bzw. dem Namen des Herausgebers. Sämtliche näheren Angaben enthält in allen Fällen das Literaturverzeichnis.

Anregung und wissenschaftlichen Rat erhielt ich vor allem von meinem Lehrer Kurt Ruh, ferner den Professoren Wolfgang Brückner, Kaspar Elm, Heinz Roosen-Runge, Ernstpeter Ruhe, Rolf Sprandel und Winfried Trusen, klärende Gespräche konnte ich mit meinen Kollegen Otto Gsell, Volker Honemann, Hermann Kurzke, Werner Wegstein, Werner Williams-Krapp und meinem Bruder Dieter Mertens führen. Die Mitarbeiter im Institut für Deutsche Philologie nahmen Rücksicht auf die Belastung eines Habilitanden. Mikrofilme und Kopien stellten die Staatsbibliothek der Stiftung Preußischer Kulturbesitz Berlin, das Heinrich-Heine-Institut Düsseldorf, Pater Konradin von der Bibliothek des Kapuzinerklosters Ehrenbreitstein, die Universitätsbibliothek Heidelberg und die Bayerische Staatsbibliothek München für mich her, die Universitätsbibliothek Würzburg half bei der Beschaffung der Literatur; Peter Lutz schrieb das Typoskript, Gisela Kornrumpf von der Bayerischen Akademie der Wissenschaften betreute die Drucklegung. Ihnen allen sei an dieser Stelle herzlich gedankt. Der Kommission für deutsche Literatur des Mittelalters der Bayerischen Akademie der Wissenschaften bin ich für die Aufnahme der Abhandlung in ihre Reihe und der Deutschen Forschungsgemeinschaft für eine Druckbeihilfe, die das Erscheinen ermöglichte, sehr verbunden.

Würzburg, im September 1977 V. M.

INHALT

LITERATURVERZEICHNIS

I. STATT EINER EINLEITUNG

1. Eremit und Erdsäugling

Die Problemstellung meiner Arbeit möchte ich an einem Beispiel erläutern. Es liegt nahe, dafür die moderne Fassung der Gregorius-Legende, die Thomas Mann in seinem »verspielten Stil-Roman« (XI, 691)[1] ›Der Erwählte‹ geschaffen hat, heranzuziehen: der Vergleich der Bußszene bei Thomas Mann und bei Hartmann scheint mir besonders angetan, den Blick dafür zu schärfen, in welcher Weise der Autor mit der Erfahrungswelt seiner Zuhörer und Leser bei der Gestaltung seines Werkes rechnete, implizit Rücksicht nahm auf die Vorstellungen seines Publikums.

Nahrungswunder

»In manchen Stücken, fand ich, hatte Hartmann, hatte die Legende selbst es sich zu leicht gemacht. So sollte Gregorius die siebzehn Jahre seiner Buße auf dem nackten Fels überlebt haben, nicht nur ohne jeden Schutz seines Menschenleibes gegen die Unbilden der Witterung, sondern auch ohne andere Nahrung als ›das Wasser, das aus dem Felsen sickerte‹. Das war unmöglich, und das handgreiflich Unmögliche konnte ich bei meiner Realisierung der Geschichte nicht brauchen« (XI, 690), – »Von Auwe Hartmann hat sich's da ziemlich leicht gemacht« (Brief an Singer vom 8. 3. 1948 [1965] S. 27). So urteilt Thomas Mann über die Gestaltung der Buße Gregors. Auch Hartmann hatte Bedenken wegen der realen Unmöglichkeit: *Gregor enmöhte der spîse die er nôz ... / weizgot vierzehen tage / vor dem hunger niht geleben* (v. 3114 ff.), aber die Diskrepanz von physischer Realität und legendarischem Wunderanspruch schließt der *trôstgeist von Kriste* (v. 3119), der Gregorius zuteil wird, ja, gegenüber dem ungläubigen Zuhörer, der die Elle der »handgreiflichen« Unmöglichkeit an das Geschehen legte, den das Erzählte *niht wâr dunket* (v. 3113), bemüht Hartmann die (unangreifbare) Autorität der Bibel mit dem Zitat von Luk. 1,37: *des gelouben velsche ich / wan gote ist niht unmügelich / ze tuonne swaz er wil: / im ist deheines wunders ze vil* (v. 3133 ff.) – *quia non erit impossibile*

---

[1] Zitate aus Manns Werken nach der Ausgabe in 13 Bänden mit (röm.) Band und (arab.) Seitenzahl.

apud Deum omne verbum. Dieses göttliche Wunder konnte Thomas Mann »nicht brauchen«, weil er den Unglauben des modernen Lesers nicht durch den Rekurs auf die Bibel *velschen* will: »Das wäre zwar durchschlagend, aber zu wohlfeil« (VII, 190). Statt dessen muß eine »Schein-Möglichkeit« herhalten: Grigorß lebt nicht von göttlicher Hilfe, keine »Raben« kamen »geflogen«, um ihn wie den Wüstenvater Paulus mit Brot zu versorgen (VII, 190), sondern er existiert von Erdmilch, »Nährlymphe« der Mutter Erde, angeblich aus den wenigen, noch überdauernden »Nährkraftquellen der Urzeit« (VII, 192). Statt himmlischen Wunderwirkens ist es antiker Mythos, der einspringt, wo der Erzählzusammenhang der alten Legende, der von Mann getreu übernommen worden ist, die Kausalzusammenhänge alltäglicher Wirklichkeit überschreitet.

Die mythologische Vorstellung stammt aus K. Kerényis Aufsatz ›Urmensch und Mysterium‹ im Eranos-Jahrbuch 15 (1947) 41–74, wie Thomas Mann in einem Brief an Erich Auerbach (H. J. Weigand S. 94 f.) angedeutet und Wysling aus dem Mann-Nachlaß belegt hat (S. 324). Nach dem Schema der griechischen Anthropogonien vollzieht sich die Menschwerdung in zwei Phasen: zuerst entsteht ein unfertiger, »embryonenhafter« Zwerg (Kerényi S. 72), dann wird dieser durch »die menschenwürdige Speise, durch das Getreide« (S. 70) zum vollkommenen Menschen. »Der Büßer Grigorß wird in den vorcivilisierten Zustand des Menschen, den vor-demetrischen, vor Erfindung des Brot- und Weinbaus, zurückversetzt und erlangt durch die Aufnahme von Wein und Brot seine frühere Gestalt zurück«.[2] Auch der Gedanke an die christliche Bedeutung von Brot und Wein in der Eucharistie spielt wohl hinein, unterstützt durch Grigorß' Ausspruch »›Mich hungert und dürstet‹« (VII, 231), der an das Jesuswort Joh. 19,28 anklingt. Der eigentliche Sinn liegt jedoch nicht auf religiösem Gebiet, die Anspielung auf die Bibel ergibt sich aus dem Tonfall des Werkes (und soll nebenbei vielleicht die Frommen ein wenig irritieren), hier sind Brot und Wein »höhere Nahrung« (VII, 231) im mythologischen, nicht höchste Nahrung im christlichen Sinnzusammenhang.[3]

Mann benutzt die mythologische Phylogenese zur Darstellung der individuellen Entwicklung des Helden: indem dieser zum – mythologisch verstanden – stammesgeschichtlichen Ausgangspunkt zurückkehrt, kann er als Einzelwesen eine Wiedergeburt frei von Schuld erleben. Diese Projektion des Mythos auf die Individualpsychologie – ein Verfahren, das Mann schon in der Josephstrilogie angewandt hatte (vgl. Dierks) – macht zwar einen transzendentalen Bezug überflüssig, beläßt aber der Entsühnung einen vom Mythos geborgten geheimnisvollen Charakter, wie A. Gehlen in ›Urmensch und Spätkultur‹ ausführt: »Der

---

[2] Brief an W. Kamm vom 16. 10. 1951; Wysling S. 287.

[3] A. Hellersberg-Wendriners peinlich adventistische Deutung ist hier zu verwerfen; Wolfs Kritik, der »künstlerische Sorgfalt« vermißte (1964 S. 90; von B. H. Lermen nachgesprochen S. 388), ist zu entgegnen, daß die »Wandlung« ja vom ganzen ausgebreiteten mythologischen Apparat der Bußszene getragen wird und der Ausgriff auf das Religiöse, den Wolf annimmt, gar nicht stattfindet.

Mensch bekommt einen neuen Status, er zieht eine neue Wirklichkeit an, wenn er sich mit etwas identifiziert, was er nicht selber ist« – diese Entäußerung erfolgt z. B. in der Askese und gilt GEHLEN als anthropologische Konstante (S. 136). Aus des Erwählten »Umkehr der Antriebsrichtung« (ebd.) wird eine echte Erneuerung geboren, die in der Absonderlichkeit der physischen Reduktion und der Ironie des die Regeneration darstellenden Ritus der Nahrungsaufnahme gestaltet wird. Im Unterschied zu anderen Gestalten Manns lebt Grigorß jedoch nicht bewußt eine vorgegebene mythische Figur nach, hier genügt die Darstellung der ewigen Wiederkehr durch die vom Autor vorgenommene Projektion des psychologischen Vorgangs der Entsühnung auf den stammesgeschichtlichen Mythos.[4]

Gegenüber der christlichen Wahrheit vom Wunderwirken Gottes bei Hartmann, die Thomas Mann als »unverzeihlich unrealistisch und obenhin«[5] erschien, rekurriert er auf antike Mythologie von recht geringem Bekanntheitsgrad, so daß WEIGAND (der von KERÉNYIS Aufsatz nichts wußte) noch fragen konnte, ob die Vorstellung von der Erdmilch »really derives authority from a myth of classical antiquity, or whether the old magician is here beguiling us by one of his most cunning tricks of sleight of hand« (S. 20). Für den Leser dürfte sich das Problem des »Unrealistischen« damit nur verlagert haben: ist die spärliche Quelle auf Gregors Stein eine natürliche und glaubwürdige Erscheinung, so bleibt die Vorstellung von der aus der Mulde sickernden »Nährlymphe« (VII, 193) im Bereich des Wunderbaren. Zwar ist die lebenserhaltende Kraft einer besonderen Flüssigkeit dem modernen Menschen von der künstlichen Ernährung her vertraut, die Vorstellung jedoch, daß Wasser einem Menschen siebzehn Jahre lang genügen könnte, nicht nachvollziehbar. Mann befriedigt den Wirklichkeitssinn des Lesers nur für den unmittelbaren Kausalzusammenhang und greift für die Voraussetzung auf den Mythos zurück, Hartmann dagegen geht von natürlichen Gegebenheiten aus und schreibt die realitätsfremde Wirkung Gottes Eingreifen zu, wobei er gegenüber den französischen Fassungen die »realistischen« Züge sogar noch verstärkt.

Ist es dort (unregelmäßig verfügbares) Regenwasser, so ist es bei ihm eine dauernd tropfende Quelle und, da das noch nicht genügt, akzentuiert er gegenüber seiner mutmaßlichen Vorlage, der Fassung B des altfranzösischen ›Grégoire‹, die Rolle der erhal-

---

[4] Schon die Tatsache, daß der erzählende Mönch Clemens keinen festen zeitlichen Ort in der Erzähltradition der Legende einnehmen kann, zeigt den Bezug des Romans zur mythischen Kategorie der immer möglichen Wiederkehr des Gleichen (DIERKS S. 117); ein weiteres Indiz ist der bewußt praktizierte geographische und historische Synkretismus der Sprache, der Rezensenten und Leser verwirrt hat.

[5] Brief an Auerbach; WEIGAND S. 94 f.

tenden Kraft des Heiligen Geistes (denn das ist der *trôstgeist von Kriste*[6]) und sichert sie gegenüber möglicher Skepsis der Zuhörer durch den Verweis auf die Autorität der Schrift ab. In der altfranzösischen Fassung A setzt der Gattungsrahmen der Legende das Wunder anscheinend noch stillschweigend voraus, so daß es heißen kann: *De ce (aigue) sa vie s'osteneit* (v. 2282), in B aber wird schon die Kraft Gottes für das Überleben Gregors ausdrücklich bemüht: *Issi l'ad Jesus sustenu / Dis e set anz par sa vertu, / Ke il ne fud periz ne mort...* (v. 1827–29). Hier hat ein Wandel im Naturverständnis stattgefunden: während A dem Wasser offensichtlich über die natürliche Wirkung hinausgehende Kräfte zubilligt, sieht B bereits andeutungsweise, ausdrücklich dann aber Hartmann die Naturerscheinung selbst, wie sie ist: die zusätzliche Wunderwirkung wird direkt von Gott hergeleitet. Bei Hartmann geht also die Tendenz zur – im Sinne des Mittelalters – »realistischen« Begründung, und er mag sein Vorgehen, ähnlich wie Thomas Mann, als ein »Amplifizieren, Realisieren und Genaumachen« (XI, 691) von etwas »handgreiflich Unmögliche(m)« (XI, 690) empfunden haben.

Funktion des Mythischen

Die theologisch »aufgeklärte« Legendengläubigkeit Hartmanns war für Thomas Mann nicht nachvollziehbar, sie mußte selbst gegenüber seiner unwahrscheinlichen »Schein-Möglichkeit«, die nach einer Bemerkung von K. HAMBURGER »derjenigen Hartmanns nicht nachsteht, ja sie noch übertrumpft« (S. 31 f.), als Irrealität erscheinen. Der Einbezug des Mythischen wird notwendig, weil es Mann »unter allen Späßen mit dem religiösen Kern der Legende, der Idee von Sünde und Gnade« (Brief an J. Bab, 30. 5. 1951) ernst ist[7]. Er wählt daher eine Darstellungsform, die ästhetische Trivialität vermeidet. Die Vorstellung von der extremen Kasteiung und dem unmittelbaren Gnadenwirken Gottes eignete sich wenig zu solchem »Ernst«. Äußerste Buße als religiöse Haltung gibt es kaum in der praktischen Erfahrungswelt der Bildungsschicht, und die direkte Hilfe Gottes kommt und kam nur in erbaulichen Legendenbüchern vor, die in der Sicht des gehobenen Bürgertums, der Thomas Mann und im wesentlichen sein Publikum entstammen, keine erbauliche Funktion mehr hatten; sie konnten nur lächerlich oder – aus der Distanz der Unverbindlichkeit – allenfalls als exotische Unterhaltung wirken. Die Legende, die in der Romantik aus dem Bereich der Trivialliteratur in den der eigentlichen seriösen Literatur gelangt war – bei der Behandlung des sog. »Volksbuchs« wird darauf einzugehen sein –, ist schon längst als literarisches Genre wieder abgesunken, trivialisiert und daher nicht mehr ernst zu nehmen: Nach Wagners ›Parsifal‹ und Nietzsches Kritik – »ein Operetten-Stoff par excellence« nennt er ihn in ›Wagner als Apostel der Keuschheit‹ – war religiöser Ernst in dieser Form nicht mehr zu gestalten. An-

[6] Predigtbuch des Priesters Konrad, hg. SCHÖNBACH III S. 19, 30; 80,8.

[7] (1965) S. 210; ähnlich im Brief an W. Weber vom 6. 4. 1951, ebd. S. 201.

ders der Mythos: für den humanistisch Gebildeten war er zwar keine geglaubte Wirklichkeit, aber er war aufgrund seines elitären Charakters nicht trivial, nicht lächerlich. Und für Thomas Mann hatte, spätestens seit dem Joseph-Roman, der Mythos die Bedeutung einer neuen Quelle der Erfahrung von Selbst und Welt.[8] Sicher ist das Mythische hier genauso artistisches Spiel wie das Legendarische an anderen Stellen (z. B. bei der nur noch komischen Erscheinung des Lammes) und keinesfalls »naiv« zu nehmen, aber jenes ist nicht durch die Tradition der von den Gebildeten verachteten christlichen Erbauungsliteratur depraviert wie dieses. Durch den Rückgriff auf den Mythos ist eine Rettung des Inhaltlichen möglich, da er »das Kleid des Geheimnisses ist«, wie Mann im ›Vorspiel‹ des Joseph-Romans sagt (IV, 54). Hartmanns Legendenbuße hätte unfreiwillig komisch gewirkt, der ironisch gebrochene Mythos als zeitloses Schema der Reinkarnation der Urgeschichte (vgl. XI, 656) konnte dem Neubeginne Grigorß' bei aller Skurrilität doch noch einen versteckten Ernst bewahren. Mann geht in seinem Verständnis von der Natur als einer anthropomorphen Kraft, einer Magna Mater, dem Wortsinne nach auf eine primitivere Stufe des Naturverständnisses zurück als Hartmann, jedoch ist dieses nicht, wie das von der Natur als göttlichem Werkzeug, durch die christliche Tradition belastet und kann daher durch die Ironie hindurch – etwa im Sinne von GEHLENS zitiertem Werk – eine beispielhafte Bedeutung für die psychische Regeneration entfalten: gerade die Askese ist bei ihm ja die »bewußtseinsfähige Fortsetzung des Prozesses«, »der Menschwerdung hieß« (S. 271).

Hartmann dagegen war in einer anderen historischen und literarischen Situation, die mit der Formel vom gläubigen Mittelalter nur obenhin benannt werden könnte. Die Legende ist für das höfische Publikum keine subliterarische Form, sie war allerdings, und davon wird noch die Rede sein müssen, in diesem Rahmen nicht das Erwartete. Diametrale Metanoia, eremitisches Leben, extreme Buße war Hartmann und seinen Zeitgenossen nicht lediglich literarisch vermittelte Lebensform ferner Wüstenväter, sondern faßbare Gegenwart und oft vorgelebte Wirklichkeit gerade in den Kreisen des Adels. In diesem Zusammenhang ist der ›Gregorius‹ nicht ausgefallenes Exempel, realitätsferne Wundermär, sondern Teil eines geschichtlichen Zusammenhangs. Für das Verständnis nach Konzeption und Rezeption der Geschichte vom *guoten sündære* ist die Frage nach der dahinterstehenden literarischen Tradition und der historischen Wirk-

[8] Vgl. WYSLINGS Zusammenstellung S. 289 f. und MÜHLHER. Zu Manns Wertschätzung des Mythos s. den Briefwechsel mit K. Kerényi, passim, z. B. vom 7. 9. 1941: »Man muß dem intellektuellen Faszismus den Mythos wegnehmen und ihn ins Humane umfunktionieren. Ich tue längst nichts anderes mehr« (S. 100).

lichkeit, aus der das Werk erwachsen ist und auf die es einwirken sollte, zu stellen und – soweit es die Quellenlage zuläßt – zu beantworten.

Deutung der Zeit

Thomas Manns ›Erwählter‹ läßt anscheinend einen genauer faßbaren geschichtlichen Hintergrund nicht erkennen. Die Gestaltung der Zentralepisode reflektiert die literarische und – jedoch wesentlich unschärfer – auch einen Aspekt der allgemeinen historischen Situation. Eine knappe Gesamtdeutung des ›Erwählten‹ kann zeigen, daß der Roman nicht zweckfreies artistisches Spiel ist, sondern ein für den Autor zentrales Problem der ersten Nachkriegsjahre spiegelt.

Der Geschichte vom doppelten Inzest, großer Buße und Erhöhung war Thomas Mann bei der Arbeit am ›Doktor Faustus‹ begegnet: in diesem Roman erscheint sie als Kernstück der »Gesta-Spiele« – einer Puppenoper nach den Erzählungen aus den ›Gesta Romanorum‹ –, und die charakterisierenden Worte Serenus Zeitbloms treffen auch auf den ›Erwählten‹ zu: er spricht von einem »geistigen Reiz, nicht ohne einen Einschlag von Bosheit und auflösender Travestie«, der einen »kritischen Rückschlag« auf (Wagners) »geschwollene Pathetik« darstellt, und nennt das Verhältnis zur Legendenwelt des Mittelalters »recht destruktiv«, »indem das Skurrile ... an die Stelle moralischer Priesterlichkeit« (VI, 425 f.) tritt. Doch was im ›Faustus‹ nur ein Werk des Haupthelden ist, das einen bestimmten Platz in seiner künstlerischen Entwicklung bezeichnet, die mit ›Doktor Fausti Weheklag‹ endet – nämlich den Punkt, an dem das romantische Musikdrama überwunden war –, ist jetzt Thema eines Romans geworden, der über die »auflösende Travestie« hinausgeht.

Dadurch, daß Buße und Begnadigung mit Hilfe des Mythos, eines »zeitlosen Schemas« (XI, 656) gestaltet werden, bietet die Erzählung eine »Schein-Möglichkeit« an: Gnade ist möglich, doch diese Möglichkeit ist nur Schein. Das heißt: die hier vorgeführte Form der Gnade ist Schein, solch eine Rettung gibt es nicht. Aber die ironisch-parodistische Vermeidung der Trivialität enthält eine Aussage jenseits des Scheins. Diese ist zwar mit den von der Tradition zur Verfügung gestellten sprachlichen Mitteln nicht mehr positiv zu fassen, doch Parodie und Ironie schützen gerade das Unsagbare vor der Vernichtung durch die Trivialität. Vergleichbares gilt für Leverkühns Opus ultimum: die Wirklichkeit einer Rettung wird als Unmöglichkeit akzeptiert, aber aus der »Zugeständnislosigkeit« der Verzweiflung entsteht hier die »Hoffnung jenseits der Hoffnungslosigkeit« (VI, 651). Der ›Erwählte‹ liefert so das »Satyrspiel nach der Tragödie«[9] des ›Doktor Faustus‹. Mann spricht selbst von einem »scherzhaften Nachspiel«[10] oder einem »überhängenden Nach-Werk«[11]. Konnte dort

---

[9] So K. Kerényi in seinen ›Vorbetrachtungen‹ zum ›Gespräch in Briefen‹ S. 27.

[10] Brief 28. 4. 1952 an Ferdinand Lion (1965) S. 252.

[11] Brief 7. 6. 1954 an Erika Mann (1965) S. 345.

die Erlösung, die eine sinnvolle Weltordnung voraussetzt, nur als vage Hoffnung erscheinen, so ist sie in Grigorß' Geschichte ironische Gegenwart. Für die Buß- und Gnadenszene selbst wählt Thomas Mann jedoch ein Gestaltungsmittel, das bei aller Skurrilität die Parodie transzendierende Grundlagen hat, und damit erscheint die Rettung auch hier als nicht völlig negierte Möglichkeit. Deshalb kann Mann auf dem »religiösen Kern« insistieren, der für ihn, wie aus einer biographischen Anspielung hervorgeht, durchaus existentielle Bedeutung gehabt haben wird – selbst wenn er seine Arbeiten an der alten Legende in einem Brief an Grete Nikisch als »höhere Späße« bezeichnet, die »am besten Gram und Grauen der Zeit vergessen« ließen[12].

»Gram und Grauen der Zeit« indes erfuhr Thomas Mann Ende der vierziger und Anfang der fünfziger Jahre erneut: in den USA des Sozialismus, ja des Kommunismus verdächtigt, erlebte er, daß der Staat, an dessen moralische Integrität er bei seiner Propaganda gegen Hitler-Deutschland geglaubt hatte, jetzt das »Alte, Faule, Korrupte« unterstützte (Brief an A. E. Meyer vom 30. 8. 1950 [1965] S. 165) und im kalten Krieg seine sittliche Glaubwürdigkeit verlor, wie Mann im Brief an die Herausgeber von ›The Nation‹ vom 30. 11. 1950 ausführt (ebd. S. 173) und schon 1945 (An David McCoy) als »tiefe Lähmung seiner moralischen Schwungkraft« hatte kommen sehen (XIII, 779). Von der Parallelität zwischen dem Leverkühnschen Schicksal im ›Faustus‹ und der Situation Deutschlands und der Beispielhaftigkeit dieser für das menschliche Sein, von der Aussage, daß »der Gnade, deren Deutschland so dringend bedarf«, »wir alle« bedürfen (so in ›Deutschland und die Deutschen‹, XI, 1148), abzurücken, war für Thomas Mann weniger Ursache als zuvor. Die Gnaden*wirklichkeit* zu gestalten war im ›Erwählten‹ ebenso unmöglich wie im ›Faustus‹, die Gnaden*bedürftigkeit* ist in beiden Fällen das Thema: Mann schickt die spätzeitlich dekadente »exceptionelle« (VII, 28) Sippe, Wiligis, Sibylla und Grigorß, ebenso zur Hölle wie Adrian Leverkühn, die »Erwählung« ist eine »Schein-Möglichkeit«. Aber kann das dichterische Werk »nur noch eine verlorene Welt ergötzen, ohne ihr die Spur einer rettenden Wahrheit in die Hand zu geben« – wie er einmal Walter Muschg zitiert hatte (XI, 859)? Jenseits dieses Weltverständnisses bleibt eine alle Negativität transzendierende Gnade als Hoffnung, die Gestalt gewinnt im Schluß von ›Doktor Fausti Weheklag‹ und

[12] 30. 3. 1951 (1965) S. 195. Vgl. auch das Zitat aus dem Jahre 1945: »Wenn es christlich ist, das Leben, mein eigenes Leben als eine Schuld, Verschuldung, Schuldigkeit zu empfinden, als Gegenstand religiösen Unbehagens, als etwas, das dringend der Gutmachung, Rettung und Rechtfertigung bedarf – dann haben die Theologen mit ihrer Feststellung, ich sei der Typus des a-christlichen Schriftstellers, nicht so ganz recht.« ›Meine Zeit‹, XI, 302.

in der Wahl des Mythischen für die Darstellung der Buße des ›Erwählten‹. So bleibt hinter der Sprache Raum für einen Ernst, für den die Sprache fehlt. Nur die traditionellen Formen und Ausdrucksweisen für Gnade werden ironisch zerstört, nicht jedoch Heils- und Erlösungsbedürftigkeit.

Über die biographische Deutung hinaus – denn sicher steckt in Grigorß die nahezu allgegenwärtige Künstlerproblematik, ebenso die Kritik bürgerlich-exklusiver Lebensform, als die das eigentlich Sittenlos-Außergesellschaftliche solange erscheint, wie es funktioniert (vgl. Sibyllas »Rettungsversuch« VII, 180) – ist der ›Erwählte‹ Interpretation der gegenwärtigen Situation wie der ›Faustus‹ auch. Vor dieser versagt die herkömmliche religiöse Begrifflichkeit von Schuld und Sühne, Buße und Erwählung – schon der Titel impliziert ja Ironie. Die geistliche Sprachschicht wird als versagende akzeptiert, indem sie destruiert wird. Das heißt aber zugleich: die Zuständigkeit dieses Bereiches bleibt gerade in der Zerstörung bejaht – und damit gewinnt die Sehnsucht nach Erlösung und Erwählung Gestalt. Die resignierende Negativität läßt allerdings menschlicher Aktion keinen Spielraum außer Rückzug und Verweigerung, das »gesellschaftlich Verurteilte und Dahinsinkende« weiterhin zu stützen. »Das, was da kommen soll« (›Versuch über Tschechow‹, IX, 860) weiß der Autor nicht, eine neue Welt kann er nicht entwerfen. Wenn wir unter »Wahrheit« die Erkenntnis (KUHN 1959 S. 270), daß die eigene Welt zum »Dahinsinkenden« zählt, und das Sinnfälligmachen dieser Erkenntnis verstehen, kann für den ›Erwählten‹ der Schlußsatz aus dem ›Versuch über Tschechow‹ die Funktion der Komik verdeutlichen: man »erzählt Geschichten, formt die Wahrheit und ergötzt damit eine bedürftige Welt in der dunklen Hoffnung, fast Zuversicht, daß Wahrheit und heitere Form wohl seelisch befreiend wirken und die Welt auf ein besseres, schöneres, dem Geiste gerechteres Leben vorbereiten können« (IX, 869).

Angesichts der tatsächlichen Unbegnadetheit der Welt bleibt, da die Kunst die Gnade nicht bewirken kann, nur der Weg zur psychischen Entlastung des Lesers und wohl noch des Autors selbst. Neben der Christlichkeit ist daher auch der Spielcharakter des ›Erwählten‹ Leitmotiv der Äußerungen Thomas Manns über sein Werk: »Sprachkurzweil in erster Linie, aber nicht ohne Herzensbeziehung zum Thema erzählter Sündhaftigkeit« heißt es in einem Brief an E. Hilscher vom 3. 11. 1951 (HILSCHER 1965 S. 192), aber es ist nur eine Seite gekennzeichnet, wenn Mann wiederholt behauptet, er habe nichts gewollt »als eine schöne Geschichte erzählen«[13] und seine Bücher seien »ohne politische und sozialistische Absichten geschrieben« – gleich der nächste Satz aus diesem Brief vom 8. 2. 1953 an Hilscher (ebd. S. 196) ergänzt nämlich: »Die Zeit mit ihren

---

[13] Briefe an E. Hilscher vom 3. 11. 1951 und 20. 2. 1952, ebd. S. 192 und 194.

Nöten, Über- und Untergängen spiegelt sich darin ab«. So steht meine Interpretation nicht im Gegensatz zu den Äußerungen des Autors, wenngleich sie möglicherweise formuliert, was er selber »vergessen oder vielleicht sogar nie klar gewußt hat« (XII, 443).

In dieser Weise ist der ›Erwählte‹ bisher nicht verstanden worden. Die ersten Rezensenten sahen in dem Roman teils eine »Sackgasse« – so das vielzitierte Wort Sieburgs –, teils eine echte Gnadengeschichte, die, wie EDITHA KLIPSTEIN 1951 in der ›Neuen Rundschau‹ formulierte, sogar die Kirche »als unentbehrliche Grundlage bestätigt« (S. 145): Thomas Mann, Oberkirchenrat? Schärfer blickten jene, die entweder den psychisch entlastenden Effekt der heiteren Erzählung erkannten oder sich gegen die Umdeutung des alten Legendenstoffes und seiner christlichen Gnadengewißheit wehrten – selbst wenn sie von ihrem Glaubensstandpunkt aus mit einem *Sed libera nos a malo* fast einen Exorzismus herbeizubitten schienen wie L. Mackensen oder, wie H. Schwerte, den Autor zu einem »Vorheizer der Hölle« (nach einem Zitat von Werfel) machen wollten, der alle abendländischen Werte zu »kunstgewerblichen Spielworten« degradiere und – darin Hitler ähnlich – dem Untergang ausliefere. In einem jedoch laufen die Besprechungen (die im Appendix A auszugsweise zusammengestellt sind) gleich, daß sie einen Zeitbezug ignorieren und den Zusammenhang mit dem ›Faustus‹ nur obenhin berühren. Auch die Interpretationen der Fachgelehrten[14] beschäftigen sich zumeist nicht mit den aktuell-gegenwartsbezogenen Aspekten, lediglich die beiden Arbeiten von HILSCHER machen dabei Ausnahmen. Aber selbst die frühe DDR-Literatur (schon 1953 wurde der ›Erwählte‹ Gegenstand der Rostocker Habilitationsschrift von H. DÜWEL) sieht den Roman eindeutig zu positiv, als »Buch der Zuversicht« (ebd. S. 158), und ein ähnlicher Grundzug kennzeichnet HILSCHERS Untersuchungen. Sie bleiben damit zu sehr an der Oberfläche: die Annahme, die Papsterhöhung Grigorß' spiegele die »Begnadigung« Deutschlands, wird dem parodistischen Legendenton gerade dieser Szene nicht gerecht. Aus dem ›Erwählten‹ die »Gewißheit von der Rettung Leverkühns« zu erschließen (HILSCHER 1962 S. 230), die Zurücknahme der Zurücknahme sozusagen, hieße nicht nur den Aufstieg Grigorß' als ungebrochen positiv vereinnahmen, sondern auch die Stellung Thomas Manns zu den Zeitläufen und der deutschen Situation zu optimistisch betrachten. OHLY (1976) schließlich stößt sich an Vordergründigem: dem Spiel mit Gnade und Sünde, »dem ohne theologischen Boden in die Luft Gespielten« (S. 131) und läßt dabei außer acht, daß diese Boden-losigkeit eine andere Form von Gnade evozieren soll als die, von der in ironischer Gebrochenheit erzählt wird. Die »Scham, die dem ›Erwählten‹ in einem weiten Sinne abgeht« (S. 130), hätte die notwendige Destruktion der nicht mehr geglaubten religiösen Erscheinungsformen verhindert – Manns Schamlosigkeit ist die Bedingung der Gnadenmöglichkeit jenseits der traditionellen Sinnangebote.

Programmatische Folgerungen

Diese Interpretation des ›Erwählten‹ stellt für ein historisch fundiertes Verständnis des ›Gregorius‹ die Klärung folgender Fragen als Aufgabe: Erstens –

[14] SZONDI, KAHLER, B. H. LERMEN: schwankend, ob nur unterhaltend (S. 242) oder Bekenntnis zu hohen menschlichen Werten (S. 265), M. EIFLER: die Groteske stellt das Unrechte infrage.

wie konnte Hartmann, wie konnten seine Zuhörer den Zentralpunkt der Legende, die Buße des Helden, aus ihrer Lebenswirklichkeit und aus der literarischen Tradition verstehen? Zweitens – welche Auffassung von der Situation des Menschen in seiner Epoche spiegelt das Werk, und welche Reaktion des Publikums impliziert dies?

Vor der Beantwortung der ersten Frage soll zunächst die aus dem ›Erwählten‹ abgeleitete Prämisse, die Buße bilde das Zentrum auch in Hartmanns Ausformung des Erzählmodells, vorläufig begründet werden (Kapitel 2). Die Schlüssigkeit der endgültigen Interpretation mit Hilfe des Lebensformenmodells wird diese Annahme bestätigen. Sodann soll die These, der ›Gregorius‹ beziehe sich auf die Lebenspraxis einer bestimmten Gruppe, genauer erläutert werden, als das für den ›Erwählten‹ im vorangehenden Teil möglich war (Kapitel 3). Darauf versuche ich, Hartmanns Werk historisch genauer zu fixieren und die Vorstellungen von seinem Wirkungskreis und seinem Publikum zu präzisieren. Dieser Versuch ist in drei Kapitel gegliedert: Kapitel 4 geht die Frage nach dem Publikum an von textinternen Indizien, dem Gattungstyp der Vorlage und dem Überlieferungskontext her, Kapitel 5 unternimmt es, den ›Grégoire‹ historisch festzumachen, Kapitel 6 überträgt dieses Ergebnis auf Hartmanns Werk und stellt es in einen kulturellen und politischen Kontext. Biographisches (Appendix B und C) ist in diesem Zusammenhang nicht Ausdruck vordergründigen Interesses an den Lebensumständen eines bedeutenden Autors, sondern soll die materiellen Bedingungen seiner Werke deutlicher werden lassen – sowohl auf der Seite der Produktion wie der der Rezeption. Es wird sich zeigen, daß die Verbindungen zwischen dem Werk und der historisch-gesellschaftlichen Realität auf der real-inhaltlichen ebenso wie auf der symbolischen Ebene enger sind, als einem nur textbezogenen Verstehen scheinen mag. Mit der Fixierung des geschichtlichen Kontexts ist die Voraussetzung für die Rekonstruktion des im Interpretationszusammenhang interessierenden Ausschnitts aus der Lebenswirklichkeit des Publikums (Kapitel 10,11) und seines literarischen Vorverständnisses (Kapitel 12,13) geschaffen. Vorangestellt habe ich eine knappe theoretische Erwägung über die Möglichkeit, Lebenspraxis modellhaft zu erfassen (Kapitel 8) und dieses Modell in Beziehung zur Literatur zu setzen (Kapitel 9). Die Antwort auf die oben gestellte zweite Frage geht von den Ergebnissen der Kapitel 10–13 aus. Sie will sich möglichst nicht mit Allgemeinformeln vom »Ritter zwischen Welt und Gott« zufrieden geben, sondern genauer festzustellen suchen, was der ›Gregorius‹ dem Publikum auf die Frage, *wie man zer welte solte leben*, zu sagen hat und welchen Stellenwert diese Aussage für die angesprochene Gesellschaftsschicht besitzen kann. Weil damit Bereiche angegangen werden, für die Beweise fehlen, werde ich (historisch möglichst abgesicherte)

Spekulationen nicht scheuen. Die Ergebnisse des gesamten dritten Teils sollen die im zweiten Teil vorläufig begründeten Thesen zum ursprünglichen Rezeptionskontext bestätigen. Der abschließende vierte Teil schlägt die Brücke zurück zum ersten: er wendet die gewonnenen Kriterien auf die verschiedenen literarischen Abwandlungen des Hartmannschen Werkes vom frühen 13. bis zum 19. Jahrhundert an und stellt Fragen nach der Widerspiegelung einer Lebensform, der literarischen Tradition und der Funktion im jeweiligen historischen und literarischen Kontext. Da es sich teilweise um literargeschichtlich wenig aufgearbeitete Werke handelt, werde ich in einigen Fällen ausführlichere Informationen nicht umgehen können.

Es sollen sich also textimmanente, literarhistorische und literatursoziologische Argumentation in verschiedenen Phasen durchdringen. Der immanenten kommt dabei vor allem Kontrollfunktion zu, die literarhistorische bezieht sich auf den literaturbezogenen »Erwartungshorizont« (Terminus von JAUSS), und die soziologische versucht, diesen in Richtung auf die Lebenspraxis der Rezipienten zu transzendieren.

II. PRÄMISSEN UND RAHMENBEDINGUNGEN

2. Schuld und Buße

Zunächst mag überraschen, daß als Zentralpunkt der Legende die Buße (und die daraus resultierende Erwählung) im Anschluß an Thomas Mann vorausgesetzt worden ist, und nicht etwa die Schuld Gregors, die doch bislang die Interpreten fast hypnotisch fixiert hat, wie der Forschungsbericht von E. GÖSSMANN evident macht. Erst F. OHLY (1976) hat sich davon ausdrücklich befreit. Die Fruchtlosigkeit der Diskussionen um die Schuldfrage – ich werde auf sie noch eingehen müssen – zeigt deutlich genug, daß es Hartmann anscheinend nicht auf die Problematisierung der Schuld Gregors ankam. Diese wird vielmehr (und das beweist die Wortuntersuchung SEIGFRIEDS), als im zweiten Inzest bestehend, in der Dichtung mit Selbstverständlichkeit vorausgesetzt. Die Buße scheint stattdessen eigentlicher Angelpunkt zu sein: hier wird aus dem *sündære* der *guote*, der Heilige.

Nicht von der Frage, was Sünde sei, spricht der Prolog, sondern von *der sælden strâze,* dem Weg der Rechtfertigung. Schuld ist unbezweifelte Gegebenheit, Problem ist die Rettung – das wird bei der Deutung der Eingangsverse genauer auszuführen sein. Aber nicht nur vom thematischen Prolog des Werkes stellt sich die Buße als sinntragender Hauptpfeiler des Ganzen dar. Auch von der Bauform, der Symbolstruktur und dem inhaltlichen Sinngefüge lassen sich vergleichbare Folgerungen ableiten.

Bauform

Wir wissen zu wenig von den Bau- und Strukturformen mittelalterlicher Dichtung, als daß man von der Gliederung des ›Gregorius‹ her argumentieren könnte (die Ergebnisse von LINKES »Formkritik« bleiben problematisch[1]), jedoch die Bucheinteilung im ›Gregorius Peccator‹, den Arnold von Lübeck gut zwanzig Jahre nach Hartmann als lateinische Adaptation schuf, gibt einen Hinweis auf ein zeitgenössisches Verständnis vom Aufbau der Erzählung. In vier Bücher

[1] Vgl. die Entgegnung von SCHANZE, dessen Einwände zum Teil auch für HEINZES Weiterentwicklung der LINKEschen Methode zutreffen, ferner im Sinn einer Kritik die Beobachtungen LORDS (S. 42) zur unregelmäßigen Ausdehnung mündlicher Vortragsabschnitte.

eingeteilt, enthält der ›Peccator‹ als *Liber III* die Übertragung von Hartmanns Versen 2295–2710: die Eröffnung des Inzests und Gregors Aufbruch zur Buße. P. F. GANZ hat 1974 die Folgerung daraus gezogen, daß Arnold die Schuld Gregors offensichtlich nicht im Klosteraustritt sehe, da die ganze Jugendgeschichte eine Einheit darstelle, sondern den Inzest als die eigentliche Katastrophe betrachte (S. 258). Diese Feststellung ist um die Beobachtung zu ergänzen, daß der Entschluß zur Buße, mit der Entdeckung des Inzests im vom Standpunkt einer ausgewogenen Komposition viel zu kurzen Buch III vereinigt, anscheinend ebenso wie die Blutschande Höhepunkt und Wende markiert. Entscheidend für Gregors Leben ist in der Einteilung Arnolds jedenfalls die in der Erhöhung gipfelnde Conversio.

Eine entsprechende Deutung legt ein Blick auf die Symbolstruktur nahe.

Symbolstruktur

Wenn wir mit W. HAUG (1971) davon ausgehen, daß Hartmann im ›Gregorius‹ wie in seinen Artusromanen eine Doppelwegstruktur mit Symbolcharakter verwendet, dergestalt, daß der erste Zyklus den trügerischen Gipfel in Gregors Herrschaft erreicht, der zweite, korrektiv darauf bezogen, in der Papsterhöhung und dem Wiedersehen mit der Mutter kulminiert, dann muß die Buße Sinnzentrum sein, denn durch sie wird das endgültige und stabile Heil erreicht. Von der Symbolstruktur her bedeutet der erste Höhepunkt eine grundsätzliche Unvollkommenheit (vor Gott), die von den Beteiligten als Schuld erfahren wird, von der Erzählung aber als Movens für die abschließende Vervollkommnung (*felix culpa*) erscheint. Sie ist nur möglich durch die Annahme der schuldlosen Schuld und ihre Korrektur im zweiten Handlungszyklus: im Büßerleben. Dieses erscheint als die einzige Möglichkeit, die Schuld zu überwinden. Anders als im höfischen Epos handelt es sich jedoch nicht um eine Buße nach dem Jus talionis: der komplementäre Bezug ist nicht verwirklicht, nur noch in allgemeinster Form, etwa daß einem »in der Welt sein« mit höfischen Freuden und herrscherlichen Pflichten ein »aus der Welt sein« mit dem Verzicht auf jede Betätigung und der Reduktion auf ein bloßes Erleiden und Warten entspricht. Strukturell kommt also der Buße die entscheidende Stelle zu, und Entsprechendes gilt für das Sinngefüge.

Sinngefüge

Die Buße wird mit dem höchsten Lohn prämiiert, dem obersten Amt der Christenheit, dem Papsttum. Also muß sie im Rahmen des vom Werk vorausgesetzten Wertsystems eine extreme Leistung sein. Nicht gleichermaßen gilt das

Umgekehrte für die Schuld, etwa, daß sie die Kardinalsünde wäre: die Erhebung zum Papst führt Gregorius auf einen anderen Weg und über seine vorherige Stellung empor, die Bußleistung ergibt also ein über alle Berechnung hinausgehendes Mehr, und die spezifische Sünde des Inzests scheint nicht notwendig der gewählten Buße vorausgesetzt.

Die mittelalterlichen Poenitentialien sehen eine so weitgehende Buße nicht vor. Während die Synoden des 6. Jahrhunderts nur allgemeine Bestimmungen über den Inzest haben (z. B. Orleans 538, c. 10: *Repelli a communione ecclesiastica, non prius ad communionem recipi quam incesti adulterium separatione sanaverint,* Vogel S. 103 f.), wobei wohl in erster Linie an Ehen in verbotenen Verwandtschaftsgraden gedacht ist, haben die Bußbücher des 9.–12. Jahrhunderts genauere Vorschriften für den Mutter-Sohn-Inzest. Im ›Poenitentiale Pseudo-Isidori‹, das nach 829 entstanden ist, wird c. V ›De incestuosis‹ § 13 gesagt: *Si quis cum matre fornicaverit, XV annos poeniteat, et nunquam mutet, nisi in die dominico.* Das ›Poenitentiale Pseudo-Gregorii III‹, c. XI, ebenfalls aus dem 9. Jahrhundert, verschärft die fünfzehnjährige Bußzeit, die auch hier vorgeschrieben wird, durch die Verpflichtung zum Exil: *et ex his (quindecim annis) septem annos extra metas ipsius terrae exul fiat, et non communicet, nisi urgente mortis periculo.* Das ›Poenitentiale Vindobonense‹ (c. 47, H.-J. Schmitz II S. 354) sowie der ›Corrector Burchardi‹ des 11. Jahrhunderts schreiben ebenfalls fünfzehn Jahre vor, zehn Jahre nennt das ›Poenitentiale Valicellanum II‹ in c. XXXIV: *Si quis cum matre sua fornicaverit, X anni penit. et numquam mutet cibum nisi in die dominico; si in peregrinatione, II anni penit. i(n) p(ane) e(t) a(qua) et si in patria sua voluerit, VII anni penit., aut certe toto illos decem, neque vinum neque carnem nec coctum manducet excepto panem.*[2] Diese Bußordnungen (vgl. auch die Belege bei Ohly 1976, S. 17 ff. Anm.) wurden nach ihrer Entstehung weiter tradiert, die Handschriften sind meist aus späterer Zeit (im letzten Fall aus dem 13. Jahrhundert), so daß man damit rechnen darf, die vorgeschriebenen Strafen seien auch zu Hartmanns Zeit diejenigen gewesen, die als angemessen empfunden worden wären.

Höchstens fünfzehn Jahre, auch zum Teil zehn Jahre, davon maximal sieben Jahre im Exil und sieben bei Wasser und Brot wäre die kirchliche Vorschrift gewesen – harte Strafen gewiß, aber nicht so hart wie die Buße Gregors. Ihre Elemente jedoch entnimmt er der kirchlichen Bußpraxis, wenngleich, wie die Dauer, in gesteigerter Form. Er büßt siebzehn Jahre, die Intention ist sogar auf lebenslange Buße gerichtet (*unz an sînen tôt,* v. 2759), er verzichtet nicht nur auf *vinum, carnem (et) coctum* (›Poenitentiale Valicellanum II‹) wie vorge-

[2] Die Bußordnungen, wenn nicht anders angegeben, zit. nach der Arbeit von Wasserschleben. Vgl. auch das ›Penitentiale Ecclesiarum Germaniae‹ (H. J. Schmitz S. 434): *Fecisti fornicationem cum matre tua? Si fecisti XV annos per legitimas ferias poeniteas: annum ex his in pane et aqua, et absque spe conjugii permaneas, et nunquam sis sine penitentia. Mater autem tua, si consentiens non fuit, juxta arbitrium sacerdotis poeniteat: et si se continere non vult, nubat in Domino* (c. 113). Hs. γ schreibt sogar zwanzig Jahre vor, das könnte jedoch ein *X* für ein *V* und damit ein Schreiberversehen sein.

schrieben, sondern sogar auf Brot und nahezu auch auf Wasser. Er geht nicht lediglich ein oder sieben Jahre in die Verbannung, sondern für die ganze Bußzeit. Maßlose Kasteiung also, die gewiß nicht leichten Vorschriften überbietend, legt er sich auf – ein deutliches Zeichen dafür, daß es hier nicht um einen kirchenrechtlichen Fall geht, der nach Poenitentialien entschieden werden könnte, sondern um eine existentielle Frage, die nur mit unbedingtem Einsatz der ganzen Person zu lösen ist, ohne das anzuwenden, was in den *buochen* (v. 2685) steht. Nur eine Wahrheit kann hier helfen: *daz got die wâren riuwe hât / ze buoze über alle missetât* (v. 2701 f.), nicht das, was der Knabe Gregor *von lêgibus* in der Klosterschule gelernt hatte (v. 1193). Gregors Reaktion ist nicht die des *edeln lêgiste* (v. 1196), sondern die eines in seinem Seinsverständnis getroffenen Menschen. Das stimmt zu der eindeutigen Feststellung der Forschung, daß der Inzest keine kanonisch fixierbare Schuld gewesen ist, weil er unwissentlich begangen wurde. Gregor nimmt daher auch nicht die kirchenrechtlich vorgeschriebene Buße auf sich, sondern entschließt sich zu einem Leben, das die Bußforderungen der Gesetzbücher ins Unbedingte transzendiert.

3. Literatur und Leben

Die zweite Voraussetzung liegt in der Annahme, der ›Gregorius‹ beziehe sich in nicht nur allgemeiner Form (etwa indem er ein anthropologisch durchgängiges Schema von Verfehlung – Buße – Entsühnung an einer alten Fabel demonstriert) auf die Lebenspraxis einer bestimmten gesellschaftlichen Schicht zu einem bestimmten Zeitpunkt. Daß der höfische Roman »Ausdruck« des »gesellschaftlichen Bewußtseins« der Adelsgesellschaft ist (Ruh 1967 S. 12) – die Stichhaltigkeit dieser Erkenntnis soll an einem differenzierten Beispiel vorgeführt werden, indem von einer bestimmten Lebensform ausgegangen wird. Sie wird bei den unmittelbar betroffenen Personen selbst und den sie mittelbar erfahrenden Zeitgenossen als Äußerung des »gesellschaftlichen Bewußtseins«, und zwar ganz bestimmter gesellschaftlich bedingter Probleme, verstanden. Die Annahme, ein literarisches Werk sei Reaktion auf und Aktion zu einem spezifischen Problem einer historisch zu definierenden Schicht, sollte schon das einleitende Kapitel als grundlegend für das Verständnis eines Textes vorführen. Konkret heißt das: historische Quellen (oder andere schriftliche Zeugnisse, die als solche natürlich auch bestimmten »literarischen« Gattungen angehören) sollen nach Parallelen zu im ›Gregorius‹ dargestellten Situationen befragt werden. Die festgestellten konkordierenden Handlungen historischer (eventuell auch fiktionaler) Personen werden auf ihren überindividuellen, d. h. typischen Charakter hin untersucht, wobei sowohl nachweisbare Häufigkeit wie Zusammenhang mit historischen Entwicklungen, also ihre »Erklärbarkeit«, die Typik beweisen sollen. Damit möchte ich einen Teil des außerliterarischen Verständnisrahmens, der Autor und Publikum umschlossen hat, rekonstruieren.

Hierzu muß der literarische Erwartungshorizont kommen, da das Werk ja sowohl in einem literarischen Traditionszusammenhang produziert wie rezipiert worden ist. Dieser Erwartungshorizont bezieht sich auf vorliegende literarische Modelle sowohl der Darstellungsweise wie den Inhalten nach. Für das methodische Vorgehen gehört die Annahme dazu, daß das Publikum eine innere Stimmigkeit erwartete und der Autor sie anstrebte. Das soll zwar nicht heißen, daß er sie überall verwirklicht hat, wohl aber, daß bei mehreren Interpretationsmodellen, bei verschiedenen Möglichkeiten, vom Dichter wiedergegebenes Verhalten an außerdichterische Realität anzuschließen, dasjenige den Vorzug verdient, das die geringsten inneren Widersprüche im Werk zur Folge hat. Daher soll ein Erzählmodell, das von der Fabel und ihrem folgerichtigen Ablauf ausgeht, immer wieder vergleichend an die Deutung herangebracht werden.

Sicher bleibt es problematisch, mit einem Streben nach innerer Harmonie des Werks zu rechnen, aber die entgegengesetzte Position, Hartmann habe etwa die Absurdität der adligen Existenz in einer Umbruchszeit durch, sei es bewußte oder unbewußte, absurde Gestaltung wiedergegeben, findet einmal keine Stütze im Verlauf der literarischen Entwicklung (sie wäre vielleicht beim Tannhäuser, vielleicht – nach WYSS 1974 – in Wolframs ›Titurel‹ zu suchen), und zum anderen würde sie über diese Aussage hinaus alle Erklärungsmöglichkeiten negieren. Die bleibenden Inkongruenzen werden zu prüfen und zu interpretieren sein – »innere Stimmigkeit« soll ja keinesfalls ein Einschwingen in eitel Harmonie propagieren und womöglich die Dissonanz des Werkes durch die Konsonanz des Interpreten verdecken, sondern nur einer der Ordnungsgrundsätze von Interpretationsmodellen für den Text sein – beigeordnet der Prämisse, daß eine Übereinstimmung zwischen Wirklichkeit und Dichtung das Verständnis des literarischen Werkes präformiert.

Ziel bleibt schließlich die Rekonstruktion dessen, was der Autor für ein Ziel verfolgte und wie sich dieses in den Verständigungsbezug einer bestimmten Gesellschaftsschicht einordnen läßt, d. h. welche Funktion es für das Selbstverständnis einer sozial definierbaren Gruppe hat.

4. Mutmaßungen über das Publikum

Die Gesellschaftsschicht zu bestimmen, für die der ›Gregorius‹ konzipiert und vor der er vorgetragen wurde, macht gewisse Schwierigkeiten. Indizien, die eine Fixierung des Publikums erlauben, können sowohl aus dem Werk selbst stammen – und dabei formaler oder inhaltlicher Art sein –, aber auch aus der Eigenart der Vorlage, ihrem literarischen Lebensraum ebenso erschlossen werden, wie aus der Tradierung von Hartmanns Werk selbst. In diesem Kapitel will ich nur vorläufige Antworten geben, die eine Weiterarbeit mit den gewonnenen Hypothesen erlauben. Sie sollen sich durch die folgenden Untersuchungen zum ›Grégoire‹, zum literarischen Leben im Reich gegen Ende des 12. Jahrhunderts, zur spezifischen Lebensform und zur Funktion des Prologs im angenommenen Publikumsbezug bestätigen.

Von der historisch-literarischen Situation her kommen drei Zuhörerkreise in Frage: Klostergemeinschaft, Bischofshof oder Adelskreis. Ein städtisches Publikum, wie das von Konrads von Würzburg Legendendichtungen achtzig bis neunzig Jahre später, war im südwestdeutschen Raum kulturell noch nicht präsent. Bei einem Kloster (und wohl auch einer Bischofsresidenz) wird man eine spürbar kirchliche Orientierung annehmen, die am Fürstenhof sicherlich fehlte. Das Augenmerk soll also besonders auf dieses Kriterium gerichtet sein.

Widmung und Anrede

Direkte Informationen zum Publikum gibt der Text nicht her. Eine Widmung an einen Fürsten oder Abt fehlt, aber im Gegensatz zur lateinischen Literatur des Mittelalters sind in der deutschen ausdrückliche Dedikationen ohnehin selten – daß einer der Ausnahmefälle, das ›Rolandslied‹, Werk eines Geistlichen und zudem noch zuerst in lateinischer Sprache abgefaßt war, ist sicher kein Zufall. Die Widmung ist eher ein Zeichen für die relativ freie und unabhängige Position eines Autors, der über sein Werk verfügen kann, ihr Fehlen signalisiert die stärkere Abhängigkeit vom Empfänger (Wilhelm S. 63).

Somit dürfte gerade das Nichtvorhandensein einer Dedikation für eine Auftragsarbeit sprechen: sie verstand sich vor dem Publikum des Autors von selbst. Die Werke enthalten statt dessen oft Angaben über den Anlaß der Arbeit und die Umstände der Fertigstellung – mit diesem Topos spielt Hartmann in den Prologen: im ›Gregorius‹, indem er den mutmaßlichen Auftrag zu einer persönlichen Bußleistung uminterpretiert, im ›Iwein‹, indem er den Status der »Freizeitliteraten« hervorkehrt und damit vielleicht ein langsames Arbeitstempo motiviert, ganz ähnlich im ›Armen Heinrich‹, wo das Suchen nach der Quelle und eine allgemeine poetische Zielsetzung aus dem mittelalterlichen Inventar der Funktionsbeschreibung von Literatur hinzukommt.

Ebensowenig wie eine Anrede an den Dedikaten finden wir Wendungen an das Publikum, die weiteren Aufschluß geben könnten, wie etwa das *Oëz, seignurs* (v. 1)[1] oder *bons sires* (v. 47) des ›Grégoire‹-Autors, der B v. 2065 viel-

[1] Das ist allerdings die übliche Anrede in den Prologen der altfranzösischen Literatur, oft werden die *dames* zusätzlich genannt (Gallais S. 333).

leicht die Hörer sogar als *barun*, als Barone, anspricht (vgl. G. TELGER z. St.). Hartmann verzichtet auf ein vergleichbares *ir herren*. Nicht nur solche Publikumsadressen versagt er sich, ebenso vermeidet er weitgehend die Etablierung einer fiktiven Hörerrolle, wie Wolfram und Gottfried sie kreieren werden. Für ihn ist das reale und das implizierte Publikum im wesentlichen deckungsgleich, so daß wir aus dem Text erschließbare Verständnisvoraussetzungen nicht nur für einen idealen Hörerkreis annehmen müssen. Das ist vor allem bedeutsam für den Stellenwert religiöser Motivierungen und Aussagen, der gewiß differiert, je nachdem, ob Hartmann mit theologischer Vorbildung seines Rezipientenkreises rechnen konnte oder sich an ein Publikum wandte, dessen Verständnis theologischer Fragen weitgehend auf dem Anhören der Sonntagspredigt basierte. Bei der Interpretation des Prologs und der Deutung von Gregors Buße werde ich auf deutsche Predigten zurückgreifen, um zu zeigen, daß diese Vorkenntnisse tatsächlich ausreichten.

Bildungshorizont

Von den inhaltlichen Aspekten möchte ich die religiösen daher zunächst einmal ausklammern und nur die Frage nach der Beispielhaftigkeit von Gregors gelehrtem Werdegang verfolgen, nicht zuletzt auch, weil dabei das voraussetzbare Bildungsniveau des Publikums zur Darstellung gelangen kann.

An einem Adelshof sah die Situation etwa folgendermaßen aus: Obwohl die Vorstellung, daß ein Edelmann außer dem Kriegshandwerk auch Buchgelehrsamkeit erlernen sollte, an Boden gewinnt (ich erinnere nur an das vielzitierte Wort *quia rex illiteratus est quasi asinus coronatus*), kann doch nicht damit gerechnet werden, daß ein feudales Publikum *sô gelêret waz / daz* (*ez*) *an den buochen las* – der gebildete Ministeriale Hartmann hätte dann seine Kenntnisse ebensowenig hervorheben wie der Bildungsverächter Wolfram sie leugnen müssen. Denn zu seiner Zeit schließen die bekannten Definitionen des Ritters die Gelehrsamkeit nicht ein; die Bildungswelt, die dann besonders im ›Tristan‹ erscheint, stammt nicht aus der Realität des Adels, sondern aus der Theorie (M. P. COSMAN S. 157, 177) oder aus dem bürgerlich-städtischen Bereich, der die Bildung als Emanzipationsinstrument nutzte – vergleichbar darin dem »Bildungsbürgertum« des 19. Jahrhunderts – und die Vollendung des Menschen durch die Beherrschung kultureller und ästhetischer Fertigkeiten propagiert, ein Ideal, dem zumindest in der Dichtung sich auch der Adel anbequemen mußte.

In den Fürstenspiegeln wird zwar der gebildete Herrscher als Zielvorstellung verkündet, aber noch John von Salisbury insistiert nicht so sehr auf der Bildung des Fürsten selbst – auch die Umgebung, seine Beamten und Räte können (und müssen dann) gebildet sein (ebd. S. 183 f.). Das Konzept des gelehrten Adligen verdankt seine Existenz der Idee vom gebildeten König (S. 194), es dürfte in der Wirklichkeit selten realisiert worden sein. Eine Ausnahme war gewiß Heinrich VI., von dem es in Alberichs Chronik heißt: *Heinricus, dotibus insignitus scientiae litteralis et floribus eloquentie redimitus et eruditus apostolicis institutis et legibus imperatorie maiestatis* (S. 858). Gregor verdankt seine Ausbildung ja nur der Tatsache, daß er gar nicht für ein Herrscheramt erzogen wurde, sondern für eine geistliche Karriere, ähnlich wie der wohl gelehrteste Fürst seiner Zeit, Philipp von Schwaben, ursprünglich ebenfalls für ein geistliches Amt bestimmt, der von seinem Posten als Domprobst in Aachen wegen des plötzlichen Todes Kaiser Heinrichs VI. zunächst als Platzhalter für das Kind Friedrich, dann nolens volens selbst als König auf den deutschen Thron gelangte.

Gregor litteratus – das dürfte daher eher programmatisch vom Verständnis eines gebildeten Herrschertums zu sehen sein, denn als Reminiszenz an Hartmanns eigene Schülerzeit[2]. Festzuhalten ist außerdem, daß der Schulbesuch Gregors seine Funktion im Rahmen der Erzählung hat – nicht nur für die Situation nach dem Inzest (SCHOTTMANN S. 389), sondern auch als Voraussetzung für die Papsterwählung: *ignorantia* hätte sich nicht mit dem höchsten Amt vertragen, *defectus scientiæ* war ein Weihehindernis *ex defectu* (MERZBACHER S. 217), und vor allem für das Kirchenregiment wurde die Kenntnis des kanonischen und des zivilen Rechts als notwendig angesehen (ebd. S. 218).

Seine ungewöhnlich rasche Entwicklung – *der jâre ein kint, der witze ein man* (v. 1180) – bildet zwar einen Topos der Hagiographie, die *juvenilis senectus* (CURTIUS S. 106 f.), kann aber auch aus dem Herrscherlob stammen (FECHTER 1964 S. 43) und ist daher kein eindeutiges Signal für die Zukunft[3]. Gregor schließt seine Ausbildung in den Artes liberales (*grammaticus*, v. 1183, dazu SCHÖNBACH S. 222) drei Jahre eher als gewöhnlich ab: normalerweise beginnt das fachwissenschaftliche Studium mit 14 Jahren, er studiert schon mit 11 (v. 1180) drei Jahre Theologie, dann ein Jahr (kanonisches?) Recht (WOLTER 1959 II S. 58). Zum *guoten rihtære* dürften Gregor seine Kenntnisse *von lêgibus* (v. 1193) befähigt haben, vollends zu ihrem Recht gelangt seine Ausbildung dann mit der Papsterhebung, wenngleich *des heiligen geistes lêre* (v. 3795) besonders betont wird: daß er *der buoche vil gelesen* (v. 2685) hatte, konnte Gregor nicht davor bewahren, in *bercswære schulde* zu verfallen.

---

[2] Vgl. Appendix C: *Ein ritter sô gelêret was.*

[3] Daß die Schilderung Hartmanns, daß das Kind wegen seiner Vollkommenheit Ärgernis für die Nachbarn ist, bei den Zuhörern Assoziationen an die Kindheit Jesu (Pseudo-Matthäus) erwecken konnte (PICKERING), scheint möglich, da im Kindheitsevangelium des Thomas von raschen Reaktionen Jesu berichtet wird (Kap. 4, 5, 14), die mit Gregors Verhalten gegen den Ziehbruder vergleichbar sind. Die Schnelligkeit, mit der Gregorius sich das Schulwissen aneignet, erinnert an eine Passage aus dem ›Dolopathos‹ von der Wende des 12. zum 13. Jahrhundert (hg. HILKA): Der Held ist nach einem Jahr weiter als die *consocii, qui eum et etate precedebant iamque quinquennio vel septennio sub disciplina fuerant magistrorum, transcenderet* (S. 14 f.).

So propagiert Hartmann wohl die Nützlichkeit der Bildung für den Adligen, da er ja im ›Gregorius‹ (was noch zu zeigen sein wird) das Weltliche keineswegs völlig abwertet; die Erzählung ist jedoch zugleich Beweis dafür, daß gelehrtes Wissen nicht genügt, sondern die *lêre* des Heiligen Geistes hinzukommen muß. Wolfram wird in seinem ›Willehalm‹-Prolog nicht nur auf der Priorität der Gabe des Gottesgeistes bestehen, sondern sie ausschließlich zur Begründung seiner dichterischen Arbeit heranziehen, ganz wie der Oberaltaicher Prediger des 12. Jahrhunderts von der Rolle der dritten göttlichen Person für Petrus als den ersten Papst sagt: *uz dem vischære, der nie von menschen lere puchstab gelerent, auz dem machet er einen edeln predigær* (hg. SCHÖNBACH II S. 113, 19 f.). Hartmann hingegen bleibt auch hier der bildungsbewußte Ministeriale, der die Notwendigkeit des Wissenserwerbs für seinen eigenen gesellschaftlichen Aufstieg erfahren hat, und die Gelehrsamkeit nun als Voraussetzung für andere soziale Stellungen ebenso dringlich machen möchte, nicht zuletzt, um damit seine Position in diesem Wertsystem als vorbildlich zu erweisen. Der Bildungsgang Gregors liefert demnach kein eindeutiges Indiz für die ständische Zugehörigkeit des angesprochenen Publikums, schließt aber die aus Vasallen und Ministerialen bestehende Zuhörerschicht eines Fürstenhofs keinesfalls aus.

Der anfängliche Verzicht auf Ausbildung in ritterlicher Waffenübung geht parallel zu entsprechenden Lebensläufen in der historischen Wirklichkeit. Die Bestimmung zur geistlichen Laufbahn schloß dies ein, wenn später – meist aus dynastischen Gründen – das Berufsziel korrigiert wurde, mußte die Übung im Waffenhandwerk nachgeholt werden, wie bei König Philipp, der schon 1191 zum Bischof von Würzburg gewählt wurde und die Folgen der geistlichen Erziehung erst spät überwand (MASCHKE S. 54 f.). Jedoch auch ritterliche Musterhelden wie Lanzelet und Parzival kommen verspätet zu kriegerischer Ausbildung. Aber wie bei ihnen (und bei Rennewart) setzt sich bei Gregor die ererbte Veranlagung, die Wolfram *art* nennt, durch: v. 1497 beruft er sich auf seine Sippe, v. 1696 auf das *erbe* – er meint die Anlagen – seines Vaters, v. 1560 will er den Beweis für seine Disposition zum Ritter darin sehen, daß ihm *ritterlîche wât* nicht *missestât*, außen und innen bei ihm übereinstimmt. Ganz im Sinn eines afrz. Sprichworts setzt sich Anlage gegen Erziehung durch: *nature passe nourriture* (GELZER S. 56–67).

Die Formlosigkeit des Übertritts in den Ritterstand – der Abt *machete in dar nâch / ritter als im wol tohte / sô er schierist mohte* (v. 1646–48) und ähnlich im ›Grégoire‹: *Quant Gregorie fud chevaliers* (B v. 907) – entspricht durchaus historischer Realität. Für eine einheitliche Zeremonie der Schwertleite gibt es keine Beweise (REUTER S. 122), »Ritter werden« ist häufig nur die Ausstattung mit den entsprechenden Waffen, nicht Aufnahme in einen bestimmten Stand. Diese Ausstattung hat auch Arnold von Lübeck im Sinn: *preclaris militaribus / ipsum ornaret vestibus / ... precingens cum tripudio / hunc militari gladio / intelligens plenissime, / quod properat recedere. / Ut declarauit militem, / indumentis spectabilem, / congratulantur plurimi / tam specioso militi* (II, 805–818). Der Abt Arnold ist hier viel ausführlicher als der Ritter Hartmann, bei ihm kommt die Vorstellung von einem öffentlichen Akt (*declarauit*) deutlicher zum Ausdruck, vielleicht, weil er den rechtlichen Gegensatz zum geistlichen Leben herausstellen will, denn die Schwertleite ist »sichtbarer Ausdruck der Herrschaftsfähigkeit« (REUTER S. 81). Aus dem knappen Bericht im ›Gregorius‹ läßt sich keine ständische Programmatik herauslesen, sie entspricht in ihrem Lakonismus der Erzählung des Chronisten von der bekannten »Schwertleite« der Barbarossasöhne beim Mainzer Hoffest 1184: *curia magna Mogontiae habita est, ubi duo filii imperatoris, rex Henricus et dux Swevorum accincti sunt gladiis* (Chronik Konrads von Scheyern, zit. nach REUTER S. 77). Im Vergleich zu deren Alter (18 und 20 Jahre) ist Gregor allerdings auch hier ein »Wunderkind« – allgemein üblich war ein Alter zwischen frühestens 16 bis etwa 22 Jahren (DUBY S. 840). Die Ausrüstung zur Fahrt mit einer Gruppe von jungen Kämpfern (*mîn knehte biderbe unde guot*, v. 1723) entspricht ganz wie bei Gahmuret (›Parzival‹ 8,2 f.) ebenfalls den Vorgängen in der Wirklichkeit des Adels (ebd.). Wenn ein Rückschluß auf das Publikum gezogen werden kann, dann der, daß es mit den Gepflogenheiten der Waffennahme vertraut war und an der mangelnden Formalität wegen ihrer Äquivalenz zur Wirklichkeit keinen Anstoß nehmen konnte.

Typus der Vorlage

Die Vorlage Hartmanns, der ›Grégoire‹, wandte sich nach Ausweis der Anreden und nach gattungstypologischem Zusammenhang sicher an ein weltliches Publikum. Wegen der Existenz einer entsprechenden altfranzösischen Literatur läßt sich diese Aussage leichter treffen, als es für die deutsche Dichtung möglich wäre: da ist der ›Gregorius‹ eine gattungsgeschichtliche Novität.

In die Klöster gehörte die lateinische Hagiographie, die mit dem Kult eines Heiligen meist eng verbunden war und eine quasi-liturgische Funktion hatte, wie es ein hochmittelalterlicher ›Ordo Romanus‹ beschreibt: *ipsa nocte, ad vigilias eorum* (*omnium apostolorum vel ceterorum principalium*) *passiones vel gesta leguntur* (nach ZAAL S. 126). Die volkssprachlichen Texte bauen die hagiographischen Fakten in die feudale Welt ein, sowohl mit der Terminologie (*Seigneur, Baron, Conte; servir, honneur, lignage, mesnie*) wie den Gewohnheiten, z. B. dem Erbrecht (ebd. S. 62 ff.). Wenn auch ursprünglich die liturgische Lektion nach Funktion und Vortragsform die »Chansons de saints« (Terminus von ZAAL) beeinflußt haben mag, so werden doch die literarischen Traditionen der weltlichen Dichtung, der Chansons de geste einerseits und des höfischen Romans andererseits, immer wichtiger, so daß man schon für das 12. Jahrhundert mit dem Vortrag auch der volkssprachlichen Legendendichtung durch professionelle Sänger rechnet (ebd. S. 145) und im 13. Jahrhundert Chansons de geste und de saints als zusammengehörig empfindet. ZAAL zitiert eine Passage von Thomas Cabham, der von den *joculatores* spricht, *qui cantant gesta principum et vitas sanctorum* (S. 138). Petrus Waldes soll ja im Jahre 1173 infolge eines Vortrags des Alexiusliedes durch einen Straßensänger bekehrt worden sein, berichtet die Chronik von Lyon: *Currente adhuc anno eodem, scilicet 1173, dominice incarnacionis, fuit apud Lugdunum Gallie civis quidam Valdesius nomine, qui per iniquitatem fenoris multas sibi pecunias coacervaverat. Is quadam die Dominica cum declinasset ad turbam, quam ante ioculatorem viderat congregatam, ex verbis ipsius conpunctus fuit, et eum ad domum suam deducens, intente eum audire curavit. Fuit enim locus narracionis eius, qualiter beatus Alexis in domo patris sui beato fine quievit* (hg. CARTELLIERI/STECHELE S. 20). Die Forschung ist sich darüber einig, daß es sich nur um die altfranzösische Fassung des Alexiusliedes gehandelt haben kann (GNÄDINGER 1972 I S. 24–28); die Kürze und Verständlichkeit des Liedes mögen es für eine *turba*, eine Volksschar, geeignet gemacht haben – die längeren und komplizierteren Texte volkssprachlicher Heiligenleben wie des ›Grégoire‹ wird man sich jedoch kaum auf der Straße vorgetragen denken. Die altfranzösischen Chansons de saints, die in enger Symbiose mit der vulgärsprachlichen Heldenepik literarisch ausgeformt wurden (vgl. ZAAL, bes. S. 146), waren in der Mehrzahl zum Vortrag vor dem illiteraten Adel bestimmt.

In Deutschland gibt es eine Chansons-de-geste-Tradition im französischen Sinne nicht (das ›Rolandslied‹, als Adaptation, lehnt sich wieder stärker an die heimische Legendendichtung an). Hartmann etabliert eine Gattung, die vom Typus her das gleiche Publikum anspricht wie die Chansons de saints. Bei ihm verbindet sich die Tradition des volkssprachlichen Heiligenlebens mit der des höfischen Romans.[4]

Überlieferungskontext

Der ›Grégoire‹ ist nur im Adelsmilieu denkbar – eine Kultbeziehung kann es nicht geben, da der Titelheld kein kirchlich anerkannter Heiliger mit einer sanktionierten Verehrung ist. Dem entspricht die Überlieferungssituation des

[4] Hartmann nennt seinen ›Gregorius‹ noch *liet* (v. 3990, Konjektur nach K *laid*), ebenso wie den ›Erec‹ (v. 10135), ein Terminus, der in der höfischen Literatur nur noch im ›Lanzelet‹ auftaucht und sich sonst auf die geistliche und »spielmännische« Literatur, sowie die Heldenepik (auch die antike: Herbort von Fritzlar) beschränkt (K. DÜWEL S. 226 f.). Gegenüber der Ratlosigkeit DÜWELS möchte ich die Vermutung äußern, daß Hartmann sich – ohne damit eine terminologische Aussage zu machen – in den frühen Werken noch stärker in der Tradition der spielmännisch-ritterlichen Epik einerseits, der heldisch-legendarischen (Rolandslied, Priester Wernher) andererseits verstand und – analog zu den afrz. Chansons de saints – ein »Heiligenlied« schrieb.

altfranzösischen Gedichts, die nicht auf Ausgang von monastischen Kreisen weist, obwohl die älteste Handschrift der Redaktion B (B1, British Museum, Egerton Ms. 612) Legenden und Mirakelerzählungen, also geistlich orientierte Unterhaltungstexte enthält. Der Kontakt zur mönchisch geprägten Literatur ist natürlich bei den Chansons de saints besonders leicht möglich – auch Hartmanns ›Gregorius‹ geriet ja in die Küche der Kirche, wie verschiedene späte Fassungen bezeugen: die ›De Albano‹ betitelte lateinische Prosaversion, die KLAPPER aus einer Breslauer Handschrift veröffentlicht hat und die aus einem um 1300 entstandenen dominikanischen Exempelwerk stammt, die deutsche Prosabearbeitung im Winterteil von ›Der Heiligen Leben‹ (hg. ZINGERLE, MARTENS, RÜTTGERS, STAMMLER), die von STAMMLER edierte ripuarische Prosa und der von SCHWENCKE veröffentlichte Text aus dem Lübecker Mohnkopf-Plenarium. Die handschriftliche Bezeugung von Hartmanns Text aber stand eigentlich nur in B (mit u. a. einem Martyrologium, *Von schaden tegelicher sünden*, Predigten u. a. von Eckhart, den ›Vitas patrum‹, vgl. MARTIN) in eher geistlichem Kontext, der allenfalls noch in J angedeutet ist mit zwei Liedern des Mönchs von Salzburg (G 37 und G 10, in SPECHTLERS Ausgabe Hs. T), einer Marienklage und Gebeten; wobei die Mönch-Texte in der sonstigen Überlieferung[5] durchaus nicht durchgängig im Zusammenhang mit Geistlichem tradiert werden. Die Handschrift gehörte obendrein der Berner Adelsfamilie von Erlach (FECHTER 1935 S. 55), Hs. E war in der Hand Tiroler Edler (ebd. S. 43) und Hs. G in der Bibliothek eines Abkömmlings des bayerischen Adelsgeschlechts von Schilwatz (ebd. S. 64). Ebenso zeigt das Zeugnis aus der Bibliothek der Margarete von Flandern (der Gemahlin Philipps des Kühnen), der Bibliothekskatalog von 1412 (hg. MATTER), *La vie (de) saint Grégoire Pape* nicht zusammengestellt mit der geistlichen Literatur, sondern mit weltlichen Texten wie *Le Livre de Lancelot, Le Livre de Machaut*, *Le Roman d'Ogier*, *Le Roman de Basin et (le roman) du Boucher d'Abeville* (S. 25). Die Leser des 14. Jahrhunderts setzten den ›Grégoire‹ unter die weltlichen Dichtungen, ganz wie seine Stellung im Publikumsrahmen des 12. Jahrhunderts gewesen war. Entsprechend bietet der Buchproduzent und -händler Diepold Lauber im 15. Jahrhundert den ›Gregorius‹ zusammen mit höfischen Romanen an – ›Tristan‹, ›Parzival‹ und ›Iwein‹ (FECHTER 1935 S. 60).

Festzuhalten bleibt: Gattungstyp der Vorlage sowie Überlieferungskontext weisen nicht auf den kirchlichen Raum, sondern machen Entstehung an einem Adelshof wahrscheinlich, inhaltliche Indizien widersprechen dem nicht. Das Publikum an den Höfen besaß theologische Bildung nur in individuell bedingten Ausnahmefällen, sie darf bei der Interpretation folglich nicht vorausgesetzt

[5] Z. B. Hs. D, H (= Hätzlerin), K (= Kolmarer Liederhs.).

werden. Die Hörerschaft der höfischen Epen und der beiden Legendendichtungen war vermutlich standesmäßig identisch.

Kloster oder Adelshof

Im Fall des ›Armen Heinrich‹ weist die Betonung der Freiheit auf ein Standesproblem der Ministerialen, und sicher wäre der Schluß – der originale mit dem *süezen lanclîbe* – in klösterlichem Rahmen nicht das letztlich Passende gewesen[6]. McDonald/Goebel rechnen mit der Reichenau als Entstehungsort für den ›Armen Heinrich‹ (und die Lage des Klosters im ›Gregorius‹ könnte ebenfalls dazu verführen), aber dafür gibt es keine ernsthaften Argumente.

Zwar hätten die Klöster auf Grund ihrer weitgespannten Beziehungen, wie sie durch die Untersuchungen der Nekrologien deutlich geworden sind (Wollasch 1973), sicherlich die Möglichkeit gehabt, französische Vorlagen zu »besorgen«, und vielleicht haben sich die adligen Vögte gelegentlich auch entsprechender Kontakte bedient, aber als Auftraggeber für ein Werk wie den ›Gregorius‹ wird man sich ein Kloster nicht vorstellen können – schon gar nicht die Reichenau, die zur fraglichen Zeit eine Epoche des Niedergangs hatte[7].

Schließlich ist der Heilsweg, den Gregor beschreitet, gerade nicht der des Mönchs oder des Weltpriesters mit der üblichen kirchlichen Karriere eines Mannes von Stand, ja er steht, wie ich später zeigen werde, in einer durchaus nicht klaustralen oder gar amtskirchlichen Tradition, so daß man die Mäzene kaum in klerikalen Kreisen suchen kann. Der Titelheld ist ein Adliger mit einer bewußt gewählten weltlichen Laufbahn, er konnte eigentlich nur für ein adliges Publikum eine brauchbare Identifikationsfigur abgeben. Seine dubiose Geburt war dabei sicher kein Hindernis – das kam, zwar nicht gleich als Inzestfolge, in den besten Kreisen vor: die meisten Herrscher hatten »natürliche« Kinder. Es wird sich herausstellen, daß Gregorius nicht für jeden *sündigen man / ein ... bilde* (v. 3983) ist. Es kann zwar in weiterem Sinne von *allen* (v. 151) angenommen werden, problematisiert aber im besonderen eine Situation, die typisch für die feudale Gesellschaft ist.

---

[6] Zur Frage Vorlagenprovenienz beim ›Armen Heinrich‹ vgl. die Argumente von Eis zugunsten einer weltlichen Novelle und die Untersuchungen von Ruh 1971.

[7] 1211 gab es noch elf Konventualen, nachdem unter Abt Diethelm von Krenkingen (1169–1206) Reichenauer Besitz in größerem Umfang an das Kloster Salem gegangen war (Schulte 1925 S. 569). Dort stirbt auch Abt Diethelm im Habit der Zisterzienser – die grauen Mönche waren der zeitgemäßere Orden. Außerdem wechselte zur fraglichen Zeit der Vogt des Klosters: 1184 geht die Schutzherrschaft von Heinrich dem Löwen an Friedrich von Schwaben über. Das ehedem strahlende Bild der Abtei ist im 12. Jahrhundert verdunkelt, dafür geht der Stern Salems auf, das als Zisterzienserkloster von den Staufern besonders gefördert wurde.

Die Zähringer

Den Hof, an dem Hartmann wirkte, glaubt man im deutschen Südwesten finden zu müssen, und die Zähringer hat man immer wieder als seine Dienstherren ansehen wollen[8]. Die Gründe dafür liegen in ihrer politischen und kulturellen Position in dem Raum, in dem wir sicherlich Hartmanns Heimat zu suchen haben: Au bei Freiburg i. Br. ist mit großer Wahrscheinlichkeit sein Herkunftsort[9].

Konrad von Zähringen, der Sohn Bertholds II., führte seit 1127 den Titel eines Rektors von Burgund, und die verwandtschaftlichen Beziehungen der Zähringer verbinden sie mit Frankreich: Konrad ist verheiratet mit Clementia von Namur, sein Sohn Berthold IV., heiratet in zweiter Ehe Ida von Boulogne, eine Nichte Graf Philipps von Flandern, Berthold V. ehelicht Clementia von Auxonne, die spätere Auftraggeberin der Wallersteiner Margaretenlegende (neben Hartmanns ›Gregorius‹ in Hs. K überliefert). Zwar hatte der Einfluß des »Rektors von Burgund« seit der Heirat Barbarossas mit Beatrix im Jahre 1156 abgenommen und die zähringische Politik im Südwesten sich auf die Schweiz und die Bistümer Genf und Lausanne konzentriert, deren Vogt Berthold IV. geworden war, aber die kulturellen Kontakte dürften erhalten geblieben sein. Doch weniger aus dem burgundischen Raum mochten mögliche literarische Anstöße an den Zähringerhof kommen, wichtiger waren die Beziehungen zum Nordwesten des Reiches. Dieser Raum gilt zu Recht als Einfallstor für den kulturellen Einfluß Frankreichs (vgl. Tilvis), und auch hier besaßen die Zähringer Verwandte. Der engste unter ihnen ist gewiß Bischof Rudolf von Lüttich, Bruder Herzog Bertholds IV., der auf dem Barbarossakreuzzug an der Pest erkrankte, auf dem Rückweg nach Lüttich in Herdern bei Freiburg 1191 starb und in St. Peter begraben wurde (Heyck 1891 S. 436 f.). Bis zu seinem Tode war er in Kontakt mit der Verwandtschaft im Südwesten; seine Führung des Episkopats steht in engem Konnex mit der Politik der Herzöge (Kupfer 1974 S. 143). Konrad von Urach, sein Großneffe (Sohn von Bertholds V. Schwester Agnes), kam schon als Kind zu Rudolf, seit 1184 hatte er ein Kanonikat an St. Lambert, und sein Bruder Rudolf begleitete seinen Großonkel (und Paten?) auf dem Rückweg vom Kreuzzug (ebd. S. 145, 1972 S. 462). Er hatte noch Besitz im Breisgau, es ist wahrscheinlich, daß ihm sein Sterbeort, Herdern, gehörte

---

[8] Fechter 1937, Ruh 1967 S. 104 f.

[9] Die umfängliche Absicherung dieser Hypothese in Appendix B: *von der Swâbe lande.*

(1972 S. 463 A. 101). Für den Fall des vorzeitigen Todes seines Bruders wurde er 1171 zum eventuellen Vormund des nachmaligen Berthold V. bestellt (1974 S. 144). Der Lütticher Bischof war Lehnsherr der Grafen von Hennegau, mit denen die Zähringer verwandt waren und in den Erbschaftsstreit um Namur gerieten[10].

Wenn wir davon ausgehen dürfen, daß Hartmann im Prolog des ›Armen Heinrich‹ die freie Wahl der Vorlage andeuten will[11], die hier – das ist freilich ein Augumentum ex silentio – im Gegensatz steht zur Auftragsarbeit seiner anderen Werke, so können wir annehmen, daß als »Gönner« nur Personen infrage kommen, die auch die Quellen zu vermitteln vermochten, denn ein »Auftrag« mußte ja doch fester umrissen sein, als nur ein »zur Freude der Gesellschaft und zu Gottes Ehre« geeignetes Werk vorzuschreiben. Von da aus bieten sich im fraglichen geographischen Raum eigentlich nur die Zähringer Herzöge an. Die anderen Kandidaten, die mit ihnen verwandten Markgrafen von Baden (gemeinsamer Urgroßvater von Berthold IV. und Markgraf Hermann IV.: Berthold I. von Zähringen), hatten nicht die internationalen Beziehungen der Zähringer; und die Kenntnis der Werke Hartmanns, die vermutlich um 1220 in der Bibliothek Hermanns V. waren (da der Dichter der ›Guten Frau‹, der im Auftrag des Markgrafen schrieb, sie benutzte: E. SCHRÖDER 1908), könnte über die herzogliche Verwandtschaft vermittelt sein. Die flandrische und hennegauische Sipp- und Magschaft wird bei der Übermittlung von Vorlagen eine Rolle gespielt haben: der Onkel Idas von Boulogne (der Gemahlin Herzog Bertholds IV.), Philipp von Elsaß, Graf von Flandern, war der letzte Gönner Chrétiens gewesen; die Hennegauer Grafen, Lehensträger und Verwandte des Zähringer Bischofs von Lüttich haben gleichzeitig Lehensverträge mit Heinrich II. von England (KIENAST, KÖNIG, DEPT) und stehen somit in Beziehung zu einem weiteren bedeutenden Literaturzentrum im westeuropäischen Raum. Dort können wir die Heimat des ›Grégoire‹ suchen.

5. *Grégoire, cunte en Aquitaine*

Heinrich II. gehörte zu den gebildetsten Fürsten seiner Zeit, an dessen ständig wanderndem Hof sich (vor allem wohl von Eleonore herangezogen) zahlreiche Literaten aufhielten: John von Salisbury, Walther von Châtillon, Walter Map (BEZZOLA 1942 S. 8 f.) und – sicher auf Veranlassung Eleonores – Bernart von

[10] Vgl. dazu KÖNIG und KUPPER 1972.

[11] Dieses Suchen scheint doch nicht nur die »richtige« Fassung, wie bei Gottfried im ›Tristan‹ (der auf den Stoff als solchen schon fixiert war) zu meinen, sondern auch die Wahl des Inhalts seiner Erzählung.

Ventadorn. Für Eleonore schrieb Benoît de Sainte-Maure den Trojaroman, der Eneas- und Thebenroman gehören ebenfalls an den angevinischen Hof. Während in von Eleonore inspirierten Werken die Minneproblematik mehr in den Vordergrund tritt, scheinen Heinrichs Interessen stärker genealogisch bestimmt gewesen zu sein (Benoîts ›Histoire des duces de Normandie‹, Waces ›Geste des Bretuns‹).

Datierung

Der Hof Heinrichs und Eleonores ist der von den historischen und literarischen Voraussetzungen her wahrscheinlichste Raum für den ›Grégoire‹. Nach der communis opinio ist er Mitte des 12. Jahrhunderts in Westfrankreich abgefaßt worden.

Die Argumente von B. HERLEM können diese Datierung nicht ernsthaft erschüttern: die Tatsache, daß die Hs. B_1 Grégoire schon fünf Vorgänger dieses Namens zuschreibt (v. 2040), ist kaum so aufzufassen, daß die Legendendichtung nach dem Tod Gregors V. (999) und vor der Wahl Gregors VI. (1045) abgefaßt worden wäre. Gerade dann hätte die Erzählung nicht als wahr gelten können. Eher ist an einen Zeitpunkt zu denken, nach dem durch das Auftreten eines Gregors VIII. als Gegenpapst (1118–1121) die Zählung undurchsichtig geworden war und Gregors VI. kurzes und umstrittenes Pontifikat die Ansiedlung eines Papstes dieses Namens in historischer Ferne begünstigte. Auch die Verse in A_1 v. 2623–34, aus denen hervorgeht, daß der Kaiser die Wahl akzeptiert, weisen nicht mit Sicherheit in einen Zeitraum, in dem dies unbestrittener Rechtsbrauch war. Der Kaiser konnte mit seinem Votum sehr wohl auch später entscheidend eingreifen. So ist bei der Doppelwahl von 1130 den Zeitgenossen deutlich, »daß die Entscheidung des deutschen Königs ... von ausschlaggebender Bedeutung sein würde« (SEPPELT S. 175), und noch Hadrian IV. erneuert 1154 als erste Amtshandlung den Konstanzer Vertrag mit Barbarossa (ebd. S. 215). Erst nach der zwiespältigen Wahl von 1159 wird man in Frankreich das Bestätigungsrecht des Kaisers nicht mehr unbefangen akzeptiert haben: 1160 anerkennen Ludwig VII. und Heinrich II. nicht den »kaiserlichen« Papst Viktor IV., sondern Alexander III. Mitte des 12. Jahrhunderts – vor 1160 – scheint auch zu diesen Argumenten zu passen –, und das heißt geographisch zu dieser Zeit: im angevinischen Herrschaftsbereich.

Eleonore und Heinrich

Cunte en Aquitaine (B, v. 64 f.) war seit seiner Heirat mit der aquitanischen Erbin Eleonore im Jahre 1152 Heinrich von Anjou, der in entsprechenden Chroniken dementsprechend als *dux Aquitaniae* bezeichnet wird, so u. a. im ›Chronicon S. Albani‹ (hg. LABBE). »Aquitanien« konnte damals im Westen Frankreichs nicht ohne Hintergedanken gehört werden. Die Erbin war – wegen zu naher Verwandtschaft – 1152 von König Ludwig geschieden worden, die gebildete und lebensfreudige Südfranzösin hatte in Ludwig »mehr einen Mönch als einen König« gefunden, aber die Auflösung der Ehe war für den französischen König ein politisches Verlustgeschäft. Um die Erbin von Aquitanien bewarben sich Thibaut von Champagne und Gottfried von Anjou, sie reichte jedoch dem elf Jahre jüngeren Heinrich von Anjou ihre Hand, noch ohne zu wissen, daß sie damit den englischen Thron erwerben würde. Eleonore konnte nach den gängigen Rechtsnormen nicht über sich selbst verfügen und nur mit Zustimmung des Königs heiraten (RICHARD S. 112). Ludwig behielt daher den Titel eines Herzogs von Aquitanien und erklärte Anjou den Krieg (S. 116). Der Streit wurde jedoch 1154 durch die Huldigung Heinrichs beigelegt, und 1156 konnte er das Stammland seiner Frau bereisen. Seit dem 6. 1. 1169 (Friede von Montmirail) erhält Richard den Titel des Herzogs, seine Mutter Eleonore übernimmt faktisch die Oberherrschaft (ebd. S. 149). Eine neutrale Nennung dieses zur mutmaßlichen Entstehungszeit des ›Grégoire‹ stark umstrittenen Herrschaftsgebiets in der Legende scheint kaum denkbar – der *cunte en Aquitaine* mußte als Vorfahr der Königin (und Herzogin) Eleonore aufgefaßt werden, und auch das Thema der Verwandtenehe, das hier in äußerster Zuspitzung als Mutter-Sohn-Inzest erscheint, war durch die Scheidung Eleonores, die viel Staub aufgewirbelt hatte, wieder hochaktuell. Dieses Motiv war allerdings das übliche für die Ungültigkeitserklärung von Ehen, und daher wird für den mittelalterlichen Zuhörer das Thema sexueller Beziehungen naher Verwandter nicht so aus dem öffentlichen Bewußtsein verdrängt gewesen sein, wie das in neueren Zeiten der Fall ist.

Daß Literatur und politische und historische Situation von den Zeitgenossen in Beziehung miteinander gesehen wurden, machen die Beobachtungen KÖHLERS zu Geoffreys von Monmouth ›Historia Regum Britanniae‹ und der Chronik der Grafen von Anjou klar: die Schilderung der Übertragung von Anjou und der Touraine an seinen Truchseß durch König Artus soll den Anspruch des englischen Königs auf diese Territorien sanktionieren (1970 S. 7 f., 55 ff.). Auch die Artusdichtung wurde ja von Heinrich II. einmal mit dem Hintergedanken der »Gewinnung der Feudalfürsten« für die gegen Frankreich gerichtete Politik (S. 59) gefördert, und zum anderen konnte er damit dem Königtum der Plantagenets die historische Weihe geben (S. 57 f.) – nicht umsonst nannte Gottfried von der Bretagne seinen Sohn Arthur. Mit Grégoire wurde der Ahnenschaft Eleonores also ein Papst und ein Heiliger angegliedert, ein Vorgang, der im Rahmen der von HAUCK (1950) so benannten »Geblütsheiligkeit« gesehen werden muß.

Geblütsheiligkeit

Im ganzen Mittelalter – und HAUCK kann sogar germanische Zeugnisse beibringen – herrscht der Wunsch der Adelsfamilien, durch die Zurückführung des

Geschlechts auf einen Heiligen das Glück der Sippe in einem Gott besonders nahen Menschen sinnfällig begründet zu sehen. Die Beispiele dafür sind zahlreich, HAUCK führt sie ausführlich an.

Aus dem 12. Jahrhundert sind besonders prägnant die Heiligsprechungen Edwards des Bekenners und Karls des Großen, die das englische Königtum und das deutsche Kaisertum im Wortsinne »sanktionieren« sollen. So läßt Barbarossa auf dem Armreliquiar Karls sich selbst und seine Familie darstellen (ebd. S. 201), weil er für sich und seine Sippe besonderes Heil erwartet. Entsprechend heißt es in der Proklamation zur Heiligsprechung Karls, die in dem Privileg Friedrichs II. vom August 1244 zitiert wird: *Ex quo primitus divina ordinante clementia imperii Romani fastigia gubernanda suscepimus, voluntatis nostre atque propositi summum desiderium fuit, ut divos reges et imperatores, qui nos processerunt, precipue maximum et gloriosum imperatorem Karolum, quasi formam vivendi atque subditos regendi sequeremur et sequendo pre oculis semper haberemus, ad cuius imitationem ius ecclesiarum, statum rei publice et legum integritatem per totum nostram imperium servaremus* (RAUSCHEN S. 154, 18–26), und als Ziel der Kanonisierung wird später genannt: *ad laudem et gloriam nominis Christi, ad corroborationem Romani imperii et salutem dilecte consortis nostre Beatricis et filiorum nostrorum Friderici et Heinrici* (S. 155, 55–38). Die Herrschaft der Nachkommen erfährt eine religiöse Begründung, die umso notwendiger wird, je mehr die ursprünglichen Grundlagen des Prestiges suspekt werden.

Zum Heil und zum Leitbild soll der neue Heilige dienen. Als Vorbild war Grégoire nur im weiteren Sinne geeignet, aber immerhin war er ein Heiliger. Und gleichzeitig verkörperte er, wie zu zeigen sein wird, einen neuen Typus der Frömmigkeit, den des Eremiten. Mit der Vereinnahmung dieses Heiligen in die aquitanische Genealogie gewann das englische Königshaus einen Repräsentanten aktueller Religiosität, der zugleich die »Geblütsheiligkeit« der Herzöge von Aquitanien heraushob.

Vermittlungswege

Wir können uns also den ›Grégoire‹ im angevinischen Herrschaftsbereich geschaffen denken – die Vermittlung nach Deutschland ist über den Raum Flandern – Brabant – Hennegau, der im ›Gregorius‹ v. 1575 f. wohl nicht zufällig angesprochen wird, vorzustellen. Über die Beziehungen der Hennegauer zu den Zähringern wurde bereits gesprochen, ebenso über den Konnex mit Flandern und England. Auch zum champagnischen Hof bestehen Kontakte: der Erbgraf von Hennegau heiratet am 13. 1. 1186 in Château-Thierry die zwölfjährige Maria von Champagne. Gesandtschaften der beteiligten Adelshäuser werden bei solchen Ereignissen zugegen gewesen sein; über derartige Kanäle kann man sich die Tradierung literarischer Kenntnisse und Texte am ehesten denken.

Eine Person, die entsprechende kulturelle Vermittlung leistete, mußte sicherlich zweisprachig sein. Nicht so sehr der Übersetzungstätigkeit halber, sondern wegen der Aufnahmefähigkeit für die literarischen Tendenzen des Nachbarlandes, der Adaptation der künstlerischen Technik ebenso wie *der aventiure meine* – mit dem isolierten wörtlichen Verständnis e i n e s Textes ist da nichts geleistet. Diese Zweisprachigkeit ist bei den französisch-deutsch(-englisch)en »Doppel«-vasallen im Nordwesten des Reiches vorauszusetzen: so gibt Balduin V. König Heinrich im Jahre 1189 seinen ältesten Sohn mit, damit dieser die deutsche Sprache erlerne (KÖNIG S. 326). Aber auch an anderen deutschen Höfen war die Kenntnis des Französischen verbreitet: Mathilde, Gemahlin Heinrichs des Löwen, beherrschte das Idiom des Nachbarlandes als Muttersprache, und Heinrich selbst tauschte mit Ludwig VII. von Frankreich Vasallensöhne aus, die die fremde Sprache lernen sollen: *Excellentie vestre ingentes gratiarum actiones referimus, quoniam fidelissimi nostri filium, quem per presentem portitorem literarum dilecte maiestati vestre transmisimus ... et clementer accepistis et clementius hactenus tenuistis ... si quos habetis pueros, quos vel terram nostram vel linguam addiscere vultis, nobis transmittatis* (hg. JORDAN S. 174, 19 ff.), schreibt er an den König.

Vielleicht beabsichtigte auch Ludwig II. von Thüringen, zwei seiner Söhne am französischen Hof erziehen zu lassen, jedoch ist die Datierung des entsprechenden Briefes umstritten, und über die Folgen (ob die Landgrafensöhne tatsächlich nach Paris kamen) ist nichts bekannt. Wenngleich der Parisaufenthalt Hermanns I. von Thüringen also eine »germanistische Legende« (BRANDT) ist, so zeigt doch das Beispiel Balduins und Heinrichs, daß ein solcher Austausch im späten 12. Jahrhundert durchaus üblich war. So mag die Annahme zutreffen, daß wenn schon nicht Hermann als der jüngste Sohn Ludwigs II., so doch die ältesten, Ludwig und Friedrich, um *omnes litteras discere* (BRANDT S. 208) in Frankreich waren (S. 213).

Angesichts der französischen Verwandtschaft wird man auch bei den Zähringern mit Beherrschung der französischen Sprache und damit der Fähigkeit zur Aufnahme französischer Kultur zu rechnen haben, zumindest aber mit dem Wunsch danach und der Wertschätzung der Literatur des Nachbarlandes. Die wichtigsten Ministerialen eines so in der Westpolitik engagierten Hauses, wie es die Zähringer waren, mußten sicherlich Französisch können; Hartmann wird zu ihnen gehört haben[1].

Die Interessen der Zähringer in Burgund und im Nordwesten erforderten Kenner des Französischen unter der Beamtenschaft, so daß ein Zähringer Ministeriale mit Sprechern der Nachbarsprache häufig genug in Kontakt kommen mußte. Man wird daher für Hartmann auch Reisen in das Nachbarland annehmen dürfen, ohne gleich so explizit zu werden wie die Iwein-Hs. r, die sagt:

---

[1] RUH 1967 S. 105 f. Zu den notwendigen Französischkenntnissen hat sich – wenngleich mit anderer Beweisabsicht – TILVIS S. 38 ff. geäußert.

Der bracht dise mere / Zu tisch als ich han vernomen / Do er uß engellandt was komen / Da er uil zit was gewesen / Hat ers an den welschen buchen gelesen (zu v. 24–30, hg. WOLFF II S. 13). Die Betonung seines Schulwissens, die Kenntnisse juristischer Fragen, die er im ›Iwein‹ verrät, sprechen dafür, daß er keine geringe Stellung unter den Beamten seines Dienstherren einnahm und wohl nicht zu den Ministerialen gehörte, die vornehmlich in der Bewirtschaftung des Landes eingesetzt waren. Sein Spiel mit kaufmännischen Begriffen ›Iwein‹ v. 7147 ff. (ohne Parallele bei Chrétien und in entsprechendem Umfang auch nicht in der höfischen oder geistlichen Epik) könnte auf Kontakte mit Geldwirtschaft und Handel weisen, und auch die Geschäftspraktiken, die er dem Abt zuspricht[2], dokumentieren wirtschaftliche Erfahrungen, die im Dienst der Herzöge zu erwerben waren[3]. In diesem Zusammenhang wären ihm Französischkenntnisse ebenso nützlich gewesen wie dem guten Gerhard (v. 1352). Wenn er allerdings davon spricht, daß er seine Freizeit zum literarischen Arbeiten benutzte, so ist das eine Abgrenzung gegenüber dem ständisch unter ihm angesiedelten Berufsliteraten: Hartmann war »nebenamtlicher« Autor, seine Stellung in der Gesellschaft beruhte auf seinen Berufspflichten. Allein die Tatsache, daß Hartmann – doch wohl auf Betreiben des Dienstherrn – eine gelehrte Schulbildung genoß, weist auf Zuordnung zu einem Adelsgeschlecht, das entsprechende Leute einsetzen konnte. Die Heranziehung eines qualifizierten Beamtenstandes setzt zudem eine längerfristige Planung voraus – diese wird man ebenso wie den Bedarf im deutschen Südwesten außer bei den Staufern nur bei den Zähringer Herzögen voraussetzen können. Noch Mitte des 13. Jahrhunderts haben die zähringischen Markgrafen von Baden so gut wie keine Verwaltungsorganisation mit entsprechenden Ministerialen, nur vom Amt des Truchsessen ist die Rede (HERKERT S. 7, 10). Falls JUNGBLUTH (1955) mit seiner Interpretation des 3. Kreuzliedes recht hätte, müßte Hartmann außerliterarisch ein gefestigtes Ansehen genossen haben, um für den Kaiser ein Rollenlied schreiben zu dürfen. Daß er jedoch Ministeriale des Staufers war, fällt schwer zu glauben. Dann würde er wohl in einer der zahlreichen Urkunden Friedrichs oder Heinrichs auftreten – ähnlich wie Friedrich von Hausen. Zudem fügt sich Hartmanns spezifische literarische Leistung nicht in den Kontext staufischer Interessen, sondern ist wohl einem anderen politischen und kulturellen Kreis zuzuweisen.

---

[2] Vgl. zur Frage des Zinssatzes und der Erlaubtheit der Kapitalvermehrung Appendix D: *gemêret harte starke.*

[3] Vgl. Appendix C: *von der Swâbe lande.*

6. Staufer – Welfen – Zähringer

Staufische Literatur

Die staufische Literatur, wie wir sie kennen, ist anders gelagert: das künstlerische Interesse im Umkreis Barbarossas und seines Sohnes scheint ausschließlich der Lyrik gegolten zu haben, in deutlicher Absetzung gegen die Welfen, die mit dem ›Rolandslied‹, dem ›Lucidarius‹, dem Helmarshausener Evangeliar sich auf dem religiös-didaktischen und – im Falle des ›Rolandsliedes‹ – propagandistischen Gebiet repräsentiert wissen wollten (vgl. BERTAU 1968)[1]. Zwar widmet Gautier von Arras seinen Roman ›Ille et Galeron‹ mit langen Lobpreisungen Beatrix von Burgund, *le milleur empereriz* (v. 2), jedoch ist – bei der Selbständigkeit der Kaiserin als Herrscherin in ihrem Stammland – daraus nicht auf ein generelles staufisches Interesse an erzählender Dichtung zu schließen: Beatrix kam aus einer anderen kulturellen Tradition, sie war gebildeter als Rotbart, konnte im Unterschied zu ihm Latein und hat wahrscheinlich sogar selbst ein lateinisches Gedicht verfaßt (F. VON KESZYCKA S. 20, 82 f.). Erst im Kreis um Konrad IV. scheint mit Ulrich von Türheim und Rudolf von Ems[2] die Epik hinzuzukommen, aber die Lyrik mit Hawart, dem Schenk von Limburg, behält einen besonderen Platz (WELLER), wie schon bei König Heinrich mit Burkhart von Hohenfels und Gottfried von Neifen (und Otto von Botenlauben?). Die Lyrikpflege der Staufer dokumentiert sich jedoch nicht nur darin, daß Heinrich VI. selber Minnelieder geschrieben und Friedrich II. die sizilische Dichterschule gefördert hat, noch Konradin (oder Konrad IV.) werden Strophen zugesprochen, sogar die Sammlung und Aufzeichnung des Minnesangs erfolgte zuerst wohl im staufischen Gebiet und in staufischem Auftrag: JAMMERS (S. 170 ff.) und HALBACH (S. 105) sehen die Vorlage von B als »staufische« Handschrift an. Es wäre auch merkwürdig und würde dem Gespür der Staufer für die politischen Implikationen des Artus-Stoffes ein schlechtes Zeugnis ausstellen, hätten sie Werke wie den ›Erec‹ oder den ›Iwein‹ und auch den ›Parzival‹ gefördert. Es genügt wohl, auf die Erkenntnisse von KÖHLER (1970) zu

---

[1] Den ›Tristrant‹ Eilharts wird man doch nicht an den Welfenhof verlegen können (WOLFF 1948/50), so verlockend die angevinischen Beziehungen für die Herleitung der Quelle auch sein mögen. Zumindest der als welfischer Ministeriale bezeugte Namensträger scheint als Autor auszufallen (H. BUSSMANN Ausgabe S. XVII ff.). Auch die Zuordnung des ›König Rother‹ zur welfischen Literatur ist nicht zu halten (URBANEK).

[2] Er hat zur Abfassungszeit der ›Weltchronik‹ wohl noch keine Beziehung zu König Heinrich, BRACKERT 1968 S. 29 gegen X. VON ERTZDORFF 1967 S. 86.

verweisen, daß »Artus ... n i e König im Sinne eines Herrschers, ... kein wirklicher König (ist); er ist i m m e r Symbol eines hingestellten idealen Feudalstaates« (S. 22). Eine Literatur, die eine eindeutige Parteinahme für die Territorialherren einschließt, kann man sich nicht gut als vom regierenden Kaiser gefördert vorstellen.

So zögert man auch ein wenig, in dem Gottfried von Hohenlohe, der nach Rudolf von Ems ›Willehalm von Orlens‹ v. 2234–2242 eine Artusdichtung verfaßt hat, den Ratgeber Konrads IV. zu sehen, und möchte ihn mit E. SCHRÖDER 1930 eher für einen Ministerialen des Hauses halten – oder annehmen, daß es sich gar nicht um Artusepik, sondern um Spruchdichtung handelte, obwohl Gottfrieds Stellung im Dichterkatalog (nach dem Stricker, vor Albrecht von Kemnat) dagegen spricht. Auch Albrecht von Kemnat gehört anscheinend in den spätstaufischen Literaturkreis: vielleicht war er ein Verwandter (Bruder?) Volkmars von Kemnat, der in der Umgebung Konradins bezeugt ist. In Albrecht werden wir den Verfasser des ›Goldemar‹ zu sehen haben (DE BOOR 1961), so daß in der Spätphase staufischen Mäzenatentums auch die Heldendichtung gefördert worden wäre – allerdings in einer Form, die Kritik am überlieferten Schlagetot-Ideal (Str. 1) und an der genreüblichen Aussparung der Minne enthielt (Str. 2) und das höfische Element nicht nur zur Außenkritik benutzte, sondern in die heroische Gattung integrierte.

Barbarossa hatte auf dem Gebiet der Epik lediglich die lateinischen weltgeschichtlichen Epen des Gottfried von Viterbo und das ›Carmen de Frederico I imperatore‹ eines anonymen bergamaskischen Magisters gefördert; Gunther von Pairis (?) schreibt seinen ›Solimarius‹ für Prinz Konrad, den Sohn Friedrichs I., und den ›Ligurinus‹ wohl für Heinrich VI. (LINTZEL S. 519), dem auch die Werke des Petrus de Ebulo (›Liber ad honorem Augusti‹, ›De balneis Peteolanis‹) und die fälschlich Gottfried von Viterbo zugeschriebenen ›Gesta Heinrici VI.‹ gelten. Hier verbindet sich aktueller panegyrischer Anspruch (›Gesta Friderici‹, Gottfried, ›Ligurinus‹) mit genealogischer Programmatik (Gottfrieds ›Speculum regum‹, ›Liber memorialis‹) – diese Werke stehen durch den evidenten thematischen Bezug zum Dedikaten der Hauschronistik näher als der erzählenden Epik. Auch die Kreuzlieder Hartmanns können – ohne daß man soweit geht wie JUNGBLUTH – in Zusammenhang mit der staufischen Literatur gesehen werden. Berthold V. hat nämlich kaum am Barbarossakreuzzug, sicherlich nicht am Kreuzzug Heinrichs VI. teilgenommen[3] – und wie wäre Hartmann dann in die Situation gekommen, entsprechende Lieder zu schreiben? Aber wenngleich Berthold selbst nicht das Kreuz nahm, sein Onkel, Rudolf von Lüttich, war bei dem Kreuzheer und auch Markgraf Hermann IV. von Baden. Es ist also nicht auszuschließen, daß Hartmann mit Rudolf auf den entsprechen-

---

[3] HEYCK 1891 S. 429 ff., ›Historia de Expeditione Friderici Imperatoris‹ (hg. CHROUST) S. 19, 11.

den Hoftagen war und dort Gelegenheit hatte, seine Kreuzlieder vorzutragen. Auch seine Minnelyrik würde dann wohl den Kontakten mit dem Staufenhof ihre Existenz verdanken, und die Kritik am Minnewesen gleichzeitig Kritik der staufischen Literaturgattung und des mit ihr verbundenen Gesellschaftsspiels sein.

Die welfische Literatur – davon wird in Zusammenhang mit dem ›Gregorius Peccator‹ noch ausführlicher die Rede sein – ist anders orientiert. In ihr spielen religiöse und chronikalische Elemente die Hauptrolle, BERTAU hat sie 1968 entsprechend dargestellt.

Politische Konkurrenz

Die drei großen Adelsgeschlechter des deutschen Südwestens, Welfen, Staufer und Zähringer, haben also ihre politischen Rivalitäten wohl auch auf literarischem Gebiet ausgetragen. Bei Welfen und Staufern scheint das deutlicher zu sein als bei den Zähringern, die als Gönner Hartmanns den höfischen Roman gepflegt hätten. Die Konkurrenz um den Ausbau der Territorien hatte die kulturelle Konkurrenz zur Folge. Daß die zähringische Literatur mit weniger offensichtlich aufgetragenem dynastischem Anspruch daherkommt (ein betontes Herausstreichen des Dienstherrengeschlechts finden wir bei Hartmann nicht), mag darin begründet liegen, daß Welfen und Staufer Rivalen um die Krone waren, die Zähringer ihr Ziel aber im Landesausbau sahen – als man nach dem Tode Heinrichs VI. dem Herzog Berthold V. die Krone antrug, lehnte er sie bekanntlich ab. Die Welfen spielten zur Zeit Hartmanns im Südwesten eine an Bedeutung abnehmende Rolle. Die Heirat Heinrichs des Löwen mit Clementia von Zähringen hatte den Höhepunkt welfischen Einflusses am Oberrhein markiert: zu der Vogtei über die Reichenau, die sie besaßen, hatten sie Burg und Herrschaft Baden-Weiler als Heiratsgut erhalten. Durch Tausch ging dieses Gebiet 1158 an Friedrich Barbarossa über.

Spannungen zwischen Staufern und Zähringern wechselten mit Perioden gegenseitiger Annäherung: 1152 schließen Barbarossa und Berthold IV. einen Vertrag über die Rechte in Burgund, aber bereits Anfang März 1153 ergeben sich Zerwürfnisse, die bis Herbst 1154 beseitigt werden. In den sechziger Jahren kommt es erneut zu Auseinandersetzungen: 1160 hatte Friedrich den auf den Mainzer Stuhl gewählten Rudolf von Zähringen, den nachmaligen Bischof von Lüttich, abgelehnt, aus Haß auf die Zähringer, wie Berthold grimmig an Ludwig VII. von Frankreich schreibt (BÜTTNER 1961 S. 49 A. 2); 1162 wird ein Streit um die Herrschaftsgewalt über Besitz des Genfer Bistums zu Bertholds Ungunsten entschieden, und 1164 verbündet er sich mit Welf VII. gegen den vom Schwabenherzog unterstützten Pfalzgrafen Hugo. Seit Ende der siebziger

Jahre besteht wieder gutes Einvernehmen zwischen Zähringern und Staufern, da Barbarossa auf die zähringischen Ansprüche in der Schweiz Rücksicht nimmt. Heinrich VI. ist weniger kooperativ: 1185 wird er Mitbesitzer von Breisach, mitten im Territorium der Zähringer, und nach dem Tode Barbarossas kommt es zu deutlicher Rivalität im Raum zwischen Bodensee und Genfer See, wo die Staufer ihre Position durch die Erlangung der Reichenauer Vogtei erheblich gestärkt hatten.

Politische Konkurrenz bestand also während der Lebenszeit Hartmanns vor allem zu den Staufern – noch 1198 konnte Berthold V. für die Anerkennung Philipps von Schwaben die Rechte über Schaffhausen als Reichslehen und Breisach erhandeln (Heyck 1891 S. 488 f., 451 f.). Diese politische Rivalität mag sich sehr wohl auch auf literarischem Gebiet abgespielt haben – unter Berthold IV. als Zeitgenossen Barbarossas, dann zur Zeit Heinrichs VI. unter Berthold V. Demgegenüber liegen die thüringischen Ludowinger – durch Heirat den Gönnern Veldekes verbunden (Ludwig III. mit Margarete von Cleve, Hermann I. mit Sophie von Wittelsbach, der Tochter der Agnes von Loon) – mit ihrer Förderung des antiken Romans, der Lyrik und dann Wolframs geographisch zu weit ab, so daß eine direkte Konkurrenz kaum anzunehmen wäre. Sogar als Förderer eines literarischen Werkes ist Berthold V. (durch Rudolf von Ems) bezeugt: laut ›Alexander‹ v. 15662 ff. hat Berthold von Herbolzheim für ihn eine Alexandergeschichte verfaßt.[4]

Zähringer und Welfen

Mit der Zähringer-These läßt sich ein besonderer literarischer Rezeptionsvorgang vereinbaren: die Umsetzung des ›Gregorius‹ zum ›Gregorius Peccator‹ für Herzog Wilhelm von Braunschweig-Lüneburg (vgl. zu ihm Zimmermann). Ist diese Übernahme des Werkes an einen anderen Hof zumindest ein Zeichen, daß auch die ursprüngliche Tradierung des ›Gregorius‹ im weltlichen Bereich stattgefunden hat (der Auftrag Wilhelms an den Kleriker Arnold beweist doch nur, daß dieser von der Sprachbeherrschung am ehesten dazu in der Lage war, er

---

[4] Außerdem ist die Heldensage im Breisgau offensichtlich bekannt gewesen (Panzer), Reflexe der Bedeutung der Zähringer dafür sieht man in den Helden *Fridunc von Zeringen* in ›Dietrichs Flucht‹ v. 8861 und *Sigher von Zeringen* in der ›Rabenschlacht‹ Str. 716, in Berthold *der Swâbe herre* im ›Biterolf und Dietleib‹ und in dem Basler Dietrichskapitell des 12. Jahrhunderts (Wackernagel). Ferner wäre noch auf den Namen *Nibelungus de Chunringin* in einer Urkunde Bertholds IV. vom 4. 3. 1179 zu verweisen; die Kunringe waren eines der bedeutendsten Ministerialengeschlechter der Zähringer (Heyck 1892 S. 16). Diese Zeugnisse könnten ein Indiz sein, daß die Zähringer auch die Heldendichtung gefördert haben.

hatte sich ja bereits als Geschichtsschreiber qualifiziert), so läßt sich sogar ein zeitlich passender Anlaß namhaft machen, bei dem es zu Kontakten zwischen Berthold und Wilhelm kommen konnte, die zu einer Übermittlung des ›Gregorius‹ führen mochten.

Der ›Gregorius Peccator‹ muß auf jeden Fall nach 1202 entstanden sein, weil Herzog Wilhelm *de lunenborch* genannt wird, was nach der Teilung des welfischen Erbes am 1. 5. 1202 der Fall war. Wilhelm stirbt 1213, Arnolds von Lübeck Tod fällt in das Jahr 1211 oder 1214. Da er in seinem Nachwort davon spricht, daß der Herzog ihn, obwohl er viele andere Gelehrte um sich habe, mit der Aufgabe der Übersetzung wohl deshalb betraute, weil er in der engen Umgebung Heinrichs des Löwen aufgewachsen sei und *eius virtutes gesta et pietatis opera et felicem vt speramus decessum* beschrieben habe, wird sich das doch auf Arnolds Fortsetzung der ›Slawenchronik‹ beziehen, die bis zum Jahre 1209 reicht und eine auch im Mittelalter häufig gelesene Quelle darstellt, die fast 100 Jahre später vom Dichter der ›Kreuzfahrt des Landgrafen Ludwig von Thüringen‹ noch benutzt wurde (RIEZLER 1870 S. 119 f.). Mit einiger Vorsicht wird man die Zeit nachher für die Abfassung des ›Gregorius Peccator‹ in Anspruch nehmen – also die Jahre zwischen 1209 und 1211 bzw. 1214.

Für kulturelle Kontakte, für die Vermittlung von Dichtung vor allem, mißt man den Hoftagen der Kaiser und Könige besondere Bedeutung zu: dort trafen sich die Fürsten mit Vasallen und Ministerialen, dort war sicherlich gegebener Anlaß, Dichtung zu präsentieren und damit zu repräsentieren. Wir wissen z. B., daß Guiot de Provins auf dem Mainzer Hoftag von 1184 war, auch Friedrich von Hausen war anwesend und wahrscheinlich Heinrich von Veldeke. In der Zeit, als Herzog Wilhelm den ›Gregorius‹ kennengelernt haben muß, besuchte er den Hoftag Ottos IV. am 24. 5. 1209 in Würzburg[5], und auch Berthold V. fand sich ein[6], der bislang als Anhänger Philipps nicht in der Umgebung des Welfen gewesen war und auch später nicht wieder dort erschien. Hier könnte eine entsprechende Übermittlung erfolgt sein. Für eine ziemlich direkte Beziehung zwischen Arnolds Vorlage und dem »Original« Hartmanns spricht die Position, die ihr ZWIERZINA 1893 (S. 215) und DITTMANN 1966 (S. 90) zuschreiben: sie geht anscheinend (und daran ändert auch DITTMANNS Skepsis gegenüber der stemmatologischen Methode wegen der Kontamination nichts) direkt auf den Archetypus zurück. Herzog Wilhelm bekam also den ›Gregorius‹ wenn

---

[5] Wilhelm war an Pfingsten, am 17. 5. 1209 bei seinem Bruder Otto in Braunschweig gewesen, Arnold erwähnt ihn beim Würzburger Hoftag nicht ausdrücklich (er schließt die Reihe der Namen mit *et alii quam plures*), aber Wilhelm wird bei dieser Demonstration neu errungener welfischer Macht, die auch die letzten Gegner anerkennen mußten, kaum gefehlt haben.

[6] Arnold von Lübeck berichtet selbst darüber (Chronik, Lib. VII. 17), und er dürfte sich zusammen mit seinem Fürsten, Herzog Wilhelm, dort aufgehalten haben.

nicht aus allererster, so doch wahrscheinlich aus (guter) zweiter Hand zu Gesicht oder zu Gehör, und das wäre bei einer Vermittlung durch Hartmanns mutmaßlichen Gönner wohl der Fall gewesen.

7. Zusammenfassung

Struktur und Sinngefüge des ›Gregorius‹ haben wahrscheinlich gemacht, daß nicht die Schuld, sondern die Buße im Zentrum der höfischen Legende steht – der Anschluß an die Lebensform des Eremiten wird dieses vorläufige Ergebnis bestätigen. Hartmanns Publikum wird im Fall des ›Guten Sünders‹ das gleiche wie für die Artusepen sein: die aus Adel und Ministerialen gemischte Gesellschaft eines Fürstenhofs. Auch dafür werden weitere Beweise folgen. Diesen Fürstenhof mit dem der Zähringer Herzöge zu identifizieren haben wir gewichtige Gründe. Hartmanns Herkunft spricht ebenso dafür wie die kulturelle und politische Situation am Ende des 12. Jahrhunderts, und wir dürfen annehmen, daß es neben einer staufischen Lyrik, einer welfischen religiös geprägten Literatur eine zähringische höfische Epik gab: Hartmanns Artusromane und höfische Legenden.

Damit ist der historische und kulturelle Rahmen abgesteckt. Der Bezug auf einen bestimmten Aspekt der Lebenspraxis innerhalb dieses Rahmens wird im folgenden Teil Gegenstand der Untersuchung sein – vorgeschaltet werden methodische Erwägungen zum Modellcharakter der Lebensform und dem Verhältnis zur Literatur.

III. LEBENSFORM IN GESCHICHTE UND LITERATUR

8. Formae vivendi

Im Vorwort zu seinem Buch ›Lebensformen im Mittelalter‹ skizziert BORST die Geschichte der Bezeichnung Vivendi ordo, Mos vivendi, Ritus vivendi (Rather von Verona) oder Forma vivendi (Anselm von Canterbury). Er gewinnt daraus eine brauchbare Definition dessen, was er für das Mittelalter unter »Lebensformen« verstehen möchte: nicht anthropologische Konstanten, sondern historische Erscheinungen, geschichtlich determinierte Verhaltensregeln, mit denen eine Gesellschaft das Miteinanderleben verschiedener Individuen typisiert. Eine Lebensform ist eine gesellschaftlich sanktionierte Institution zur Bewältigung bestimmter menschlicher Grundprobleme in einer für die Stabilisierung gerade dieser Gesellschaft geeigneten Weise – Institution deswegen, weil die Bewältigung in einem historisch fixierten Ablauf erfolgt, in dem die kollektiven Erfahrungen der Gesellschaft niedergelegt sind.

Ich setze also voraus, daß ein soziales Gefüge sich bestimmter vorgeprägter Regeln zur Bewältigung von Lebenssituationen bedient. Dieser Mechanismus ist naturgemäß nicht auf das Mittelalter beschränkt, obwohl damit zu rechnen sein dürfte, daß die Typisierung in früheren Kulturstufen vor allem in Einzelmomenten klarer und eindeutiger erfolgt als beispielsweise in der heutigen Gesellschaft. Die Regeln, für das Mittelalter hier also »Lebensformen« genannt, bilden ihrerseits einen Komplex von oft bis in Einzelheiten festgelegten Teilregeln, die nicht willkürlich durch das Individuum verändert werden können, wenngleich sie sich in der historischen Entwicklung keinesfalls als durchgehend konstant erweisen.

Rollentheorie

Die Lebensform ähnelt in soweit dem soziologischen Konzept von der Rolle (vgl. dazu u. a. DAHRENDORF, POPITZ, F. HAUG), nur daß in der Rollentheorie im Hinblick auf die moderne Gesellschaft die Flexibilität der Rollenträger relativ höher angesetzt wird und die Rolle ein weniger ausgedehntes Regelsystem darstellt, als es die Lebensform ist[1]. Die Lebensform bestimmt das menschliche

---

[1] Während DAHRENDORF (1964) vornehmlich die Rollenerwartung, die eine »gewisse Verbindlichkeit des Anspruchs« einschließt, betont (S. 27 f.), steht POPITZ' Konzeption

Verhalten im Rahmen einer Gesellschaft wie der mittelalterlichen in weitergehender Hinsicht, während das moderne Individuum als Träger einer Vielzahl von Rollen sich in unterschiedlicheren Zusammenhängen nach den jeweils verschiedenen Rollenerwartungen verhält (PLESSNER S. 107). Sicherlich ist auch in früheren Gesellschaftsformen ein Rollenpluralismus anzusetzen, jedoch dürfte er sich im Zuge der ethnogenetischen Entwicklung wesentlich ausgedehnt haben – den Literaten wird dabei eine besonders fortgeschrittene Position zukommen, stehen sie doch z. B. im Mittelalter im Spannungsfeld von Ritter- und Dichterrolle, wie Wolfram ausdrücklich betont (›Parzival‹ 115,11) und Hartmann im Prolog des ›Iwein‹ und des ›Armen Heinrich‹ andeutet.

Ohne den Zwang, den internalisierte Rollen auch auf die Mitglieder der heutigen Gesellschaft ausüben, leugnen zu wollen, sind doch die Lebensformen im Mittelalter noch starrer geprägt und damit genauer vorhersagbar. Zumindest stellen mittelalterliche Zeugnisse Menschen in eben diesen festgelegten Verhaltensweisen dar (BORST 1973 S. 21) und dokumentieren damit die Interpretation, die die Autoren Handlungen und Geschehnissen gaben. Diese Interpretationen gehen gewiß schon von einer Abstraktion der realen Vielfalt in Hinsicht auf eine stärkere Formalisierung der Lebensformen aus: »die verbalisierten und schriftlich fixierten Einstellungen ... sind aber nicht immer die eigentlich tragenden, sondern haben vielleicht nur bestimmte Funktionen für die vorherrschenden Einstellungen zu erfüllen« (SPRANDEL 1975 S. 213). Sicherlich stilisieren auch die historischen Quellen die Realität – Heiligenviten z. B. auf die Vorbildlichkeit des Dargestellten, Chroniken auf ein intendiertes Geschichtsbild hin. Deshalb werde ich versuchen, möglichst unterschiedliche Quellen – chronikalische, hagiographische, polemische, fiktionale – zu berücksichtigen; die Menge der Belege in Kapitel 10 ist auch unter diesem Aspekt zu sehen. Eine Vielzahl ähnlich gelagerter Quellenaussagen erlaubt dann den Rückschluß auf das hinter ihnen stehende Bewußtsein, die Mentalität: die Gemeinsamkeit »im Verhalten und Vorstellen der Mitglieder einer Gruppe«[2].

Diese Gemeinsamkeit ist nun auf verschiedenen Ebenen denkbar, so daß die Gruppe, die sich durch Ähnlichkeit der Mentalität definieren läßt, verschieden weit gefaßt werden kann: europäisches Rittertum, die höfische Gesellschaft im Reich, die Mitglieder eines bestimmten Hofes – das sind fortschreitende Konkretisierungsgrade, die vermutlich durch gesteigerte Kongruenz der Mentalitäten gekennzeichnet sind. Das dürfte im Einzelnen schwer nachzuweisen sein, darum soll von einer relativ abstrakten Systemebene ausgegangen und ein höherer

---

der Lebensform näher, da er das tatsächliche Verhalten, das »auf sozialer Übereinkunft und sozialer Verabredung« beruht, zur Grundlage seiner Theorie nimmt (S. 21).

[2] SPRANDEL 1972 S. 9, vgl. auch DAHRENDORF 1965 S. 102, 104.

Konkretheitsgrad mit Vorsicht angezielt werden. In diesem Zusammenhang sind die Versuche anzuschauen, den historischen Ort Hartmanns zu fixieren und die Ausprägung bestimmter Vorstellungen in seiner mutmaßlichen Umgebung aufzusuchen.

Die Abstraktion, die der Mentalitätsbegriff darstellt, dürfte methodisch zulässig sein, so lange sie nicht in einem Maße verabsolutiert wird, das den Spielraum der individuellen Auslegung grundsätzlich negiert. Über den heterogenen Elementen in der kollektiven Einstellung wird sich, schon von der mittelalterlichen Gesellschaftskonzeption her, eine relativ feste Lebensform herausarbeiten lassen.

Ordo-Gedanke

Die Einteilung mit dem höchsten Allgemeinheitsgrad ist im Mittelalter die Aufgliederung nach Ordines. Üblich ist ursprünglich die Dreiteilung – bei Augustin mit den drei biblischen Prototypen Noe, Daniel und Job (das sind Mönche, Kirchenfürsten und Laien) gekennzeichnet. Bei Gregor dem Großen heißt es in den ›Moralia‹ (Lib. I, 20, PL 75, 535): *Tres distinctiones fidelium in Ecclesiae conversatione secutae sunt: pastorem videlicet, et continentium, atque conjugatorum.* An späterer Stelle (Lib. XXXII, 20, PL 76, 657 C) nimmt er Augustins Bild auf: *Quia vero in tribus ordinibus sancta Ecclesia constat, conjugatorum, videlicet, continentium, atque rectorum; unde et Ezechiel tres viros liberatos vidit, videlicet Noe, Daniel et Job.* Diese Aufteilung bleibt bis ins 12. Jahrhundert gängig (Congar S. 86). Rupert von Deutz z. B. kennt ebenfalls *tres bene vivendi distinctiones,* den *infimus ordo ... conjugatorum, ... Medius ... eorum qui bene praesunt, et verbum Dei praedicando ... circumeunt, ... supremus ... contemplationi vacantium* (Lib. III, c.X, PL 167, 1150 D – 1151 C). Bernhard von Clairvaux setzt charakteristischerweise die *rectores* an die erste Stelle (Wolter 1959 S. 175), Gerhoh von Reichersberg macht im Psalmenkommentar keine hierarchischen Unterschiede (hg. van den Eyndel/Rijnersdaenl S. 201).

Diese herkömmliche Dreiteilung wird im 12. Jahrhundert abgelöst durch eine differenziertere Sicht, die vom Organismusgedanken der Kirche als dem Leib Christi abgeleitet ist (Congar S. 110). Hier treten zur theologischen Gliederung soziologische Kategorien, z. B. in der Hohelied-Auslegung des Honorius Augustodunensis (PL 172, 361 C): *Tota Ecclesia est quasi unum corpus, cujus* caput est Christus (Ephes. *v. 23*), caput *autem* Christi Deus (I Cor. *XI, 3*); *membra autem hujus corporis sunt diversi in ecclesia ordines, ut puta oculi sunt doctores ut apostoli, aures oboedientes ut monachi, nares discreti ut magistri, os bona loquentes ut presbyteri, manus alios defendentes ut milites, pedes alios pascendo portantes ut rustici* – mit den *milites* und *rustici* sind soziologische Unterteilungen angesprochen. Ähnlich ist des gleichen Autors ›Sermo generalis‹ im ›Speculum ecclesiae‹ gegliedert (PL 172, 861–870): *Ad sacerdotes – Ad judices – Ad divites – Ad pauperes – Ad milites – Ad mercatores* (die gelobt werden: ... *omnes gentes debitores sunt vestro labori orationes reddere,* 865 D) – *Ad agricolas – Ad conjugatos.* Die arbeitsteilige Differenzierung der Gesellschaft hat die Einführung soziologischer Ordines parallel zu den spirituellen zur Folge, das Bestreben der Kirche, die Laienwelt in ihren vielfältigen Funktionen zu erfassen, führt zur Ablösung der alten Ordines-Theologie durch die De-Christo-Capite-Lehre (CONGAR S. 113).

Der neue Ordo-Gedanke des 12. Jahrhunderts steht dem Konzept der Lebensformen schon recht nahe. Dieses ist noch differenzierter und versucht die Modelle, die die Gesellschaft für bestimmte Funktionen bereitgestellt hat, genauer zu erfassen; selbst wenn sie theoretisch nicht ausformuliert, sondern nur aus den Indizien der Quellen zu gewinnen sind, kann man sie als »quasi-objektive, von Einzelnen prinzipiell unabhängige Komplexe von Verhaltensvorschriften« (DAHRENDORF 1964 S. 27 über die Rolle) betrachten.

Stände

Auch dem Begriff des Standes gegenüber ist der der Lebensform differenzierter. Die Formae vivendi verwirklichen sich zumeist in bestimmten Geburtsständen, können jedoch gelegentlich über sie hinausgehen. So gibt es adlige und nichtadlige Mönche; obwohl in vielen Klöstern erhebliche Unterschiede gemacht werden, war doch gerade die mönchische Lebensform die wohl meistgenutzte zur Überschreitung der ständischen Schranken. Ähnliches gilt, dann wohl erst für das 13. Jahrhundert, von den Ministerialen; aufgrund ihrer Funktion konnten sie in Einzelfällen die rechtliche Grenze zum Adel überwinden, in punkto Lebensweise und kulturellen Verhaltens liegt die Integration davor: gerade die gemeinsame Lebensform führt schließlich – wenngleich nur zögernd – auch zur gemeinsamen Rechtssituation.

Wie sehr jedoch die mögliche ständeüberschreitende Wirkung der Lebensform späteren Korrekturen ausgesetzt sein kann, sieht man an Wilhelm von Malavalle, dem Gründer des Wilhelmitenordens: die *nobilitas sanctitatis* wird nachträglich auch zur *nobilitas generis* (ELM 1962 S. 175), indem er mit der Gestalt Wilhelms von Toulouse, dem Vetter Karls des Großen, verschmolzen wird. Dann kann er im 13. Jahrhundert zum Ritterheiligen avancieren, und Weltflucht und Verzicht auf ein Leben in adligen Privilegien werden verdrängt (ebd. S. 188).

So bleibt die Lebensform zumeist doch auf einen bestimmten Stand bezogen: die Gruppe, deren Mentalität in ein Regelsystem von Verhaltensvorschriften umgesetzt wird, ist ständisch definiert.

9. Lebensformen und Literatur

Ich gehe davon aus, daß ein literarisches Werk in einem überliterarischen gesellschaftlichen Sinnzusammenhang zu sehen ist. Diese werktranszendente Konzeption ist nicht mit der von JAUSS geprägten Vorstellung vom »Erwartungshorizont« identisch, weil dieser ursprünglich zu binnenliterarisch gefaßt ist; er wird u. a. von GERT KAISER und WEIMANN entsprechend kritisiert. JAUSS hat 1973 seinen ursprünglichen Ansatz weiter ausgebaut und ergänzt, daß der »rekonstruierbare ästhetische Normenkanon (Code) einer bestimmten literarischen Öffentlichkeit soziologisch in die Erwartungsebenen verschiedener Gruppen, Schichten und Klassen aufgeschlüsselt und auch auf Interessen und Bedürfnisse der sie bedingenden historischen und ökonomischen Situation zurückbezogen werden könnte und sollte« (S. 44). Wenn er aber das Problem in der Umsetzung »ästhetischer Erfahrung in kommunikative Verhaltensmuster« sehen möchte (ebd.), so ist G. GRIMMS Einwand zu berücksichtigen, daß JAUSS den Gesellschaftsbezug der Literatur zu sehr vom Konsumenten aus betrachtet (S. 55) – ich würde ergänzen: zu sehr unter dem Aspekt der »ästhetischen Erfahrung«, als daß er für die Betrachtung der deutschen Literatur des 12. Jahrhunderts gültig sein könnte. Es ist zu fragen, ob es dann überhaupt eine autonome ästhetische Erfahrung gegeben hat, da weder ein funktionierender literarischer »Betrieb« noch eine literarische Öffentlichkeit existierte. Die Wechselwirkungen zwischen den lebenspraktischen Voraussetzungen für das Entstehen und das Verständnis eines literarischen Produkts und seiner Rezeption als eines ästhetischen Werks werden weniger vermittelt gewesen sein, die Nähe zur religiösen oder weltlichdidaktischen »Gebrauchsliteratur« größer als in späteren Jahrhunderten. Zwar existiert auch auf seiten von Hartmanns Publikum eine bereits literarisch geprägte »Erwartung« (und von ihr wird in Kapitel 12 noch zu sprechen sein), aber sicher ist sie weniger ausgeprägt als bei dem Rezeptionskreis der Späteren wie Wolfram oder Gottfried.

Eine literarisch gebildete Zuhörerschaft mit entsprechend geprägtem Erwartungshorizont kann es kaum gegeben haben – anders ist es im Minnesang, ich denke nur z. B. an Hartmanns sog. ›Unmutslied‹ –, unser Erzähler etabliert eine neue Gattung, deren literarischer Charakter ganz anders ist als das, was vorherging. Der ›Erec‹ dürfte ein literarisch empfängliches Publikum erst geschaffen haben, denn bei Hartmann fehlt notwendigerweise das, was bei Gottfried und Wolfram immer wieder deutlich wird: die binnenliterarische Auseinandersetzung. Das bedeutet nicht, daß man alle von der Forschung (besonders spekulativ: K. K. KLEIN) vorgebrachten anscheinend polemischen Anspielungen akzeptieren muß; dazu hat G. GEIL einiges Klärende gesagt. Daß sich Gottfried und Wolfram in literarischen Traditionen stehend begreifen, ist jedoch völlig deutlich (die sog. Dichterschau, Namensanspielungen bei Wolfram sind Beweis genug), ganz gleich, ob man eine »Fehde« zwischen beiden annimmt oder diese mit G. Geil für »die am wenigsten überzeugende« Interpretation der entsprechenden Textstellen hält (S. 160)[1].

Der Autor und Publikum gleichermaßen umgreifende überliterarische Sinnzusammenhang umfaßt theoretisch sämtliche sozialen Bedingungen der Epoche, die jedoch bereits durch die Gruppenzugehörigkeit von Verfasser, Mäzen und Zuhörer selegiert sind. Hinzu kommt eine gezielte Auswahl des Themas durch Autor und Auftraggeber aus einem für die angesprochene Gruppe vermutlich wichtigen Bereich. Die Tatsache und die Art der Themenbehandlung ermöglicht – unter Hinzuziehung anderer Quellen – eine Aussage über bestimmte Problemsituationen in der Zielgruppe. Auf das Konzept der Lebensform bezogen, heißt das: da sich in ihr gesellschaftlich determinierte Lösungen von Grundproblemen verfestigt haben, kann die Literatur eine soziale Problematik in der Auseinandersetzung mit einer spezifischen Lebensform (sei es in kritischer oder affirmativer Weise) abhandeln. Dichter und Publikum sehen die jeweilige Problemstellung in der Lebensform konkretisiert, mit der sich ein Werk beschäftigt. Das Verständnis der Lebensform als einer sozialen Gegebenheit ermöglicht deshalb erst das historische Verstehen eines entsprechenden Textes, weil Autor und Rezipienten vielfach einer breit ausgeführten Auseinandersetzung nicht bedurften, sondern im Werk nur angedeutete oder fehlende Informationen und Daten aus dem gemeinsamen Wissen von der angesprochenen spezifischen Forma vivendi ergänzen konnten. Um auf das Eingangskapitel zurückzukommen: die Buße des »Erwählten« ist vom modernen Leser ebensowenig wie vom Autor in eine gesellschaftlich akzeptierte Lebensform einzuordnen, so daß Thomas Mann eine »Schein-Möglichkeit« mit Hilfe des Mythos fingieren muß. Hartmann dagegen darf mit der Kenntnis des Ordo poenitentium bei seinen Zuhörern rechnen. Zu diesem gehören bestimmte Bußleistungen ebenso wie die Gewißheit der Versöhnung mit Gott. Daher kann der mittelalterliche Autor sogar die Grundvoraussetzung für die Poenitentia, nämlich die Sünde, in einer so selbstverständlichen, wenig problematisierten Form seinen Lesern präsentieren, daß die modernen Interpreten glaubten, da müßten noch ganz andere Sachen dahinter sein als ein ungewußter Inzest.

Welche Möglichkeiten ergeben sich nun für den modernen Interpreten, die Existenz eines solchen Lebensform-Konzepts in einem mittelalterlichen Werk zu belegen und daraus interpretatorische Schlüsse zu ziehen? Die Definition der Lebensform als eines Komplexes bestimmter vorgegebener Regeln schließt eine solche Vielzahl von Verhaltensvorschriften ein, daß es möglich ist, beweiskräf-

---

[1] Das dürfte allerdings in der anderen Richtung zu weit gehen, wie H. Ragotzky S. 19–34 gegen P. F. Ganz 1966 nachgewiesen hat.

tige Einzelparallelen zwischen der literarischen Explikation eines Ordo vivendi und der nicht primär stilisierten Darstellung in historischen Quellen aufzusuchen, die allesamt Ausdruck einer kollektiven Einstellung zu dem angesprochenen Phänomen sind. Eben darauf, diese Mentalität zu erfassen, kommt es mir an, weil gerade sie der Sinnhorizont für das Verständnis des literarischen Werkes ist.

Wenn also Einzelparallelen im oben genannten Sinn auffindbar sind, darf es erlaubt sein, auch auf das Mitverstehen nicht ausgesprochener Voraussetzungen zu schließen, die sich bei der Untersuchung der geschichtlichen Quellen als konstitutiv für eine bestimmte Forma vivendi herausstellen. An die historischen Texte wäre die Forderung zu stellen, daß sie nach Zeit und Ort – sei es, was Produktion oder Rezeption angeht – Autor und Publikum nahe genug sind, um für eine entsprechende Einstellung zu zeugen. Sind sie genügend zahlreich, braucht man das Kriterium, Autor und Publikum müßten entsprechende Texte rezipiert haben, nicht mehr anzulegen, denn dann darf davon ausgegangen werden, daß der Betrachtungsrahmen, in dem die Wirklichkeit hier erscheint, tatsächlich kollektiv verbindlich gewesen und nicht erst durch die Aufnahme literarischer Texte entstanden ist, diese vielmehr, wenn auch in unterschiedlich direkter Form, Ausdruck der gleichen Mentalität sind.

10. Vita eremitica

Der ›Gregorius‹ und vor ihm der ›Grégoire‹ handeln von einem Heiligen – *saint home* (v. 52), *saint Grigores* (v. 2365) sagt die ›Grégoire‹-Fassung B, Hartmann nennt ihn den *guoten sündære* (v. 176, 4001), Arnold von Lübeck *sanctum dei hominem* (IV, 948), ›Der Heiligen Leben‹ (hg. MARTENS) *den heiligen babst sanctum gregorium* (Z. 469 f.). Hartmann hält zwar das Epitheton *sant,* die gängige Bezeichnung für den Heiligen, anscheinend bewußt zurück, aber *guot* ist ebenfalls stereotypes Beiwort (*der guote sant Peter, der guote sant Jacob*) in der geistlichen Literatur, vor allem der Predigt. Der *guote sündære* wird also »der heilige Sünder« heißen; wenngleich *guot* – wie GRANDIN herausarbeitet – natürlich nicht immer und an jeder Stelle im ›Gregorius‹ »heilig« bedeutet, ist dieser Sinn für das programmatische Oxymoron in Prolog und Epilog doch anzunehmen. Heiligenviten könnten also in erster Linie Parallelen zur Situation des Grégoire-Gregorius bieten: Viten, die einen bestimmten Heiligentyp, den des Büßers, zum Helden haben.

Heiligentypen

Die Heiligenleben des 7./8. Jahrhunderts propagieren ein Bild des Adelsheiligen, der bei aller Askese in der Welt steht und wirkt und dessen weltliche und politische Überlegungen und Handlungen einen bedeutenden Platz in seiner Biographie einnehmen (PRINZ S. 23 f.). So erhalten die Heiligen durchaus mundane Charakterzüge: St. Korbinian wird als Pferdekenner und -liebhaber geschildert, er hat sein Vergnügen an körperlicher Ertüchtigung und Leistung, im Kreis seiner Hausgenossen wirkt er als Herrscher. Solche typisch feudal-aristokratischen Verhaltensweisen stehen im Einklang mit der politischen Tendenz der Viten: der »Selbstheiligung« des fränkischen Adels (S. 20), die eine durch das Christentum infrage gestellte Adelsherrschaft neu legitimieren soll.

Im Lauf des 10. Jahrhunderts kommt jedoch ein neuer Typ auf: der Heilige, in dessen Leben Askese statt Jagdvergnügen, Kasteiung statt Waffenspiel, Demut statt Herrschaft und Einsamkeit statt Weltläufigkeit die Lebensweise bestimmen: der Eremitenheilige. Wenn auch für das Anwachsen des Eremitentums um das Jahr 1000 unterschiedliche Ursachen maßgebend gewesen sein dürften, unbestreitbar ist die Tatsache, daß es eine religiöse Erneuerungsbewegung mit einem förmlichen »rush« zum Eremitismus gibt (MEERSSEMAN 1965 S. 164). Das zeigt sich – trotz vermutlich ungünstiger Quellenlage, da Eremiten im Unterschied zu Klöstern keine Archive führten und auch in Urkunden meist nicht in Erscheinung traten (GRUNDMANN 1963 S. 61) – nicht nur an den zahlreichen einzeln lebenden Büßern, sondern ebenso deutlich an der Gründung von Klöstern, die an die Tradition der Vita solitaria, die Eremus der Wüstenväter anknüpften: 1048 Cîteaux, das sich – trotz ambivalenter Position des heiligen Bernhard – als Teil der eremitischen Bewegung verstand (LECLERCQ 1963 II S. 208 ff.), 1076 Grandmont durch Stephan von Muret, 1084 der wesentlich eremitisch geprägte Kartäuserorden (Bruno von Köln) 1090 die Kongregation von Arrouaise in der Bretagne durch Heldemar von Tournai. Besonders reich scheint im 11. und frühen 12. Jahrhundert die Heimat des ›Grégoire‹, Westfrankreich, gewesen zu sein[1], ihr Gedächtnis und die Rezeption ihrer Viten reicht bis zum Ende des Jahrhunderts.

Eremiten in Frankreich: Wilhelm Firmat

Einer der Einsiedler des 11. Jahrhunderts, dessen Andenken fortlebt, ist Wilhelm Firmat. Seine Vita wurde von Stephan von Fougères, Kaplan Heinrichs II. von England, dann von 1168 bis zu zeinem Tode 1178 Bischof von Rennes, aufgezeichnet; seine besondere Verehrung für Wilhelm äußert sich darin, daß er im ersten Jahr seines Amtes *in honore beate Marie matris Domini et beati Firmati* eine Kapelle in seinem Palast weiht (GUILLOREAU S. 129 A. 1).

[1] RAISON/NIDERST S. 5, GUILLOREAU passim, WERNER 1956 S. 27.

Wilhelm Firmat war ein Kanoniker aus einer adligen Familie der Touraine, der ein eher weltliches Leben führte, den Harnisch anlegte und sich an Kampfhandlungen beteiligte, ferner war er ein Mediziner von großem Ansehen: *Trino itaque decoratus munere, studiis litteralibus, armis militaribus, institutis perfulgebat medicinalibus* (Vita S. 335). Er beginnt beträchtlichen Reichtum anzuhäufen. Anscheinend ohne äußeren Anlaß – die Vita spricht von einer teuflischen Erscheinung (im Gebet überdenkt er die Lehre der Schrift, u. a. Matth. 19,21: *Vade et vende quae habes et da pauperibus et veni sequere me,* ebd.) – zieht er sich mit seiner Mutter in eine Einsiedelei bei Tours zurück, nach ihrem Tod praktiziert er strenge Askese im Wald von Concise. Die Holzfäller der Gegend lehnen ihn wegen seines Äußeren ab. Er unternimmt eine Wallfahrt nach Jerusalem: *coepit Dominum prosequi vestigio* (S. 336). Die Vita berichtet dann (was von den Bollandisten in den Anhang verwiesen wird), man habe ihn auf der Rückreise zum Bischof von Konstantinopel machen wollen: *divina revelatione commoniti* seien die Elektoren gewesen (S. 338). Firmat läßt sich zuerst bewegen, aber am Tag vor der Weihe flieht er: *soli Deo vacare cupiens* (ebd.). Nach seiner Rückkehr lebt er wieder ein Leben in Einsamkeit: bei Vitre, Fontaine-Géhard, im Wald von Mayenne, schließlich in Mantilly mit Fasten, wenig Schlaf, Gebet. Auch aus Mantilly flieht er, weil sich zwei Jünger bei ihm aufhalten wollen, auf die Rhône-Insel Eona: *in rupe quadam sibi complacens invenit habitaculum* (S. 339). Angeblich wallfahrtet er zum zweiten Male nach Jerusalem und kehrt dann auf die Insel zurück. Als ihn seine Schüler dort finden, geht er mit ihnen wieder nach Mantilly, er wirkt durch Rat und Tat für die, die ihn aufsuchen, die Tiere – Vögel, Fische, Hasen und Rehe – nähern sich ihm ohne Scheu. Nach seinem Tode wird er in St. Evroult in Mortain begraben. Die erste Oration, die seiner Vita angehängt ist, sagt von ihm, daß er für Gott *vilia omnia duceret, et praeter te nihil amaret aut cogitaret* (S. 342).

Robert von Arbrissel

Weiteren Aufschluß über die Eigenart der großen, mit den eremitischen Idealen verbundenen, Erneuerungsbewegung kann der Blick auf eine der bekanntesten Gestalten des frühen 12. Jahrhunderts gewähren: auf Robert von Arbrissel, jetzt vornehmlich als Gründer des berühmten Klosters Fontevrault, dessen Verfassung sogar für die Frühgeschichte des Amour courtois herangezogen wird[2], im Gedächtnis der Nachwelt. Wie die Vita Baldrichs trotz ihrer Zentrierung auf Fontevrault beweist, wird die Lebensgeschichte des Verehrten als differenzierter Prozeß gesehen.

Robert, ein bretonischer Priester, zieht sich um 1095 in die Einsamkeit der Wälder von Crâon zurück; wieder wissen wir keinen eigentlichen Grund, doch behauptet Robert später von sich, er habe Simonie begangen. Er bereitet sich auf die Eremus durch Betrachtung vor, trägt ein Kettenhemd (verbirgt es aber vor den Menschen), fastet und hält Nachtwache. Im Wald von Crâon kasteit er sich in einem Maß, das nicht wiedergegeben werden kann (1049 D). Er kleidet sich in ein härenes Hemd, trägt Bart, schläft

[2] Bezzola 1940, dagegen Werner 1955.

wenig und dann auf dem nackten Boden, trinkt keinen Wein und ißt fast nichts: *totum se vovebat pro sacrificio* (1050 A). Es scharen sich bald Schüler um ihn, und er beginnt seine Bußpredigt: *tam viros quam mulieres a saeculari luxu revocans* (1089 D). Grund dafür ist eine fundamentale Erkenntnis: daß, wie er 1109/1110 in seinem Brief an die Gräfin Ermengard von Bretagne (Petigny) schreibt, *intelligentibus Deum vita praesens miseria est. Omnis caro fenum, omnis gloria ejus flos feni* sagt er mit Jesaja (40,6). Unter den Bekehrten sind viele Adlige (1053 B), und durch seine Anprangerung des Reichtums gerät Robert in Gegensatz zu den Bischöfen und Äbten, wie Baldrich hervorhebt (1056 A). Es kommt zu Kontroversen mit Ivo von Chartres, der ihm in einem Brief (Ep. 37, PL 162, 50 A) vorwirft, daß er sogleich mit dem Höchsten beginne: *Sic enim decens est ut ab imis inchoans ad summa proveharis, non ut a summis incipiens ad ima dilabaris.* Nicht der Einzelkämpfer kann nach Meinung Ivos gegen den Teufel bestehen, sondern nur der Zönobit: *Contra spirituales itaque nequitias pugnaturus si securus vis pugnare, castris Christi militum ordinate pugnantium te insere, ne si singulari certamine contra exercitatos inexercitatus pugnare intenderes, innumera adversariorum tuorum multitudine comprimaris* (Ep. 34, PL 162, 46 B/C). Ivo vertritt den konservativen Standpunkt, der an den drei Ordines festhält, gegenüber dem Absolutheitsanspruch Roberts, der die ganze Welt auf das supreme eremitische Ideal festlegen möchte. Nicht gegen den einzelnen Eremiten wendet sich Ivo, sondern gegen die Systemveränderung, die sich in Roberts Auftreten anmeldet.

Gottfried von Vendôme kritisiert Robert ebenfalls, und Marbod von Rennes polemisiert gegen seinen äußeren Aufzug – gegen den langen Bart, die nackten Schenkel und das einfache Gewand. Auf Widerspruch stößt seine Praxis, mit Männern und Frauen durch die Gegend zu ziehen, und seine – tatsächlich etwas sonderbare – Form der Askese, mit Frauen das Lager zu teilen, um Standhaftigkeit in höchster Versuchung zu bewähren. Fontevrault ist – ungeachtet der Tatsache, daß seit 1130 spätestens vom eremitischen Geist wenig mehr zu spüren ist und die crème de la crème der weiblichen Aristokratie Frankreichs dort den Schleier nehmen wird[3] (aber auch die Töchter von Waldes treten dort ein) – zunächst eine eher primitive Seßhaftwerdung seiner wandernden Gefährten: Männer und Frauen, Adlige und einfache Leute, Kleriker, die den Kirchendienst versehen, und Laien, die für die landwirtschaftliche Eigenversorgung des Klosters arbeiten. In der Frühzeit ist Fontevrault eine echte Eremitengemeinschaft (1052 B, Werner 1955 S. 270), Robert behält seine vom eremitischen Ideal geprägte Lebensweise bei: *non jumento cuilibet insedit, nec vinum, nec cibos saporosos gustavit. Ipse semper nudis pedibus incedebat et tunicas et saccum asperiores induebat ... Jejunia saepe continuavit, orans frequenter pernoctavit* (1052 C). Er begreift Fontevrault als ausdrücklichen Gegensatz zu den verweltlichten heiligen Stätten der früheren Zeit, zu Jerusalem, Rom und Cluny *ubi fiunt pulchrae processiones* (1073 B) – lieber als dort will er im Kot von Fontevrault begraben sein.

---

[3] Philippia, Gemahlin Wilhelms von Aquitanien, 1115 dort oder in Espinasse (von Walter 1901 S. 67), Gräfin Agnes von Châteaumeilhan, Bertrade (Mätresse Philipps I. von Frankreich), Agnes von Montreuil, Ermengard von Bretagne, Mathilde, Gräfin von Poitiers, Juliane, Tochter Heinrichs I. von England (Raison/Niderst S. 32), Mathilde von Anjou (Schwester Philipps von Flandern), Mathilde von Flandern, Mathilde von Böhmen (Witwe Theobalds des Großen), Marie von Champagne (Tochter Theobalds).

Bernhard von Thiron und Vitalis von Savigny

Bernhard von Thiron[4] ist unter den Klostergründern Robert am ehesten vergleichbar. Seine Vita ist zwischen 1137 und 1149 aufgezeichnet und reicht damit in die Nähe der Entstehungszeit des ›Grégoire‹.

Nach einer etwas undurchsichtigen Wahlaffäre, die ihn im Jahr 1100 zum Abt des Klosters S. Cyprian in Poitiers macht, ein Jahr später aber zu seiner Suspendierung führt, *multo animi ardore anachoresim sectari cupiens, cum paucis discipulis Causeum insulam (eo quod remota esset ab omnibus) intravit* (1403 B). Da Piraten die Insel verwüsten, geht er in die Wälder: *ad silvas remeans, in illis habitavit*, da er *anachoresim ardenter sectari sitiens* (1404 A) ist. Das Herbeiströmen von Jüngern, die dem Beispiel seines Lebens folgen wollen, führt dann gegen seine ursprünglichen Intentionen (*necdum aliquod monasterium facere inchoabat*, 1404 A) doch zu einer Klostergründung im Jahre 1114 im Wald von Thiron, für die er von Ivo von Chartres den Baugrund erhält[5]. Das Kloster wird bald von herrschenden Häusern protegiert (Heinrich I. von England, David IV. von Schottland, Ludwig VI. von Frankreich) und, ähnlich wie in Fontevrault, kommt es nach dem Tode des Gründers zu einem Nachlassen des asketischen Rigorismus (VON WALTER 1906 S. 63 f.) – was als Protest gegen das verweltlichte cluniazensische Mönchtum begonnen hatte, wurde durch die Schenkungen des Adels wieder in die »Welt« integriert.

Dieser Weg, den Fontevrault, die Kongregation von Thiron, die Zisterzienser und die anderen Reformorden (bis auf die Kartäuser, die bis zum heutigen Tag keine Reform »nötig« hatten) gingen, diskreditiert jedoch nicht die Intentionen der Gründer und der Anhänger der ersten Stunde. Gerade die Tatsache, daß immer wieder dann neue Reformklöster und -kongregationen entstehen, wenn die alten ihren Idealen untreu werden, zeugt von ungebrochener Macht der reformerischen Ideen – freilich auch von der Beharrlichkeit der etablierten Mächte.

Bernhard hatte, wie Robert, das Ideal des Eremiten mit dem des Predigers wohl nolens volens verbunden, die Askese war für ihn jedoch die Rechtfertigung der Predigt: *per virtutem mortificationis pervenitur ad licentiam praedicationis*, zitiert die Vita ihn angeblich wörtlich (1399 C) und sagt über ihn: *exaestuans etenim amore paupertatis ac solitudinis, ad secretum eremi a quo fraudulenta violentia abstractus fuerat rediit et mentem suam, quae ibi remanserat, invenit. Qui domno Roberto de Abresello atque Vitali de Mauritonio ... est conjunctus* (1397 A).

Letztgenannter ist Vitalis von Savigny (VON WALTER 1906 S. 67 ff.), der ebenfalls Eremitentum und Wanderpredigt verbindet: er legt die Pfründe, die er als Kaplan des Grafen von Mortain innehat, aus unbekanntem Anlaß nieder und geht in die Einsamkeit. 17 Jahre ist er als Prediger tätig, wie Bernhard gründet er seinen Anspruch als

[4] Über die Quellenlage der Vita unterrichtet VON WALTER 1906, hier wird die Galfred zugeschriebene zitiert (PL 172).

[5] VON WALTER 1906 S. 56, SPRANDEL 1962 S. 147.

Lehrer auf den Einklang von Lehre und Leben. Savigny wird im Jahre 1112 als eremitische Niederlassung ins Leben gerufen, den Baugrund stiftet Graf Radulph von Fougères, weil er die *pauperes spiritu* als *advocati* für einen Platz im Himmelreich haben möchte (ebd. S. 101).

Vitalis' Vita wurde, wie die Wilhelm Firmats, von Stephan von Fougères/Rennes verfaßt: er deklariert sie (wie Hartmann seinen ›Gregorius‹) als Bußleistung für die weltlichen Gedichte seiner Jugendzeit (S. 67). Auch diese Gestalt ist also noch in der zweiten Hälfte des 12. Jahrhunderts präsent – und nicht nur dem lateinisch gebildeten Kleriker, sondern auch den Illiterati, denn Stephan benutzte unter anderem volkssprachliche Quellen (S. 69). Die Viten betonen immer wieder den großen Einfluß der Eremiten und Eremitenpredigt auf die Ungebildeten: gerade sie sollen von dem Protest gegen den verweltlichten Klerus und der Ablehnung des sich selbst bespiegelnden, nur an Besitzmehrung interessierten Mönchtums getroffen werden; die Einfachheit der Botschaft von der Nachfolge Christi findet verständlicherweise besondere Resonanz bei den Laien, und diese schließen sich den neuen Gründungen an.

Konstanten

Versuchen wir nun, gewisse typische Eigenheiten dieser Lebensläufe zu erfassen. Kennzeichnend ist der plötzliche, für Außenstehende anscheinend unmotivierte Rückzug in die Einsamkeit. Bei Firmat soll das Motiv eine teuflische Erscheinung sein, bei Robert eine unbestimmte Sünde – vielleicht Simonie –, bei Bernhard die Suspendierung als Abt von St. Cyprian, bei Vitalis sind die Gründe wiederum unbekannt. Firmat wallfahrtet zweimal (wenn die Angabe der Vita stimmt) nach Jerusalem, auch Wilhelm von Malavalle, der Gründer des Wilhelmitenordens, pilgert ins Heilige Land (ELM 1962 S. 24) – bei ihm bleibt das Motiv für die Konversion ebenfalls unklar (ebd.). Die Wallfahrt verweist darauf, daß der Eremit seine Lebensform als besondere Ausprägung des Pilgerstandes versteht, eines Pilgers, der mehr oder weniger stark örtlich fixiert ist[6]. Im Unterschied zum Zönobiten gehört die Stabilitas loci nicht notwendig zum Eremiten, die Unstetheit ist jedoch häufig durch immer weitere Flucht vor der Welt bedingt – wenn Firmat von seinen Anhängern gefunden wird, zieht er sich wieder an einen anderen Ort zurück. Andererseits ist das Unterwegs-Sein Ausdruck des Pilgerstandes. Und wie dieser versteht sich das Eremitentum als Buß-Institut, als Disciplina poenitentiae. Das heißt nicht, daß der Anachoret eine im kanonischen Sinn verhängte Buße, eine *poenitentia coactitia,* auf sich

[6] DELARUELLE S. 225, 244, MEERSSEMAN 1968 S. 338. Vgl. auch CAPPELLI über den hl. Basilius, der sich als »perpetuo pellegrino« versteht (S. 106).

nimmt (Meersseman 1968 S. 306 f.), sondern es scheint sich gerade um eine *poenitentia spontanea et gratuita* zu handeln, die, ohne daß ein begangenes Verbrechen vorliegt, freiwillig geleistet wird. Biblisches Vorbild dafür ist Johannes der Täufer[7]. So besteht eine Beziehung zwischen den offiziellen Bußvorschriften und der Askese der Eremiten: einerseits wirken Elemente der kirchlichen Praxis auf das Verhalten der freiwilligen Büßer, so die Ketten und Kettenpanzer, wie sie Robert und Wilhelm von Malavalle tragen,[8] andererseits beeinflussen bestimmte eremitische Forderungen, wie die des ausgedehnten Fastens und des Rückzugs in die Vita solitaria die Libri poenitentiales (Delaruelle S. 244). Eigentlich konstitutiv für diese Lebensform sind jedoch weniger Pilgerfahrt und Fasten, sondern ist die Einsamkeit, die immer ausdrücklich gesucht wird, die Fuga saeculi.[9] Während der Mönch sich vielfach schon im verheißenen Land glaubt, im Paradisus claustri – man vergleiche nur die Namen mancher Klöster wie ›Himmelpforten‹ –, geht der Eremit an den unheimlichen Ort, den Locus terribilis, das Gegenbild zum Locus amoenus, den viele Klostergründungen wählen: in Wälder, Schluchten, auf wüste Inseln wie Bernhard von Thiron und Wilhelm Firmat – die wüste Insel »ist das Sinnbild der menschlichen Einsamkeit«, läßt noch Hofmannsthal den Komponisten im Vorspiel zu ›Ariadne auf Naxos‹ sagen. Die frühchristliche Eremus der Väter ist in Mitteleuropa weitgehend mit dem Wald gleichgesetzt, der in Wirklichkeit und Dichtung keinesfalls angenehmer Lustort, sondern Locus terribilis war – vom alten Tristan-Roman (Waldleben), dem ›Iwein‹ (v. 265 ff.) und ›Guillaume d'Angleterre‹ über die *Forest gaste* in der ›Queste‹, die Lancelots Sündhaftigkeit abbildet, bis zu Dantes *selva selvaggia e aspra e forte / che nel pensier rinnova la paura* (Inferno I, 5 f.). Die mittelalterliche Eremus ist unbewohnt, sie steht im Gegensatz zur *terra culta*, ist *remota*, *secreta*, *vasta* (Leclercq 1963 I S. 22). Die Wohnung des Eremiten ist kein festes Haus wie das Kloster, sie ist klein, *parva spelunca*, oft eine Höhle (ebd. S. 23 A. 19), und der Eremit unterscheidet sich dadurch vom Monachus, dem Zönobiten.

Die Vita solitaria wird unterschiedlich streng gehandhabt; einige Eremiten behalten sie ihr Leben lang bei, wie anscheinend Wilhelm Firmat, andere gehen bald oder später Kompromisse mit dem Zönobitentum ein, was von der Annahme von Gefährten[10] und Schülern über die Bildung von Eremitengemeinschaften wie bei Bernhard, Robert und Vitalis bis zur Gründung eremitisch geprägter Orden wie dem Brunos von Köln, Wilhelms von Malavalle (Elm

---

[7] Meersseman 1968 S. 308, Elm 1965 S. 518, Becquet S. 191.

[8] Elm 1962 S. 24 nennt noch weitere Beispiele.

[9] Génicot S. 40, Bligny S. 251 f.

[10] Génicot S. 49, Becquet S. 189 A. 32 u. 35.

1962) und den anderen Vereinigungen, die sich 1256 zum Augustiner-Eremitenorden zusammenschließen, führt (ELM 1965). Daß diese Gründer von Klöstern, Kongregationen und Orden stärker in das Blickfeld der Nachwelt rückten, liegt daran, daß sie eine spezifische Tradition etablierten, die das Andenken des Gründers durch Bewahrung seiner Lebensgeschichte hochhielt und damit die spezifische Identität der Gemeinschaft definieren konnte. Die reinen Eremiten sind oft nur durch knappe Nachrichten in Chroniken bekannt, die Eigenart ihrer Forma vivendi dürften wir jedoch aus den Viten der bekannten Gestalten ableiten, selbst wenn für diese die Vita eremitica nur transitorisch war.

Die eremitische Lebensform zeichnet sich geradezu durch diese Offenheit aus: der eine verbleibt bei der Kontemplation und Askese in der Einsamkeit, der andere widmet sich dem aktiven Apostolat, der Predigt (GÉNICOT S. 86). Das Eremitentum hat kein festes soziales Programm – bei Robert von Arbrissel ist die soziale Komponente sehr stark, bei Wilhelm Firmat wenig ausgeprägt –, gemeinsam ist die *aversio a peccato, conversio ad Deum* (BLIGNY S. 267) und die Nachfolge Christi in Armut – *nudus nudum sequi*[11]. Häufig wird das eremitische Leben anscheinend nicht für immer festgehalten, sondern ist Durchgangsstation (RAISON/NIDERST S. 17 f.) zu einem weniger strengen Leben, sei es in öffentlicher Tätigkeit – einige Eremiten werden sogar Bischöfe (BECQUET S. 196) –, sei es in einem der neuen Orden (ebd. S. 200).

Dieses Verständnis der Lebensform, daß nämlich die Vita contemplativa als eigentliches Ziel das aktive Apostolat hat und die (falsche) Spannung von mundaner Vita activa und weltabgewandter Vita contemplativa in der Predigt aufgehoben ist, findet sich schon bei Robert von Arbrissel, der die Rechtfertigung für die homiletische Tätigkeit aus der Askese ableitet. Dieses Ideal wird dann in den Bettelorden, vor allem aber bei den Dominikanern Programm (MIETH S. 112 f.) und von Thomas von Aquin entsprechend formuliert: *Sed vita activa secundum quam aliquis praedicando contemplata tradit, est perfectior quam vita quae solum contemplatur, quia talis vita praesupponit abundantiam contemplationis. Et ideo Christus talem vitam elegit* (Summa theologica, 3q 40 a 1 ad 2).

Während die rein kontemplative Vita selten zu Konflikten mit den etablierten Mächten führt, treten die Differenzen zwischen den predigenden Eremiten und den kirchlichen Amtsträgern (ebenso wie die zwischen alten und neuen Orden) in den Quellen deutlich zu Tage. Die ›Historia ecclesiastica‹ des Orde-

[11] Vgl. das Pseudo-Hieronymus-Zitat im Brief Reinalds an Ivo von Chartres: *si vero perfecta desideris, exi cum Abraham de terra tua, nudus nudum Christum sequens* (MORIN S. 102) – Autor ist wohl der in Mélinais und der Diözese Angers verehrte hl. Renaud, der Augustiner war und sich (wie Robert von Arbrissel) zuerst in den Wald von Crâon, dann in den von Malinais zurückzog und am 17. 9. 1103 (oder 1104) starb.

ricus Vitalis (PL 188) ist ein Beispiel dafür (BECQUET S. 195). Die Polemik Ivos von Chartres gegen Robert findet ihre Parallelen im Spott des Hatto von Troyes über den Anachoreten, der *magis salvus* sein will – ihm selbst genügt es, *salvus* zu sein, er will nicht ändern, was *ad salutem sufficit* (CONSTABLE S. 49). Rupert von Deutz verteidigt in seiner Schrift ›De vita vere apostolica‹ das mönchische Leben gegen den predigenden Anachoreten, der eben nicht der wahre Apostel, *verus apostolus*, ist: *Nam non facit apostolum praedicare, baptizare et miracula facere, sed virtutes habere, et prae ceteris seipsum humiliare* (632).

Andererseits kritisieren die Eremiten das Mönchtum: Reinald wirft Ivo von Chartres vor: *Claustrales observantias custodiunt, et domini praecepta contempnunt* (MORIN S. 108). Das Streben nach religiöser Erneuerung, nach Heilsgewißheit für das Individuum wird hier als Grundmentalität des Eremitentums angesprochen. Offensichtlich kann die Lebensform des traditionellen Mönchtums die Beunruhigung des Menschen angesichts der Erfahrung der Sterblichkeit und Notwendigkeit der Errettung nicht mehr aufheben. Das mag in der vornehmlich politischen und ökonomischen Orientierung der Klöster begründet sein, die, gemessen an den evangelischen Räten, die Frage, ob das Heil wirklich in ihren Mauern liegt, brennend werden läßt. Die Frage nach dem Sinn des Daseins, für die sich die Hierarchie und das offizielle Mönchtum zuständig fühlen, wird von ihnen nach einer immer mehr um sich greifenden Überzeugung nicht mehr zureichend beantwortet, da sie sich im wesentlichen auf vorgefertigte Lehrmeinungen stützen. Der Eremit, der sich selbst außerhalb des kirchlichen Systems begibt, stellt die Mechanismen, mit denen herkömmlich die Sinnproblematik bearbeitet wird, infrage. Er zieht sich naturgemäß das Mißtrauen der herrschenden Institutionen zu, da schon seine Entscheidung zum Ordo eremiticus potentiell systemverändernd wirkt (SPRANDEL 1974). Bewußt will er das Heil nicht im Kloster erreichen, obwohl es den Anspruch erhebt, die Rettung zu garantieren. Diese Garantie war suspekt geworden.

Als vorbereitende Grundströmung hat sicherlich die gregorianische Reform gewirkt, die sich nicht auf die Klöster beschränkte, sondern in ihrer Wirkung die ganze mittelalterliche Gesellschaft erfaßte. Schließlich kamen Äbte und Mönche ja aus den gleichen Familien wie Bischöfe und Domherren, Herzöge und Ritter (TELLENBACH S. 125). Die Reform hatte zu einer gewaltigen Aufwertung des Laienstandes geführt (PROSDOCIMI S. 74 f.) und ihn sogar, wie die Kontroverse über die Gültigkeit vom simonistischen Priester gespendeter Sakramente zeigt, zum potentiellen Richter über einen – wenngleich unwürdigen – Kleriker aufgerufen (WERNER 1956 S. 201). Im Eremitentum eröffnet sich gerade dem Laien eine Lebensform, die einen besonders hohen Grad von Selbstheiligung verspricht. Priester und Mönche (wie Firmat, Robert und Bernhard) werden Anachoreten, immer wieder aber auch Laien greifen, von neuem religiösen Selbstbewußtsein erfüllt, nach diesem Modus vitae. Die alten Grenzen der Ordines werden in den neuen religiösen Bewegungen überschreitbar (CONGAR S. 116) und sollen aufgehoben werden: das hatte die Kritik Ivos von Chartres auf den Plan gerufen. Die Perfectio vitae ist wichtiger als der formale Ordo des Kleriker- oder Mönchtums (PROSDOCIMI S. 69): fünf Milites begleiten Gerhard von Sauve-Majeure, zwei Robert von Chaise-Dieu in die Einsamkeit (BECQUET S. 189 A. 32), von Roberts von Arbrissel Gefolgschaft aus dem Laienstande war schon die Rede.

Im Bewußtsein des 11. und 12. Jahrhunderts verspricht das Eremitentum den höchsten Rang der Heiligung, Ivo hatte ja Robert getadelt, daß er *a summis incipiens* sei. Stephan von Obazine und seine Gefährten gehen in die Einsamkeit: *fortiora appeterent et viciniora saluti* (Vita, hg. BALUZE S. 76). Das Eremitentum ist als strengste Nachahmung Christi, als äußerste Einsamkeit mit Gott, dem sonst höchstbewerteten Heiligenordo, dem Märtyrertum, ebenbürtig (LECLERCQ 1963 I S. 26 f.). Herrad von Landsberg stellt es in ihrem ›Hortus deliciarum‹ bildlich dar (Abb. 35): die höchste Sprosse der Leiter hat der Einsiedler erklommen – er stürzt jedoch, weil er nach seinem Gärtchen blickt. Selbst die gegnerischen Polemiken gestehen dem Anachoreten die Summa perfectionis zu, und das muß in einer Situation der Heilsunsicherheit hohe Anziehungskraft ausgemacht haben. So wendet sich eine Satire gegen die verschiedenen Stände aus einer 1173 datierten Handschrift (hg. DU MÉRIL S. 313–326) gegen Kleriker, Mönche und auch gegen Wanderprediger:

Conversi noviter, per multas patrias,
novi constituunt novas ecclesias;
postponunt veteres plenas divitiis
et loca repetunt nec gratu bestiis.

Isti cupientes habere nomina,
cognosci appetunt per sua opera;
ad urbes, ad rura, frequenter cursitant,
de vita et morte futura praedicant.

Monent et increpant conversi clericos;
incautos etiam convertunt laicos;
utrumque ordinem una communicant,
viros et feminas pariter aggregant (S. 321 f.).

Nur in wenigen Klöstern sind noch *homines sancti* zu finden, vor allem aber sind die Eremiten auf dem Weg des Heils[12]:

Heremitae boni, in fide stabiles,
qui semper fugiunt hominum facies,

---

[12] Ähnlich kritisiert der Autor des Gedichts ›Licet mundus varia sit sorde pollutus‹ alle Ordensgemeinschaften und verschont nur die Eremiten (H. SCHÜPPERT S. 110).

nisi solliciti pro mundo fierent,
et iram Domini prece mitescerent,
Mundus incurreret finis periculum;
mundus reciperet mortis exitium,
et nisi Dominus illos diligeret,
cum mundo perdito et reos perderet (S. 325).

Bei der Frage nach der Mentalität und den möglichen spirituellen Voraussetzungen dafür soll die Darstellung stehen bleiben. Nicht gelöst werden kann das schon von DOLBERG angesprochene, jetzt aber von WERNER und dann HALLINGER aufgeworfene Problem der ökonomischen Grundlagen dieser Entwicklung. Für die Tatsache, daß die Lebensform des Eremiten im Bewußtsein der hochmittelalterlichen Gesellschaft ihren festen Platz hatte, sind solche Überlegungen zwar wichtig, für die hier interessierende Funktion dieses Bewußtseins als Verständnisrahmen, in dem ›Grégoire‹ und ›Gregorius‹ zu sehen sind, jedoch nicht unmittelbar von Bedeutung.

Zur Entstehungszeit des ›Grégoire‹ wird, so darf man nach diesen Zeugnissen wohl voraussetzen, die Gestalt des Eremiten in der Vorstellung des Autors und seines Publikums eine fest umrissene Größe von definierbarem Stellenwert gewesen sein. Unmittelbare Anschauung wird die Vorstellung ebenso gestützt haben wie die (in den Viten niedergelegte) Tradition. Letzteres bedeutet wie gesagt nicht, daß das sicherlich adlige Publikum des ›Grégoire‹ die hier zitierten lateinischen Texte kannte, sie sind jedoch Zeugnisse der gleichen Mentalität, zeigen die gleiche kollektive Einstellung auf, die die Vitenschreiber ihre Heiligen nach bestimmten Vorstellungen stilisieren ließ[13] und den Blick des Publikums auf die Vita eremitica bestimmte. Wir wissen, daß der Autor zweier Eremiten-Viten, Stephan von Fougères, vor seinem Episkopat Kaplan am Hofe Heinrichs II. von England war – gerade er kann daher als Repräsentant der gleichen Schicht gelten, die den ›Grégoire‹ rezipiert hat.

Konnte nun Hartmann, als er den ›Grégoire‹ zur Vorlage für seinen ›Gregorius‹ nahm, in Deutschland mit einem vergleichbaren Verständnishorizont rechnen wie der Autor des französischen Werkes? Einige Beispiele aus dem deutschen Raum sollen dies wahrscheinlich machen; da es nicht um Quellenkenntnis, sondern um Mentalität geht, sollen auch Zeugnisse aus dem 11. Jahrhundert gelten, sofern sie sich in eine entsprechende Tradition einfügen.

---

[13] WERNER 1956 S. 27. Daß Stilisierungstendenzen, bedingt durch die Einstellung des Autors, in der Vita Firmats wirksam werden, scheint aus der von LECLERCQ (1953) herausgegebenen ›Exhortatio‹ hervorzugehen: der angeblich bis an sein Lebensende anachoretische Wilhelm rühmt (wenn der Text von ihm ist) den *paradisus claustri* (32,26), die Weisheit, die man im Kloster findet – von eremitischen Idealen findet sich nichts.

Konversionen in Deutschland

Im Jahre 1005 bekehrt sich Gunther, Sohn eines Grafen von Käfernburg-Schwarzburg, mit 50 Jahren aus unbekanntem Anlaß von einem Leben als Krieger zum Eremiten unter Verzicht auf weltlichen Besitz. Seine Bekehrung muß viel Aufsehen erregt haben, denn sie ist in zahlreichen Annalen verzeichnet (GRUNDMANN 1963 S. 74 ff.). Heinrich III. ging ihn mehrfach um Rat an, er starb 1045 im Ruf der Heiligkeit. Ferner ist Graf Theobald von Provins zu nennen, der um 1050 Einsiedler zunächst in Luxemburg, dann im Veneto wird, sich zum Priester weihen läßt, wieder in die Einsamkeit geht (bei Sajanega), dort 1066 stirbt und im Dom von Vicenza begraben liegt (MEERSSEMAN 1965 S. 165). Graf Günther von Thüringen bereut die Sünden seiner Jugend und geht zu Abt Godehard nach Hersfeld: *poenitentem suscepit et ad monasticam usque professionem convertit* (Wolfher S. 176); 1092 wird Liutold von Ebirsheim Mönch in Zwiefalten (Ortlieb S. 74, 44). Ähnliche Beispiele gibt es aus dem 12. Jahrhundert: Graf Everhard von Berg geht 1129 nach dem Erlebnis einer blutigen Schlacht auf Pilgerfahrt, dann wird er Schweinehirt in der Nähe von Morimond und tritt, nachdem er von einem Histrio entdeckt worden ist, in das dortige Kloster ein (GRUNDMANN 1968 S. 341 f.). Auch Adolf III. von Berg bekehrte sich 1138 und wurde Mönch. Zum gleichen Jahr berichtet Berthold von Zwiefalten in seiner Chronik (S. 116, 28 ff.): *Otto de Stuzzilingin, noster monachus, vir magniloquus, forensis eloquentiae declamator facundissimus, coram regni principibus prudentia et consilio pene inter primos habitus, postquam secundo de Iherosolimis est reversus, amore Dei tactus militiae cingulum solvit, huic mundo terga dedit, et huius mundo naufragio nudus evasit, castra Dei militaturus intravit atque cum magna cordis humilitate tanquam omnium esset servus in hoc loco consenuit.* Eine ähnliche Überlieferung wie von Everhard gibt es aus dem 11. Jahrhundert von einem Angehörigen des Zähringer Hauses: Hermann I., Markgraf von Verona (und von Baden) ist am 26. 4. 1074 als Mönch in Cluny gestorben (OEXLE), er soll zuerst unerkannt als Viehhirte niedrige Dienste geleistet haben – ein Bericht, der zwar historisch wenig Glauben verdient[14], aber als typische Stilisierung beachtenswert ist: die Erniedrigung des Mächtigen gehört zu der zeitgenössischen Verständniskategorie einer solchen Konversion[15]. Die gängige Wirklichkeit eines Klostereintritts sah nämlich anders aus: die Adligen wurden Mönche und widmeten sich dem Gebet, die aus unteren Ständen verrichteten die Handarbeit (WERNER 1958, DOLBERG) – selbst in Fontevrault war es bekanntlich so. Die wohl von den Idealen der Vita poenitentiae beeinflußte Stilisierungstendenz der Quellen geht allerdings oft in die andere Richtung (DOLBERG): die hochgeborenen Herren, die niedrige Dienste leisten, sind Exempla der Demut (SCHREINER 1964 S. 42 f.). Nach dem Tode Hermanns ging seine Witwe übrigens

---

[14] METTLER S. 237 f., SCHREINER 1964 S. 42 f.

[15] WERNER 1958 stützt seine Argumentation vom feudalaristokratischen Charakter des Konverseninstituts doch auf eine zu schmale Basis (St. Blasien). Eine begrenzte Übernahme von körperlicher Arbeit durch Adlige ist im Rahmen des Noviziats durchaus vorstellbar und wohl der Anlaß für die viel interpretierte Nachricht Bernolds von Konstanz, hochgeborene Männer hätten in Hirsau Schweine und Ochsen gehütet (SCHREINER 1964 S. 32, 45 A. 211).

zu Papst Urban II., der vormals Prior in Cluny gewesen war, und starb 1091 zu Salerno in seiner Umgebung. Die Vorstellung, daß es eine zähringische Haustradition von der Bekehrung eines Vorfahren, seiner freiwilligen Demütigung, gegeben habe, ist zumindest möglich und könnte den Boden für die Aufnahme des ›Gregorius‹ bereitet haben, die Wendung der zurückgelassenen Gattin an den Papst und ihr Ende in seiner Umgebung bietet eine weitere Parallele zur ›Gregorius‹-Handlung.

Es fällt allerdings auf, daß bei den Konversionen seit der Mitte des 12. Jahrhunderts der Zug zur eigentlich eremitischen Lebensform abnimmt, was sicherlich mit der Aufnahme eremitischer Ideale durch die Reformorden zusammenhängt, die damit die spezifischen Ziele der Vita eremitica zur Hauptsache verwirklichen, wie es dann auch in den »offiziellen« Viten der Kloster- bzw. Ordensgründer betont wird (vgl. die Vita Roberts von Arbrissel). Jedoch zeigen die Heiligsprechungen Brunos von Köln († 1123, kanonisiert 1181) und Stephans von Muret († 1124, kanonisiert 1189), daß die Vorbildlichkeit der eremitisch akzentuierten Vita poenitentiae im Bewußtsein von Hartmanns Zeitgenossen lebendig ist. Wenngleich die Kanonisationen nicht ausschließlich aus religiösen Motiven beantragt wurden (vgl. die Untersuchung von M. SCHWARZ), sondern z. B. der Kartäuserorden aus Prestigegründen einen heiligen Gründer brauchte, so wurde doch die spezielle Form der Heiligkeit durch die vorzulegende Vita als vorbildlich gewürdigt.

Gerlach von Houthem

Außerdem ist zu Hartmanns Lebzeiten ein Fall bezeugt, von dessen Existenz der *Ouwære* und sein Publikum durchaus informiert sein konnten. Seine Vita ist zwar erst um 1225 von einem unbekannten Prämonstratenser verfaßt worden, aber wir wissen, daß er bereits während seines Lebens Aufsehen erregte: Gerlach von Houthem[16]. Der Ausgabe in den ›Acta Sanctorum‹ folgt dieser Abriß.

Um 1100 wurde er als Sohn vornehmer Eltern geboren und war in seiner Jugend ein tüchtiger Ritter: *Ipse in annis juvenilibus militaribus disciplinis institutus, aliquamdiu secundum morem hujus saeculi praeclare militavit, et per militiam celebre sibi nomen comparavit* (S. 306). Auf dem Ritt zum Turnier erreicht ihn die Nachricht vom plötzlichen Tod seiner Frau, erschüttert sagt er aller Ritterschaft ab: *moxque rore supernae gratiae inspiratus, apertis intellectualibus oculis cordis, perituras divitias et fugitivos honores, nihil aliud quam vanitates quasdam, et insanias falsas esse cognovit* (S. 307). Barfuß pilgert er zu verschiedenen Wallfahrtsorten. 7 Jahre büßt er als Schweinehirt in einem Hospital in Jerusalem, dann wird er Eremit in der Nähe seiner Heimat Houthem. Da keine der herkömmlichen Mönchsregeln ihm erlaubt, seine strengen Gelübde zu halten, empfängt er angeblich vom Papst eine Sondererlaubnis für sein

[16] DAMEN und im Anschluß an ihn GRUNDMANN (1962) haben sich mit ihm befaßt.

Eremitendasein, ähnlich wie es von Wilhelm von Malavalle (GRUNDMANN 1962 S. 548) und Galganus (ELM 1962 S. 29) berichtet wird. Seine über die Mönchsregeln hinausgehende asketische Praxis besteht darin, nicht zu reiten, kein Fleisch zu essen, keinen Wein zu trinken, beständig zu fasten und ein Bußkleid zu tragen: *equorum subvectionem, vinique et carnis edulium se asseruit devovisse, et continuata tam aestate quam hyeme jejunia se observaturum* (S. 307). Er wohnt auf seinem Besitz in einer hohlen Eiche. Gegen ihn werden vom örtlichen Klerus falsche Beschuldigungen erhoben – er sei ein Heuchler: *Quoniam igitur omnes, qui pie volunt vivere in Christo, persecutionem patiuntur propter justitiam, tamquam aurum in fornace probavit electum suum Dominus* (S. 309). Man läßt die Eiche fällen, als sich jedoch das dort angeblich versteckte Geld nicht findet, nimmt ihn der Bischof von Lüttich unter seinen Schutz. Oda von Heinsberg (Großmutter oder Schwester des Kölner Erzbischofs Philipp) besucht ihn, Hildegard von Bingen hat Kontakt mit Gerlach; laut Vita verbreitet sich sein Ruf auch durch *cantilenae vulgo cantantes*, volkssprachliche Lieder. Die zwischen 1222 und 1225 niedergeschriebene Lebensbeschreibung (eine ältere Redaktion von 1218 ist zu erschließen) soll sein: *exemplum verae poenitentiae, ut nullus, ... ad indulgentiam fructus, se pervenire posse desperaret* (S. 306).

Der für Gerlach zuständige Bischof war Heinrich von Leez auf dem Stuhl zu Lüttich – sein Nachfolger wurde 1167 der Zähringer Rudolf. Sicherlich war Gerlach auch nach seinem Tod, der nach vierzehnjährigem Bußleben um 1165 erfolgt sein muß, in der Lütticher Diözese bekannt, denn wenngleich zunächst nur wenige Gläubige kamen, wurde der Zulauf zu seinem Grab bald stärker. Rudolf mußte also aus seiner oberhirtlichen Praxis etwas von Gerlach wissen, außerdem war er mit Philipp von Heinsberg befreundet und stand in Korrespondenz (PL 197, 175 f., Ep. XIX) und – wie Gerlach – persönlichem Kontakt mit Hildegard von Bingen, er hatte ja seine Ausbildung bei ihrem Bruder Hugo in Mainz erhalten. Kenntnisse von diesem konkreten Konversionsfall aus jüngerer Vergangenheit sind am Zähringer Hof also zu vermuten, zumal da Rudolf seine Familie gelegentlich, z. B. 1179 besuchte. Über ihn kann Hartmann und seinem Publikum Nachricht von dem Eremiten gekommen sein – vielleicht zusätzlich durch die erwähnten Lieder. GRUNDMANN (1962 S. 554) und L. GNÄDINGER (1972 II S. 148) rechnen sogar damit, daß Wolframs Trevrizentgestalt von derartigen Traditionen beeinflußt sein könnte.

Typik

Zu Hartmanns Zeit war die Vita eremitica für ihn und sein Publikum sicher eine relativ fest gefügte Vorstellung, mit der der Autor rechnen konnte, wenn er eine Gestalt seiner Dichtung mit Elementen aus dieser Forma vivendi ausstattete.

Die typischen Züge des Eremitismus sind in Frankreich und Deutschland gleich: der Entschluß zum Leben der Buße fällt plötzlich mitten in einer »normalen« Existenz, eine fixierbare Schuld, die eine solche Wendung begründen könnte, liegt meist nicht vor. Der Rückzug in die Einsamkeit ist häufig mit einer Pilgerfahrt verbunden, die auf den Status poenitentiae der neuen Lebensform verweist. Der Anspruch der strengsten Askese sprengt den Raum, den die traditionellen Mönchsgemeinschaften bieten – der Ausweg ist die Vita solitaria. Die Askese bedient sich bestimmter Formen der Kasteiung, und der Ort des einsamen Lebens ist ein Locus terribilis, kein Locus amoenus. Schließlich kann die Vita contemplativa in eine besondere Aktivität münden: die Seelsorge, wie sie u. a. vom Eremiten Gerlach berichtet wird[17].

11. Gregorius Eremita?

Es bestehen, so lautet meine These, deutliche Korrespondenzen zwischen dem, was als konstitutiv für die Vita eremitica festgestellt wurde, und dem Sühneleben des Gregorius. Diese Übereinstimmungen scheinen mir in Einzelheiten so evident zu sein, daß damit zu rechnen ist, Autor und Publikum hätten auch nicht ausgesprochene Voraussetzungen dieser Lebensform aus ihren Vorstellungen ergänzt und mitverstanden. Schließlich handelt es sich ja nicht um die fernen Wüstenväter Ägyptens, an deren Vita Brinker den Bußweg Gregors mißt (S. 74), sondern um unmittelbar rezipierte Vergangenheit und Gegenwart. In der Gerlachvita heißt es noch zu Beginn des 13. Jahrhunderts: *Etiam in aliis regionibus* (sc. *quam Neerlandica septemtrionalis*) *tunc temporis eremitas non paucos floruisse omnibus compertum est* (zit. nach Valvekens S. 348).

Gregor: Buße

Die auffälligste Parallele ist zweifellos der Rückzug Gregors in die Einsamkeit, die Eremus, die Hartmann sogar wörtlich zitiert: *er gerte in sînem muote / daz in got der guote / sande in eine wüeste / dâ er inne müeste / büezen unz an sînen tôt* (v. 2755 ff.) – *(ich) suoche um gotes hulde / ein stat in dirre wüeste* (v. 295 f.). Der Ort, den er sucht, ist der Locus terribilis: *allez gegen der wilde / sô rihte der arme sîne wege* (v. 2765 f.), er strebt wie die historischen Anachoreten in die *eremus secreta et remota,* einen *wilden stein oder hol* (v. 2973) suchend. Daß er sich auf einer Insel niederläßt, ist ebenfalls eremitische Tradition: Firmat auf Eona, Bernhard auf Chaussey, der hl. Adalrich auf der Insel Ufenau im Bodensee (Schlumpf S. 291) – die Insel gehört zu den bevorzugtesten Aufent-

[17] Die Rückbindung der eremitischen Ideale an das frühchristliche Mönchtum – *quasi altera Aegyptus* heißt es in Bernhards von Thiron Vita über den Wald von Cenomanica (PL 172, 1380 C) – soll nicht untersucht werden, für die Erklärung der Einstellung des 12. Jahrhunderts zu diesem Phänomen genügen wohl die zeitgenössischen Zeugnisse. Die Genese der Mentalität kann hier nicht Thema sein, nur ihre Existenz soll wahrscheinlich gemacht werden. Zu den frühen Mönchen vgl. Heussi und Viller/Rahner.

haltsorten der Einsiedler (GOUGAUD 1920 S. 218), und auch in der Dichtung sind Insel-Eremiten typisch: z. B. der Anachoret in der ›Vie de saint Gile‹ des Guillaume de Berneville (v. 937 ff.) und Paulus in der ›Navigatio Brandani‹[1].

Der *vischære* scheint sich in den Bußbräuchen auszukennen: wenn er Gregor *einen ganzen rât* gibt und die *îsenhalten* zur Verfügung stellt, so ist dieses Gerät ebenfalls ein Requisit der Vita poenitentiae wie Ketten und Kettenhemd Roberts, Wilhelms von Malavalle (ELM 1962 S. 24) und Gerlachs. Deutlich ist weiterhin die Übereinstimmung in der Kleidung: das *hærîn hemede* (v. 3112) ist das Kleid des Büßers und Einsiedlers, auch die Reformorden des 12. Jahrhunderts tragen ja ein Habit aus ungefärbter Wolle (MEERSSEMAN 1968 S. 329 f.), und die Farbe des Habits spielt in der Polemik gegen die Wanderprediger eine Rolle, wie z. B. im Brief Marbods an Robert. Gregorius *wâren bein und arme blôz* – Hatto von Troyes spottet über die, *qui pellitis vestibus ac femoralibus carere gratulentur* (TELLENBACH S. 49). Wie Gregor reitet der Eremit nicht, sondern geht zu Fuß und zwar *ungeschuoh* (v. 2767), Marbod wirft dies Robert von Arbrissel ausdrücklich vor (PL 171, 1483 C), und Gerlach unternimmt seine Pilgerfahrt nach Rom in härenem Gewand und mit nackten Füßen: *Post haec igitur, disposita domo, et ordinatis rebus, pede nudo, ad carnem cilicio indutus, et desuper lorica ferrea coopertus, per diversa loca Sanctorum peregrinando circujens ...* (S. 307). Ebenso verhält er sich auf seiner gewohnheitsmäßigen Wallfahrt nach Maastricht: *nudis pedibus*, selbst *tempore hyemali* (S. 308).

Die mangelnde Pflege von Bart und Haar (*Der arme was zewâre / erwahsen von dem hâre, / verwalken zuo der swarte, / an houbet und an barte* v. 3423–26) wird ebenfalls erwähnt (MEERSSEMAN 1968 S. 323), Marbod kritisiert Robert u. a. deswegen: *seminudo crure, barba prolixa, capillis ad frontem circumcisis, nudipedem per vulgus incedere, et novum quidem spectaculum praebere videntibus* (PL 171, 1483 C) – ganz ähnlich wie Hartmann seinen Helden nach siebzehnjähriger Bußzeit beschrieben hatte. Als die päpstlichen Legaten ihn auf der Felseninsel finden, tritt ihnen eine Gestalt entgegen, die Hartmann als ausgesprochenen Antityp zur höfischen Schönheitstopik dargestellt hat (vgl. auch SIEFKEN S. 11 f.) – mit Wonne setzt er ja zuerst die Klischees: *von zierlîchem geræte / an lîbe und an der wæte / ... / mit lachenden siten / ... / mit goltvarwem hâre / ... / mit wolgeschorenem barte* (v. 3383 ff.): so einen Mann finden sie dort nicht.

Ob der Autor nur mit dem höfischen Axiom des *ûzen unde innen* spielt (daß dem inneren Wert die äußere Schönheit entsprechen solle) oder ob er mit dem Wissen des Publikums von einem hagiographischen Topos rechnen kann, daß die trotz Askese erhaltene Schönheit ein Zeichen der Engelgleichheit und besonderen Gnade ist (L. GNÄ-

---

[1] Vgl. L. GNÄDINGER 1972 I S. 161 f., weitere Beispiele bei MÜSSENER S. 30 f.

DINGER 1972 I S. 160–181), ist nicht eindeutig zu entscheiden. Vermutlich zielt Hartmann jedoch auf Abweisung des weltlichen Schönheitstopos: *den liuten widerzæme / ze himele vil genæme* (v. 3421 f.).

Das übliche Aussehen des Asketen stimmt zu der Beschreibung des tatsächlichen Anblicks, man vergleiche den Bericht, als die Mönche von St. Cyprian nach langen Jahren Bernhard von Thiron wieder erblicken: *Monachi vero Bernardum, quem a multis annis non viderant, laeti gratulantesque suscipiunt; admirantes hominem hirsutum, barbatum, vilibus atque villosis, juxta eremiticae consuetudinis modum, pannis subobsitum, cujusmodi habitum abhorrentes, properanter eruunt, barbam abradunt, suisque indumentis induunt* ... (1393 B/C). Bei Hartmann mag die Vorstellung vom armen Lazarus hineinspielen, dessen Entstellung gleichzeitig Erwählung ist – v. 3101 heißt der Held der *arme Grêgôrjus*, und gerade an unserer Stelle (v. 3423) wird er vielleicht programmatisch der *arme* genannt. Zu diesem Verständnis konnte den Zuhörern die deutsche Predigt[2] verhelfen, denn als Quintessenz der Lazarusparabel erscheint in den entsprechenden Ansprachen (zum 1. Sonntag nach Pfingsten, SCHÖNBACH II S. 117, 13 ff., III S. 119, 15 ff.) der Gegensatz zwischen weltlicher Ehre und ewiger Verdammung einerseits sowie irdischer Niedrigkeit und himmlischer Erhöhung andererseits.

PICKERING S. 343 hat in der Gegenüberstellung beider Beschreibungen einen biblischen Topos sehen wollen; nämlich die zwei Gestalten Christi, wie sie Ps. 44,3 und Ps. 53,2 angesprochen werden: Christus als Auferstandener und Christus als Gekreuzigter. Bei der Darstellung des häßlichen Gregor spielt wohl das Vorbild des »Gottesknechts« hinein – v. 3459 ff. spielen auf Ps. 21,18 *dinumeraverunt omnia ossa mea* an –, für den »höfischen« Gregor kann ich diese Denkform jedoch nicht nachvollziehen, da die Schönheit nichts von der Verklärtheit des Auferstandenen hat und zudem durch die oben zitierten Verse 3421 f. die Umkehrung der üblichen Schönheitsbewertung programmatisch herausgestrichen wird.

Das für den Anachoreten typische Fasten, in der Regel im Verzicht auf Wein, Fleisch und gekochte Speisen bestehend (GOUGAUD S. 29 f.) – manche, wie Bernhard von Thiron, essen nicht einmal Brot (PL 172, 1384 D, 1419 A) – ist im ›Grégoire‹ und bei Hartmann zu einem Wunder völliger Enthaltsamkeit gesteigert, lediglich etwas Wasser nimmt Gregorius zu sich: der *trôstgeist von Kriste*

---

[2] Ohne Kenntnis einer anderen Literaturgattung (wie der Legende) vorauszusetzen, kann die mhd. Predigt der Zeit den Verständnishintergrund für die Hörerschaft abgeben, der es ihr ermöglichte, den Aussagen Hartmanns den richtigen Stellenwert zuzuerkennen. Meine Argumentation unterscheidet sich von der DITTMANNS (1966 S. 188) darin, daß dieser Anregungen aus der deutschen Predigt für H a r t m a n n annahm, während ich das, was in den Musterpredigten steht, auch als Vorwissen der Z u h ö r e r ansetzen möchte.

hält ihn am Leben (v. 3119) wie Bernhard: *pascebatque eum contemplatio summi boni; nec jam multo terreni cibi desiderio aestuabat, quem divinae contemplationis dulcedo assidue satiabat* (1384 C). Wasser, Gregors einzige Nahrung, ist auch sonst das Getränk der Eremiten (GOUGAUD S. 30). Vollständige Einsamkeit auf der Insel, die Ankettung durch die *îsenhalten* und das Nahrungswunder bedingen einander. Gregor konnte auf dem wilden Stein weder vom Bettel leben noch Waldesfrüchte und Kräuter finden wie Bernhard (1384) und Trevrizent (›Parzival‹ 485,21 ff.), er konnte keine Fische im See fangen, wie es von anderen Inseleremiten berichtet wird (L. GNÄDINGER 1972 I S. 166), und seine Nahrung auch nicht in Eigenproduktion gewinnen und wie viele Einsiedler ein Gärtchen anlegen – das hätte, wie auf dem Bild im ›Hortus deliciarum‹ dargestellt, die Vollkommenheit der Askese gefährdet. Gregor besteigt die höchste Sprosse, ihn hält kein Zwang zur Nahrungssuche oder -produktion davon ab. So ist der völlige Verzicht auf Speise nur die für eine extreme Askese fast notwendige Steigerung einer typisch eremitischen Tendenz.

Selbst die Verdächtigungen und die schlechte Behandlung von seiten des Fischers gehören in den Kontext dieser Lebensform. Mußten die Eremiten des 11./12. Jahrhunderts schon den Spott und den Tadel der Amtskirche ertragen (vgl. Gerlach, auch die Figur Heimerads, der, häufig verprügelt, die Unbill um Gottes willen leidet, GRUNDMANN 1963 S. 78), so bringt Gregors Aussehen und Auftreten ihn ganz deutlich in die Nähe der falschen Eremiten, *qui vagando discurrunt*, wie sie in einem Gedicht des Paganus Bolotinus (hg. LECLERCQ) angegriffen werden: *parasitum res probat istum, non heremitum* (v. 48), *arte maligna decipiendo simpliciores* (v. 51), *esse nefandi criminis actor, nun reveretur*, und die *simplices* bemerken über dem weißen Gewand, der *exteriora simplicitas*, nicht die *interior impietas* (v. 91–96). Die Hingabe an Tafelfreuden, im Gegensatz zu scheinheilig vorgetäuschter Askese, gehört weiterhin zu den Vorwürfen Bolotins (v. 83–90). Genauso beschuldigt der Fischer Gregor, ein *starker trügenære* (v. 2787, 2902) und *vrâz* (v. 2790) zu sein, der des Raubmordes fähig ist (v. 2793 ff.); die *umbevart* (v. 2806) wird ihm ebenso vorgehalten wie den *falsis hermitis* ihr *vagando discurrere*. Wenn die Kritik des lateinischen Autors auch deutlich vom traditionellen Mönchtum herkommt, so zeigt sie dennoch, daß die Vorwürfe des Fischers und damit die Verkennung der wahren Gesinnung des Büßers zum Bild dieser Lebensform zählen.

Es scheint deutlich, daß der *guote sündære* ganz bewußt nach der Lebensform greift, die ihn in seiner Situation allein aus der Hölle herauszuführen vermag, da sie den höchsten Preis darstellt, den ein Mensch bezahlen kann. Dafür spricht die Zuversicht – *wir suln ez bringen dar zuo / daz uns noch got gelîche / gesamene in sînem rîche* (v. 2740 ff.) sagt er zu seiner Mutter – und die Unbeirrbarkeit, mit der er diesen Ordo vivendi anstrebt. Er schwankt nicht einen Augenblick, wie er zu verwirklichen ist: Verzicht auf Besitz, auf *werltlîchen muot* (v. 2746), Anlegen des Büßergewands (v. 2750), Suche nach der Einsamkeit. Wie Erec die Aventiure Joie de la curt als *wunschspil* (v. 8530) mit Freuden ergreift, als die für ihn bestimmte Form der völligen Rehabilitation, so geht auch Gregor *spilnde* (v. 2760) und *mit lachendem muote* (v. 2946, 2815) den Weg seiner Buße.

Motivation und Schuld

Die aufgewiesenen Entsprechungen sind recht eindeutig, sie erlauben, weitere Einzelzüge von Gregors Bußfahrt und -leben mit Hilfe des Modells der Vita eremitica zu deuten.

Da ist vor allem die in der Forschung besonders umstrittene Frage der Motivation. Die historischen Einsiedler wählen die Vita poenitentiae nicht als vom kanonischen Recht erzwungene Bußleistung, sondern nehmen Askese und Einsamkeit freiwillig auf sich. Auch von Gregor sagt Hartmann, daß er aus freiem Entschluß, *mit willigem muote* (v. 2754) ins Exil geht, und seiner Umgebung muß – wie beim anscheinend unmotivierten Aufbruch Erecs (v. 3061 ff.) – das Motiv für sein Verschwinden völlig undurchsichtig gewesen sein. Nicht nur seiner Umgebung, auch den modernen Interpreten von Hartmanns Erzählung. E. GÖSSMANN hat in ihrem Forschungsbericht die Arbeiten zur Schuldfrage Revue passieren lassen, so daß eine vollständige Auseinandersetzung sich an dieser Stelle erübrigt, die beiden Hauptpositionen sollen jedoch ausführlicher diskutiert werden.

Das Problem ist klar: der Mutter-Sohn-Inzest ist als ungewollte Sünde theologisch betrachtet keine Schuld, SCHÖNBACH hat das mit entsprechenden zeitgenössischen Belegen erhärtet (S. 100 ff.). Die Interpreten haben also die Schuld in anderen Handlungen Gregors gesucht, vornehmlich in der angeblichen Weigerung der stellvertretenden Buße für den Inzest der Eltern (G. SCHIEB, KUHN 1953, H. NOBEL, WAPNEWSKI 1961) oder in der Entscheidung des Helden, das Kloster trotz der geistlichen Ratschläge des Abtes zu verlassen (BEATTY MAC LEAN, BOESCH 1951/52, MAURER 1961, WILLSON 1970, WOLF 1962).

Verweigerter Sühneauftrag?

Zur ersten Konstruktion hat KING auf die ambivalente Formulierung der Tafel hingewiesen; zu seiner literaturpsychologischen Argumentation, Gregorius habe die theologischen Implikationen seiner Situation nicht kennen können, ist jedoch zu sagen, daß er nach Hartmanns Aussage ein *edel lêgiste* (v. 1196) – ein ausgebildeter Kirchenrechtler war, der von der Mutter nach der Entdeckung des Inzests auch entsprechend konsultiert wird (v. 2685 ff.). (Daß Hartmann damit andeuten wollte, Gregor habe seiner Frau mehr über seine Herkunft erzählt, als aus dem Dialog v. 2552 ff. hervorgeht, ist nicht auszunehmen.) Wenn man schon Figurenpsychologie betreiben will, kann man doch nur sagen: Gregor mußte genau wissen, daß er im kanonistischen Sinne keine Schuld auf sich geladen hatte – genauer als Hartmanns Publikum, das sicherlich nicht *von lêgibus* gelesen hatte. Der theologisch-rechtliche Sachverhalt scheint also auch von der immanenten Psychologie her für die Bußleistung Gregors irrelevant zu sein.

In diesen Zusammenhang gehört das Problem, ob an Gregor die Sünden seiner Eltern wieder aufleben. Der Bruder-Schwester-Inzest ist von Hartmann eindeutig als *sünde* qualifiziert, die Belege dafür hat SEIGFRIED S. 167 f. zusammengestellt. Ebenso klar ist für Autor und Publikum[3], daß das Kind der Sünde selbst nicht die Schuld der Eltern trägt: *»ouch ist uns ofte vor geseit / daz ein kint niene treit / sînes vater schulde. / ja ensol ez gotes hulde / niht dâmite hân verlorn, / ob wir zer helle sîn geborn, / wandez an unser missetât / deheiner slahte schulde hât«* (v. 475–482). Die Tafelinschrift verpflichtet Gregor, wie KING gezeigt hat, nicht zur Buße, sie ist eher als Ratschlag und Bitte zu verstehen. Außerdem wird gar kein konkreter Auftrag für eine bestimmte Art der Buße gegeben, es heißt vielmehr recht vage: *sô buozte er zaller stunde / durch sîner triuwen rât / sînes vater missetât* (v. 756 ff.). *buoze* und *rât* stehen häufig in Doppelformel zusammen (BMZ II, 563b) mit dem Sinn »Hilfe, Abhilfe, Besserung«, mit *triuwe* ist »treues Gedenken« gemeint, wie aus der folgenden Zeile hervorgeht *und daz er ouch der gedæhte / diu in zer werlde bræhte* (v. 759 f.): das *ouch* parallelisiert die Inhalte von *sîner triuwen rât* und *gedæhte,* so daß man übersetzen kann: »... dann würde er jederzeit Genugtuung leisten für seines Vaters Sünde durch treues Gedenken und dächte auch an die, die ihn geboren hat.« Diese Genugtuung durch treues Gedenken leistet Gregorius jedoch: *unsern herren got bater / in beiden umbe hulde* (v. 2288 f.) – *er hete genomen ze sîner klage / ie ein zît in dem tage / die er ouch niemer versaz* (v. 2301 ff.). Es kann also nicht die Rede davon sein, daß er den Sühneauftrag der Mutter nicht erfüllt – gerade diese Erfüllung führt ja zur Entdeckung seiner Abkunft und damit zur Erkenntnis des Inzests, sie ist ein Markstein auf Gregors persönlichem Weg zum Heil.

Die Lehre vom Wiederaufleben der Sünden der Eltern bei den Kindern, die die Kinder dann auch zur Buße für die Elternsünden verpflichtet – LANDGRAF hat IV,1 S. 155 ff. darüber gehandelt –, kann auf Gregor nicht zutreffen. Die Nachahmung der Elternsünde setzt eine Entscheidung zur Sünde beim Kind voraus, Gregorius aber ist subjektiv frei von Schuld, er *erkande niht der schulde* (v. 2290), so daß von einer Imitatio peccati nicht gesprochen werden kann. Man müßte dann schon die Sünde der Eltern ihrerseits nicht im Inzest, sondern in einer sündhaften Grundeinstellung – etwa der Praesumptio – sehen, die dann von Gregor wiederholt würde. Für beides bietet

---

[3] Die von CORMEAU 1966 zusammengetragenen Ansichten zu dem theologischen Problem, dessen Lösung in der wissenschaftlichen Theologie der Zeit keineswegs einhellig ist, besagen, wie CORMEAU selbst formuliert, »keinen Einfluß auf die Erzählung« (S. 109).

jedoch, wie die Untersuchung von SEIGFRIED gezeigt hat, der Text keine Handhabe, und mit derartig subtilen Unterscheidungen hätte Hartmann sein Publikum gewiß überfordert.

Gebrochene Gelübde?

Die Frage der Schuldhaftigkeit des Klosteraustritts hat GOEBEL 1974 wieder aufgegriffen mit der Erörterung des Oblationsproblems. GOEBEL neigt hier, in Unkenntnis der Arbeit von DEROUX, der strengeren Auffassung zu (S. 52 ff.).

Die Frage der Rechtsverbindlichkeit der Oblation ist im 12. Jahrhundert umstritten. Während die frühere Lehre von der Bindung an die Oblation selbst bei Ablehnung durch den Oblaten ausging – man denke nur an den Hraban-Gottschalk-Streit –, kommt gegen Ende des 12. Jahrhunderts die Meinung auf, daß ein von den Eltern dargebrachtes Kind die Oblation bestätigen oder in die Welt zurückkehren kann. Schon im 11. Jahrhundert wendet sich Udalrich von Cluny gegen die Oblation, da sie Ursache des monastischen Zerfalls sei (PL 149, 636 f.); er fragt, ob nicht *major est numerus et auctoritas major illorum qui non aetate lasciva, nec imperio parentum, sed sponte sua, et majoris aetatis, solo Christo imperante, ad ejus se obsequium rebus saeculi abdicatis contulerunt.* Hildegard von Bingen warnt davor, Kinder ohne Vorbehalt bei den Gelübden ins Kloster zu geben (PL 197, 500 f.): im verständigen Alter sollen sie selber entscheiden. So äußert sich Clemens III. (1187–1191): *Respondemus quod si dictus puer ad annos discretionis pervenerit et habitum retinere noluerit monachalem, et ad hoc ipsum induci nequiverit, non est ullatenus compellendus, quia tunc liberum sibi erit eum dimittere et bona paterna quae ipsi ex successione proveniunt postulare* (zit. nach DEROUX S. 36), einen ähnlichen Standpunkt nimmt Innozenz III. (1198–1216) ein: das Kind hat zum Zeitpunkt der *aetas perfecti rationis* das Recht, das Kloster zu verlassen (ebd.). Genau in diesem Alter aber ist Gregorius, als er aus dem Kloster austritt.

Obwohl nicht zu entscheiden ist, ob Hartmann und seinem Publikum die Rechtsfragen in Einzelheiten bekannt waren, hat es doch zu dieser Zeit immer wieder Klosteraustritte gegeben, wenn z. B. der älteste Sohn einer Familie ohne Erben starb und der nachgeborene im Kloster war. Ähnlich wechselte ja auch Philipp von Schwaben den Ordo, als er von Kaiser Heinrich nach dem Tode des ältesten Bruders an den Hof gezogen wurde.

Arnold von Lübeck erwähnt in der Slawenchronik V, c. 7 (S. 155) den Fall des dritten Sohnes des Grafen Bernhard von Ratzeburg, der Kleriker geworden war. Als seine beiden älteren Brüder starben *relicto clericatu, dispensatorie tamen, miles factus, uxorem duxit* – ein offensichtlich nicht völlig ungewöhnlicher Fall, der anders zu beurteilen war als folgendes Ereignis: Die ›Annales

Palidenses‹ berichten zum Jahre 1150 (S. 85,3 ff.) von einem Jüngling namens *Adelbert de Suevia natus, qui litteris eruditus diaconus factus erat.* Da ihn seine Brüder bei der Erbteilung ausschlossen *post tres annos sumtis armis strenue militavit.* Als er jedoch bei einer Burgbelagerung in eine lebensgefährliche Situation kommt, denkt er an seine Verfehlung: *vovens ... si ... ex his angustiis evadere et convalescere praestaret* (sc. *Maria*), *ad omissa sine dilatione rediret.* Er wird gerettet, kehrt ins Kloster zurück: *sicque quam diu vixit studiose domino Jesu Christi servivit.* Die Korrektur seiner Entscheidung macht deutlich, daß sein Motiv für den Klosteraustritt nicht stichhaltig war, anders als bei dem Sohn Bernhards von Ratzeburg.

Grundsätzlich war die Entscheidung zum geistlichen Leben revidierbar: wenn sie nicht in Selbstverantwortlichkeit gefällt war oder wenn eine höhere politische Notwendigkeit dazu zwang. Daß es neben einer derartigen pragmatischen Einstellung immer auch strikten Legalismus gegeben hat, sei nicht bestritten, jedoch macht die Existenz der freieren Handhabung eine bedingungslos legalistische Auffassung von seiten der Zuhörerschaft Hartmanns unwahrscheinlich. Das Problem der Rechtsverbindlichkeit der Oblation war also eines, das den Adel anging, und man wird dem Publikum doch eher Parteinahme für Gregor als für den Abt zusprechen. Hartmann jedenfalls enthält sich einer Wertung. Die angesprochenen Prioritäten – *»ritterschaft daz ist ein leben, / der im die mâze kan gegeben, / sô enmac nieman baz genesen«* (v. 1531 ff.), bzw. *»swer sich von phaffen bilde / gote machet wilde / unde ritterschaft begât, / der muoz mit maniger missetât / verwürken sêle unde lîp«* (v. 1517 ff.) – sind Figuren-, nicht Autorenrede, sie stehen im Zusammenhang eines Streitgesprächs (DITTMANN 1966 S. 226), in dem jede Seite ihre Argumente auffährt, ohne daß der Autor selber Stellung bezieht. Daran ändert auch WOLFFS Feststellung (1967 S. 99) nichts, daß v. 1515 ff. von Hartmann gegenüber der Quelle eingefügt sind. Hartmann stärkt hier lediglich die Argumentation der einen Seite. HARMS sieht Gregor *in bivio* (S. 35), so versteht es auch Arnold von Lübeck, der hier das klare Stichwort vom *Pythagore ... bivium* (II, 615) gibt. Aber die scharfe Alternative zwischen dem rechten (*dextere*) und dem falschen (*sinistrum*) Weg ist die des Abts, nicht des Autors – HARMS spricht von einer gradualistischen Unterordnung des Ritterlebens (S. 37 A. 14). Die im Rahmen des Werkes ungewöhnliche Ausdehnung des Gesprächs (423 vv. von 4006 insgesamt) erklärt sich weniger aus der Bedeutung in der Erzählung – so als ob hier die Würfel für den Inzest fielen – als einmal aus der gewählten Form der Diskussion, in der jede Seite ihre Argumente ausbreiten muß, und dann daraus, daß die Wahl zwischen weltlichem und geistlichem Leben ein Problem des Hörerkreises war – wahrscheinlich waren auch Geistliche darunter, sicher aber hatten die Zuhörer nahe

Verwandte, die den geistlichen Stand gewählt hatten oder in ihn kommandiert worden waren. Der Abt gibt sich ja schließlich geschlagen und wünscht Gregor Gottes Segen: *»got gebe daz dir wol ergê / und gebe dir durch sîne kraft / heil ze dîner ritterschaft«* (v. 1637 ff.). Man kann dem Text nicht entnehmen, daß Hartmann sich mit der Rede des Abts identifiziert, und außer in den Worten des Klostermannes wird auch nirgends davon gesprochen, Gregors Aufbruch in die Welt könnte schuldhaft sein. Der Hinweis auf die tägliche Sünde (v. 1789) ist im Munde des Geistlichen kein Indiz dafür und konnte auch nicht als solches verstanden werden: die Vorstellung, daß jeder Mensch täglich sündigt, war Allgemeingut der Zeit. GOEBEL meint, die strengere Auffassung, also die des Abtes, entspreche dem strengeren Standpunkt der Legende (1974 S. 62) – das ist jedoch ein Zirkelschluß, denn Gregor wird gerade nicht *sêle unde lîp* verwirken, sondern durch die *felix culpa* des Inzests den verschlungenen Heilsweg gehen.

Zu Recht weist KOLIWER darauf hin, daß Gregor das Land seiner Mutter als idealer Herrscher regiert (v. 2263 ff.), und diese Vorbildlichkeit wird vom Erzähler in keiner Weise abgewertet. Zu der Herrschertopik gehört neben den ausdrücklich genannten Tugenden des Rex justus (v. 2557 ff., 2263 ff.) auch die Tatsache, daß er *nâch sîner gewonheit / ze walde birsen gereit* (v. 2471 f.), als die unselige Entdeckung der Tafel erfolgt. Hochwildjagd, Hirschjagd (*birsen*) ist Manifestation seiner herrscherlichen Stellung und Vorrecht des Feudaladels, Mönche durften nicht jagen (LINDNER S. 418 f.). Gregor auf der Jagd – da ist er auf dem Gipfel seiner Vorrechte, von dem er jäh hinabstürzen wird. Denn wenn Hartmann v. 2259 ff. kommentiert: *swaz einem manne mac gegeben / zer werlde ein wünneclîchez leben, / des hâte er gar des wunsches wal: / daz nam einen gæhen val,* so gibt er eine Vorausdeutung und verweist auf die Unsicherheit der menschlichen Verhältnisse, sieht diese jedoch nicht als abhängig von einer früheren persönlichen Schuld Gregors.

KRAMER hat in seiner Untersuchung zu den Erzählerbemerkungen und Erzählerkommentaren im ›Erec‹ und ›Iwein‹ festgestellt, daß die Stellungnahmen des Narrators »nicht der Deutung der zentralen Problematik gelten, sondern situationsbezogen sind« und die »wârheit der Idealität« aufzeigen (S. 182). Vergleichbares ist hier anzunehmen: Gregorius verwirklicht den Typus des vorbildlichen Herrschers, ohne daß Hartmann diese Realisierung ironisierte. Der Hinweis auf den *gæhen val* ist eine Vorausdeutung des omniscienten Erzählers auf den Gang der Handlung.

Der Zuhörer wird die Entscheidung Gregors auch mit dem Vorwissen beurteilen, das ihm der Prolog gegeben hat. Der Held, so ist ihm bekannt, wird in furchtbare Sünde fallen (*vil starc ze hœrenne* v. 53), dann aber Buße tun und gerettet, ja sogar erhöht werden über *al die kristenheit* (v. 143). Der Weg in die Welt kann diese furchtbare Sünde nicht sein, weder vom Bewußtsein des Auditoriums noch von den Wertungen des Autors her. *Vil starc ze hœrenne* ist doch das rechtlich sogar abgesicherte Verlassen des Klosters nicht, außerdem fehlt das im Prolog betonte sofortige Umkehren auf den Weg der Buße. Gregors Weg in die Welt muß für ihn, so paradox es auf den ersten Blick erscheint, *der sælden strâze* sein: *den selben wec geriet ein man* (v. 97). Am Schluß sind er und seine Mutter *zwei ûz erweltiu gotes kint* (v. 3954) – der Erzähler widerlegt den Abt, der diese Erwählung nur im Kloster (1526 f.) gesichert wissen wollte (OHLY 1976 S. 16 f.). Man könnte von der Umkehrung eines verbreiteten hagiographischen Topos sprechen: der junge Heilige besteht seine erste Bewährungsprobe im Widerstand gegen Eltern oder Verwandte, die ihn von der Conversio abbringen wollen (GRAUS S. 468 f.). Nicht zufällig plädiert der Abt ja mit *guot gemach* (v. 1657), Gregor aber mit *urborn umbe guot* (v. 1686), *kumber* (v. 1706), *rehter arebeit* (v. 1715): den Merkmalen des rechten Weges, der zur Seligkeit führt. Der Weg in die Sünde des Inzests ist es nur für den oberflächlichen Betrachter, der die primitive Kausalität sieht, für den Wissenden – und das ist nach dem Prolog auch der Zuhörer – ist es der Weg von Jerusalem nach Jericho, auf dem der Mensch dem Erlöser begegnet.

Der Inzest

Gregor selbst sieht seine Sünde, die ihn auf seinen Bußweg schickt, eindeutig im Inzest mit seiner Mutter, auch die Autoraussagen gehen allein in diese Richtung: daß Gregorius *sîner muoter man* wird, *da ergie des tiuvels wille an* (v. 2245 f.), er betrübt Gott durch die eheliche Verbindung (v. 2294), Gott vergißt *sîner houbetschulde* (v. 3140). Auch das Erzählmodell, das dem Gregorius zugrunde liegt, legt die »Schuld« in den Inzest: »Große Sünde – große Buße – große Gnade: das ist der immanente theologische Sinn der Geschichte« (RUH 1967 S. 109). Das Modell liegt vor in den Geschichten von den Sünder-Heiligen: Hartmann selber gibt das Stichwort mit dem *guoten sündære*; DORN hat in seiner Monographie die Konstituenten dieses Typs herausgearbeitet.

Dem Mittelalter ist es eine vertraute Tatsache, daß auch Heilige sündigen. Ja, mit David, Maria Magdalena und Paulus gibt die Schrift selbst Beispiele für die bekehrten Sünder, die dann Heilige werden – in diesem Sinn nennt Arnold von Lübeck im ›Gregorius Peccator‹ den Völkerapostel: *Admirabile dico miseracione et misericordia qui sepe ipsos quos ad vitam predestinavit. inmensis sceleribus inplicari permittit. vt inpleatur illud apostoli. ubi habundauit peccatum. superhabundauit et gracia. Ipse enim hoc in tempore omnipotenciam suam parcendo maxime et miserando manifestat. vt seductor malignus qui se credit circumuenire. circumueniatur* (S. 1). Gerade die große Sünde ist Anlaß für die radikale Conversio, den kompromißlosen Bußweg. Dabei setzt die Ignorantia nicht das Maß der Buße herab – sie ist lediglich Trost in der Versuchung zur Desperatio und Grundlage für die Hoffnung (DORN S. 125). Der Inzest-Heilige ist nur Sonderfall des Sünder-Heiligen (S. 18), gerade der ungewußte Inzest macht den Gegensatz zwischen gesellschaftlicher Vorbildlichkeit und subjektiver Unschuld einerseits und der Macht des Teufels über den Menschen und sein Angewiesensein auf die Gnade Gottes andererseits überaus deutlich. Der Unterschied zwischen wissentlich und unwissentlich begangener Sünde ist für das Erzählmodell irrelevant: ausschlaggebend ist die Beteiligung am Geschehen, nicht das Wissen. Die Frage nach moralischer Verfallenheit, nach persönlich anrechenbarer Schuld im theologischen Sinne stellt sich in der Conversio-Legende nicht; die Größe des objektiven Vergehens ist wichtig, weil nur *bercswaere schulde* (v. 153) den Beweis erbringen, daß Gottes Gnade *superabundans* ist.

Während in der älteren kirchlichen Lehre bis in das 11. Jahrhundert hinein die Erfolgshaftung gilt – »die Tat tötet den Mann« (TRUSEN S. 85) – und »ausdrücklich die Begehung gesetzwidriger Tatbestände als solche mit Buße belegt werden« (ebd.), kommt es in der zweiten Hälfte des Jahrhunderts zu einer Neuorientierung. Jetzt muß der Beichtvater die Circumstantiae erforschen, um die Schwere der Sündenschuld zu beurteilen, nach der die Buße bemessen wird. Nicht mehr ein fester Katalog von Bußtarifen, der quasi mechanisch in Anwendung gebracht wird, ist dem Konfessor zur Hand, sondern eine ›Summa Confessorum‹, die den Beichtvater mit »den vielfältigen Möglichkeiten einer Verletzung des Sittengesetzes und der Rechtsordnung vertraut« macht (S. 87). Eine daraus resultierende »Individualisierung der Buße« (S. 88) wird um 1200 von Robert de Sancto Paterno in seinem ›Liber poenitentialis‹ so formuliert: *Omnes penitentie arbitrarie sunt; ad arbitrium sacerdotis secundum signa exteriora penitentis, et secundum potentiam corporalium virium et facultates rerum ipsius, et qualitatem et quantitatem peccati maioris vel minoris imponende* (S. 88). Die *buoche* konnten Gregor nicht helfen, als *lêgiste* mußte er wissen, daß die *qualitas peccati* ihn von der Sünde freisprach.

Nicht »nach der anschauung des volkes« (SCHÖNBACH S. 102) oder nach alten theologischen Vorstellungen verhält sich Gregor, sondern gemäß einer durch den Inzest gewonnenen Erkenntnis – ganz ähnlich wie der Arme Heinrich bei der Opferung des Mädchens. So betrachtet ist das Problem der persönlichen Schuld Gregors für den Sinn der Erzählung ohne Belang, und die Frage danach kann keine befriedigende Antwort finden, weil sie falsch gestellt ist. Die Erfahrung über das Ausmaß, in dem Gregor und seine Mutter teilhaben an der menschlichen Sündenverfallenheit, könnte allerdings zum *zwîvel* führen; der Versuchung zur Desperatio (deren Urbild, Judas, v. 2623 genannt wird) geben jedoch weder Gregor noch seine Mutter nach – nur der *zwîvel* kann, wie Hartmann im Prolog darlegt (v. 64 ff.), die Gnade verhindern –, sondern beide wählen die Buße, wobei die Gregors sogar den kirchlichen Vorschriften in gesteigerter Form entspricht.

Die Annahme der von Gott zugelassenen Sünde – das Wirken des Teufels ist von Gott *verhenget* (v. 335) – läßt Gregorius und seine Mutter erst zu ihrem wahren Heil finden; die aus den Fugen geratene Welt wird durch die Buße wieder ins Lot gebracht. Es geht nicht so sehr darum (wie CORMEAU interpretiert), daß Gregor die ungewollte Schuld in der Buße zu seiner eigenen macht, sondern er nimmt den ihm von Gott verhängten Anteil an der Sündhaftigkeit der Menschheit insgesamt auf sich – das ist freilich Imitatio Christi, wenn auch nicht in dem weitgehenden Sinn, wie TSCHIRCH es in seinen beiden Arbeiten von 1964 behauptet hat. Gregor ist nicht Imago Christi – das schlösse, worauf E. GÖSSMANN S. 58 hinweist, persönliche Sünde aus –, sondern Imitator Christi in der Übernahme einer Buße, die die Sündenverfallenheit der ganzen Menschheit zur Voraussetzung hat. Dieser das Subjekt transzendierende Aspekt macht die Beispielhaftigkeit des Helden aus, daß *der sündige man* – und das ist jeder Mensch – an ihm *bilde nemen sol* (v. 3983 f.). Wenn – nach den Worten RUHS 1971 (S. 326 f.) – die Figuren Hartmanns »immer bereit (sind), sich Schuld zuzusprechen, die weit über das hinausgeht, was allenfalls gesellschaftlich oder moraltheologisch als Schuld zu fixieren wäre«, so hat diese Bereitschaft ihren Grund in der Erkenntnis, daß die Welt- und Heilsordnung nur in der Bejahung und Überwindung der Sündenmacht in der Welt durch persönliche Übernahme des von Gott geschickten Verhängnisses wieder hergestellt werden kann. John Donne hat das so formuliert (Ernest Hemingway – und jetzt Simmel – haben Motto und Titel eines Romans daraus gemacht): *No man is an Island, every man is a peece of the Continent a part of the maine ... And therefore never send to know for whom the bell tolls; It tolls for thee.*

omnes peccatores

Der Blick auf die Umstände, die zur Wahl der eremitischen Lebensform bei den geschichtlich bezeugten Anachoreten geführt haben, bestätigt das am Erzählmodell gewonnene Ergebnis von Gregors Übernahme einer Verantwortung, die ihn eigentlich nicht trifft. Bei den Konversionen, wie sie in den Viten geschildert werden, ergeben sich keine Anhaltspunkte für strafbare Verbrechen oder kanonisch fixierbare Verfehlungen, die zum Verlassen der Welt führen. Die Gründe sind zumeist derart, daß sie sich einer genauen Erfassung durch die Umwelt entziehen: Eine teuflische Erscheinung bei Wilhelm Firmat, Simonie bei einer Bischofswahl – gewiß etwas Alltägliches – im Falle Roberts, eine blutige Schlacht, ein bestürzendes Erlebnis in der Familie, etwa der Tod eines nahen Menschen, wie bei Gerlach und Kiot (im ›Titurel‹, Str. 22) oder schwere Krankheit wie bei Trevrizent (›Parzival‹ 480,11), vielleicht auch Einflüsse eines frommen Elternhauses – oft genug aber nichts Greifbares (GÉNICOT S. 51). Der offenkundige scheinbare Widerspruch, daß ein nach kirchlicher Lehre nicht sündhaftes Verhalten von den Beteiligten als *bercswære schulde* (v. 153) erfahren und als Ausgangspunkt für entsprechende Handlungen genommen wird – obwohl Gregorius als studierter Kanonist es hätte besser wissen müssen –, diese Diskrepanz ist Bestandteil der Lebensform der Vita poenitentiae. Nicht um kanonisch dingfest zu machende Schuld geht es, sondern um die Einsicht in die eigene Sündhaftigkeit und Niedrigkeit, in den Schein- und Trugcharakter der Welt, die nicht *nâch liebe und nâch guote* (v. 2618) die Wünsche erfüllt, sondern den Menschen *in leides gebote* (v. 2607) versetzt. Entscheidend ist die subjektive Erfahrung der *vil bitter süeze* (v. 79), des *gemeinlîchen weges* (v. 81), der *ûf den êwigen tôt* (v. 86) führt. Eine existentielle Grenzsituation – hier ist es die Erkenntnis, daß bei allem Streben *durch got* nach den Tugenden eines Rex justus (v. 2263) die *schulde ûf sîn selbes rücke* liegt (v. 2290 f.), in gräßlicher Überbietung dessen, was er jeden Tag auf der Tafel liest – führt zur Einsicht in die Unsicherheit menschlichen Heilsstrebens und zur Annahme der Lebensweise, die unter den sanktionierten Ordines den höchsten Grad der Selbstheiligung verspricht. Für diese Einsicht ist die rechtliche Beurteilung einer bestimmten Sünde nebensächlich, jeder Mensch hat eigentlich *houbethafter missetât / vil lîhte manige* (v. 67 f.). Gerade weil Gregor für den Inzest nicht direkt verantwortlich ist, kann er zum Sinnbild des Menschen werden, der notwendig der Sünde selbst bei bestem Willen ausgesetzt ist – denn Gott hat dem Teufel erlaubt, *daz er sô manigen grôzen spot / vrumet über sîn hantgetât* (v. 335 f.). So kann sich der Zuhörer mit Gregorius in Hinsicht auf die Sündenverfallenheit identifizieren, das Schuldlos-schuldig-Sein des Helden ermöglicht es. Die wiederholten Hinweise auf die Macht des Teufels entlasten in den Augen des Publikums nicht nur ihn selbst, sondern auch Vater und Mutter, wie es ähnlich in der Chronik des Petrus Malleacensis entschuldigend über den Ehebruch des Grafen Wilhelm von Aquitanien heißt: *cum ecce hostis teterrimus humani generis diabolus fomenta odij inserit utriusque conjugis pectoribus* (S. 225).

Das Schuldproblem ist im ›Gregorius‹ auf einer vordergründigen Ebene klar – es liegt im Inzest –, auf einer hintergründigen kein Problem: *omnes peccatores*. Eine Formel wie »existentielle Schuld« oder »Daseinsschuld« (Ruh 1971 S. 326) wäre hierfür zu modern – Schuld liegt nicht in der Existenz des Menschen, sondern Mensch und Welt sind so beschaffen, daß er nicht sündenfrei leben kann. Tonomura sagt (S. 12), die Gestalt Gregors vereinige »alle Menschen, die Sünder sind« – das heißt aber: alle Menschen überhaupt. *buoze* und *riuwe* tut allen not (v. 78, 3987 f.), dem Sünder Hartmann, der, wie er im Prolog sagt, durch Dichtungen *nâch der werlde lône* (v. 4) gesündigt hat, ebenso wie dem inzestuösen *guoten sündære* und – jedem Zuhörer.

Die Erwählung

Ein potentieller Teil der Vita eremitica ist ihr transitorischer Charakter. Nicht alle Anachoreten bleiben in der Einsamkeit, nach einer gewissen Bußzeit kehren sie in eine völlig neue Vita activa, sozusagen *post contemplationem* (vgl. oben S. 51) zurück. Das kann die Wanderpredigt sein, die Leitung eines Klosters oder einer Diözese. Hier ist es, parallel zur höchsten Steigerung der Buße, auch das höchste Amt, das Papsttum. Siebzehn Jahre Buße – wohl aus der Alexiuslegende übernommen und in Anlehnung an das Jus talionis siebzehn Jahren in der Welt entsprechend – bewirken, daß Gregor *ze gote in hôhem werde* und *ze himele vil genæme* (v. 3420/22) ist. Wenn die Einsetzung in das Papstamt hier einen Laien trifft und ohne Weihen erfolgt, so ist darin kein antiorthodoxer Reflex zu sehen.

Es wäre vermutlich verfehlt, wollte man ein charismatisch-volkstümliches Eremitentum einem autoritär-dogmatischen Hierarchismus der Amtskirche gegenüberstellen (vgl. Delaruelle S. 239), wie es bestimmte Eremitenfiguren der Literatur nahelegen, z. B. Walthers *klôsenære* (9,37; 10,32), wohl kaum Trevrizent, dann aber in der altfranzösischen Literatur die Einsiedler in der ›Queste‹ aus dem Prosa-Lancelot-Zyklus, den ›Prophecies de Merlin‹ und dem ›Perceforest‹ (Kennedy S. 76 ff.). Viele Eremiten wurden durch bischöfliche oder sogar päpstliche Autorität gedeckt, Gerlach und Wilhelm von Malavalle sind nur einige von ihnen. Gewiß hat es Kontroversen vor allem mit den traditionellen Orden gegeben, und die kompromißlose Art der Christusnachfolge mochte beim Volk gelegentlich nicht ohne Vergleich zuungunsten der Hierarchie bemerkt worden sein – so macht Walther in seinem Reichstonspruch den *klôsenære* zum Sprecher der *kristenheit* gegen die Amtskirche –, aber Hartmann hat gewiß kein solches Programm. Jeder antihierarchische Affekt fehlt.

Auch Hartmanns Bußtheologie, die sich, wie Dittmann (1966 S. 182 f.) gezeigt hat, keinesfalls auf der Höhe der theologischen Diskussion seiner Zeit bewegt, ist kaum als Reflex eines Widerstandes (ebd. S. 182) gegen die neue Beichtform mit dem Bekenntnis der Sünden vor einem Priester zu deuten, schon Cormeau hat dazu gefragt, was Gregor denn hätte beichten sollen, da er ja eine Sünde im Sinn der kirchlichen Gesetzgebung gar nicht begangen hatte (1966 S. 72). Die Prologverse *daz ist diu wâre triuwe / die er ze got solde hân: / buoze nâch bîhte bestân* (v. 76–78) empfehlen dem Zuhörer den »normalen« Weg der Rekonziliation, den Hartmann kannte (auch die Mutter beichtet ja schließlich ihrem päpstlichen Sohn, um sich von der höchsten kirchlichen Instanz die Vergebung zusichern zu lassen), der aber nicht der Weg des Gregorius ist: der Held der Erzählung sprengt durch seinen Entschluß zur Vita eremitica das Normalmaß kirchlicher Vorschriften, ganz wie die Asketen, die für ihren Rigorismus keine Ordensregel streng genug fanden.

Die Papsterhebung Gregors zeigt nicht nur die Annahme der Buße durch Gott und die Erhöhung an, sondern versteht sich aus dem eremitischen Modell auch als Vollendung der Vita contemplativa durch den Übertritt aus dem Ordo continentium in den Ordo rectorum: die Nachfolge Christi vollendet sich im geistlichen Wirken für andere, für die gesamte Christenheit. Im Sinne des »doppelten Kursus«, den Hartmann aus dem Artusroman übernimmt[4], erreicht Gregor als Papst auf der höheren Ebene ein entsprechendes Ziel wie im ersten Zyklus: statt des Rex justus ist er jetzt der Pontifex justus. Der kann er sein

---

[4] Goebel hat 1974 darauf hingewiesen, ohne jedoch die Parallele zum Roman zu ziehen.

aufgrund seines Bußweges: was von ihm gesagt wird – *diemüte in gewalte* für die Armen, *mit rehte neigen / die wider dem rehten sint, ... dem sündære / ringen sîne swære* (v. 3798 ff.) – das erinnert an den Bericht Baldrichs über Robert von Arbrissel: *poenitentibus lenis, austerus vitiosis, lugentibus blandus et facilis, virga irreverentium, baculus senum et vacillantium, pectore gemebundus, oculo madidus, consilio serenus* (1053 A). Die Nachfolge Petri ist eine im Modell angelegte Konsequenz der Vita, denn ungeachtet der höchsten Heilssicherheit, die das Eremitentum gewährleistet, besitzt doch das apostolische Amt die höchste Dignitas. Als 1072 Erzbischof Siegfried von Mainz sich nach Cluny zurückziehen will, beschwören ihn Geistlichkeit und Volk mit diesen Argumenten, im Amt zu bleiben: *Omnis ordo, omnis dignitas, omnis professio apostolicae subditur dignitati. Nec quicquam est in mundo eminentius vel vicinius Deo vita episcopali; cui cedit ut minor omnis monachus vel reclusus omnis cenobita vel heremita* (Schmeidler S. 48 A. 3).

Die Vita eremitica mit ihrer Spitzenstellung in Bezug auf die Perfectio ermöglicht die Einsetzung in das Papstamt ohne die vorherigen Weihen – hier hatte die gregorianische Reform den Boden bereitet. Die Vollkommenheit der Lebensführung war ihr wichtiger als das formale Motiv der Ordination, indem die Sakramentenspendung durch simonistische und nikolaitische Priester teilweise als ungültig angesehen wurde (Prosdocimi S. 64). So konnte es zu folgender Bestimmung im ›Decretum Gratiani‹ kommen (dist. 61, ante c. 9): *Cum ergo quilibet laicus merito suae perfectionis clericalem vitam transcendit, exemplo B. Nicolai et Severi et Ambrosii, eius electio* (sc. *in episcopum*) *potest rata haberi.* Diese Möglichkeit, daß ein Laie wie die genannten Heiligen direkt Bischof werden konnte, steht wohl als reale Wirklichkeit hinter dem Schluß der Gregoriusgeschichte.

Daß die errungene Perfectio des Eremiten schon in diesem Leben anerkannt wird, zeigt sich in der Literatur in seiner traditionellen Funktion des Ratgebers (Trevrizent, Tristanroman, Walther, ›Vie de saint Gile‹), die auch in der historischen Wirklichkeit bezeugt ist (Gunther, Gerlach) und dort – wie im ›Gregorius‹ – mitunter zur institutionalisierten Aktivität eines geistlichen Amts führt.

Das zweimalige – oder, wenn man will, dreimalige – Heraustreten Gregors aus einem Ordo und Übergehen in einen anderen (vom Oblaten zum Ritter, dann zum Eremiten und schließlich zum Papst) ist im 12. Jahrhundert nicht so ungewöhnlich, wie es auf den ersten Blick scheinen mag. Sicherlich galt die Lehre, daß jeder sein Leben in seinem Ordo erfüllen solle, so äußert sich Gerhoh (PL 194, 1302 D), weiterhin sei eine mhd. Predigt zitiert: *in swelicher ordenunge so der mensche ist ... so mach er gotis hůlde vordienen, ist er gůt phaffe, ist er gůt můnich, gut reglere, gut leie* (hg. Schönbach I S. 137,6 ff.). Auch hier hat jedoch die Reform den Boden für eine Grenzüberschreitung bereitet, indem die religiösen Bewegungen des 12. Jahrhunderts die geburtsständischen Determinationen überspielen und ehedem festgelegte Funktionen neu verteilt werden: Laien theologisieren, Mönche predigen, Adlige vertauschen die Rüstung mit dem Büßergewand (CONGAR S. 116). Die Ablösung der streng hierarchischen Gliederung der alten Ordines durch die Organismus-Vorstellung der De-Christo-Capite-Theologie (S. 110, 116), in der jedes Glied von seiner Funktion her definiert ist, begünstigt dies. Die Ordo-Übertritte sind offensichtlich – wie der Blick auf historische Personen gezeigt hat – sozial sanktionierte Verhaltensweisen. Das gilt sowohl für Gregors Klosteraustritt wie für seinen Weg zum Eremitentum und schließlich zum Stuhl Petri. Gerade für Adlige ist ja ein ähnliches Verlassen des geburtsständischen Ordo häufig bezeugt, sei es, weil die Flexibilität, die Verfügung über alternative Ordines, in der Feudalschicht stärker entwickelt war, sei es, weil die Quellen, verständlicherweise adelsorientiert, sie bevorzugen.

Die Mutter: Buße und Schuld

Des weiteren fügt sich auch die Buße der Mutter in den Zusammenhang der Vita poenitentiae. Die Schuld, für die sie büßt, ist ebenso wie bei Gregor selbstverständlich der Inzest. Man hat ihre Sünde in der Heirat sehen wollen, aber dafür gibt Hartmann keine Hinweise. Auch das zeitgenössische Publikum konnte die Heirat nicht als sündhaft verstehen, da die Mutter durch keinerlei Gelübde gebunden war, deren Bruch eine solche Deutung herausgefordert hätte.

Für ein »geistliches Verlöbnis« (GOEBEL 1974 S. 66) gibt der Text keinen Anhaltspunkt; daß sie Christus *zuo ir minne erwelt* hat (v. 871), begründet nicht eine formelle Bindung. Hätte Hartmann hier die Etablierung einer rechtlichen Verpflichtung unter dem Bild eines höfischen Minneverhältnisses beschreiben wollen, so wäre er sicher bei der Heirat darauf rekurriert, da diese dann den Bruch einer solchen Bindung bedeutet hätte. Wenn GOEBEL den Treueschwur der Dido aus Veldekes ›Eneide‹ heranzieht, ist die Parallele schief. Dido hat ein ausdrückliches Gelöbnis abgelegt: *nû wizzet ir wol, deich mînem man / sicheô swûr unde gehiez* (54, 20 ff.), von einem vergleichbaren Schwur kann bei der Herzogin nicht die Rede sein. Außerdem gehört die Situation der bedrängten Landesherrin zum Inventar des Artusromans, nur ihre Bedrohung erlaubt ja dem Helden die ritterliche Tat, mit der er *frouwe unde lant* gewinnt: Iwein erringt Laudine und die Dame von Narison, Parzival Condwiramurs. Die Eheunwilligkeit der Dame ist von der Struktur vorgegeben, hier wird sie mit der Bindung an Christus motiviert. Die Landherren argumentieren einmal politisch (*ob si ein sô rîchez lant / ir dankes âne erben / sus wolde verderben* v. 2212 ff.) und dann religiös: sie erfülle Gottes Gebot besser, wenn sie heirate und Kinder bekäme (v. 2218 f.) – *daz ist daz aller beste leben / daz got der werlde hât gegeben* (v. 2223 f.). Gregors Mutter willigt ein, ohne zu wissen, daß man ihr die Wahl lassen würde – trotz ihres Gefallens an Gregorius kann nicht die Sinnlichkeit Grund für ihre Zustimmung sein, sie will es vielmehr *in gote* tun (v. 2228), im Hinblick auf den Willen Gottes, der *êlich hîrât* der *werlde* als Ordo gegeben hat. Auf ihr angebliches Gelübde wird v. 2206 f. angespielt: *daz si den muot / ir durch got hæte erkorn:* diese Formulierung kann doch nur eine innere Haltung, einen Entschluß, niemals aber eine formelle Verpflichtung bedeuten, dafür hätten andere Termini (*swern, geheizen, geloben*) zur Verfügung gestanden.

Daher ist es nicht gerechtfertigt, die Lebensform der freien Sanktimonialen heranzuziehen: bei den Sanktimonialen waren formelle Gelübde und Weihe üblich, so wird z. B. die Hl. Radegunde von Medardus förmlich geweiht: *manu superposita, consecravit diaconem* (I. Feusi S. 126). Außerdem gehört dieses Institut zur Zeit des ›Grégoire‹ und des ›Gregorius‹ bereits ferner Vergangenheit an, die höchstens noch in Heiligenviten (etwa der Vita Radegundis) lebendig war – in Frankreich gibt es seit der Nationalsynode von Toucy im Jahre 860 keine freien, d. h. nicht in Gemeinschaft lebenden Sanktimonialen mehr.

Der Fall liegt bei dieser Heirat also ganz anders als z. B. bei der Marias von Boulogne, die bereits Äbtissin von Ramsey (Huntingdon) war, als Heinrich II. sie 1160 zur Heirat mit Matthäus, dem Sohne Dietrichs von Elsaß, Graf von Flandern, zwang. Eine solche Ehe war der Kirche (vor allem Thomas Becket) natürlich ein Ärgernis, sie wurde 1170 für ungültig erklärt, Maria trat in das Kloster zu Montreuil ein (Johnen S. 357 f.). Hier liegt ein Bruch der Gelübde, wenn auch unter äußerem Zwang, vor – aber von der Verhängung einer Kirchenstrafe ist noch nicht einmal etwas bekannt.

Die Ratschläge des weisen Mannes nach Aufdeckung des ersten Inzests sprechen nicht von Ehelosigkeit, ebensowenig wie die kirchlichen Bußbücher, die hier – da es sich um eine echte Sünde handelt – relevant sind. Der Corrector Burchardi (hg. Wasserschleben) schreibt c. CV vor: *Fecisti fornicationem cum sorore tua? Si fecisti, X ann. pen. unum ex his i(n) p(ane) e(t) a(qua) pen. debes, et quamdiu vivas, penitentiam agas, et esse sine spe conjugii. Soror autem tua, si consentiens non fuit, penitentia peracta, si se continere non potest, nubat in Domino. Consentiens* ist sie – wenigstens zu Beginn: *âne der guoten danc* (v. 394) – nicht gewesen, Buße hat sie geleistet, die Enthaltsamkeit ist politisch nicht durchführbar, also heiratet sie *in gote.* Die Herzogin handelt in Übereinstimmung mit den kirchlichen Bußvorschriften, und Hartmann kritisiert ihr Verhalten an keiner Stelle. Auch sein Publikum wird, da es keine sprachlichen Hinweise erhielt und die Erfahrung kein Korrektiv der Autoraussagen sein konnte, weil sich die Herzogin konform mit den Anschauungen der Zeit und dem literarisch geprägten Modell verhält, ihre Heirat nicht als Sünde aufgefaßt haben können – es blieb modernen Interpreten vorbehalten, die Kausalität (in dem Sinne, daß die Heirat den Inzest ermöglicht) als Schuld auszudeuten.

Die Bußleistungen der Mutter Gregors sind ebenso freiwillig übernommen wie die ihres Sohnes, sie hat ja mit dem zweiten Inzest ebensowenig eine Sünde im kanonischen Sinn begangen wie er, so daß auch die Ansicht, der zweite Inzest decke die Sünde des ersten wieder auf, keine Stütze findet. Ihre Sühne wird durch politische Notwendigkeit anders gestaltet als seine. Sie ist Landesherrin, – nachdem die blutschänderische Ehe selbstverständlich ungültig ist – legitime Herzogin von Aquitanien, genau wie Eleonore nach der Trennung vom französischen König Herrin ihres Stammlandes blieb und dieses Heinrich mit in die Ehe brachte. Ginge die Herzogin als Rekluse in die Einsamkeit, müßte sie ihr Land ohne legitimen Herrscher zurücklassen und damit Erbfolgestreitigkeiten heraufbeschwören – ähnlich hatte ja schon der weise Ratgeber nach dem ersten Inzest seine Empfehlungen begründet. Weibliche Erbfolge, wie sie von Südfrankreich bis Burgund üblich ist, wird hier in Übereinstimmung mit dem ›Grégoire‹ vorausgesetzt, sie bleibt – im Unterschied zum ›Iwein‹ – trotz der andersgearteten deutschen Verhältnisse unproblematisiert. Aber auch in der Welt, auch im Palast und in der Stadt, ist Buße möglich, auch eine Fürstin kann im Herzen zu den Pauperes Christi gehören.

So argumentiert Robert von Arbrissel in seinem Brief an Gräfin Ermengard und rät ihr, am Hof zu bleiben: *Non sis nimis sollicita de mutatione loci et habitus. In corde Deum habe, sive in civitate, sive in aula, sive in lectu eburneo, sive in veste preciosa, vel in exercitu, vel in judicio, sive in convivio fueris. Dilige, et Deus tecum erit* (Petigny S. 227 f.). *Misericors esto pauperibus omnibus ... Discretionem tene in omnibus, in abstinentia, in jejuniis, in vigiliis, in orationibus. Utere cibo, et potu, et somno, tantum ut possis, sufferre laborem propter utilitatem aliorum, non propter te* (S. 234 f.). Ganz so führt die Mutter des hl. Bernhard mitten in der Welt ein Einsiedlerleben in Nachtwachen, Fasten, Gebet und geschlechtlicher Enthaltsamkeit (Clasen 1970 S. 63 f.). Ermengard bezichtigt sich sogar der Sünde des Inzests, sie war (vielleicht) mit ihrem Mann nach kanonischem Recht zu eng verwandt und strebte deshalb die Lösung der Ehe an. Robert ermahnt sie: *De peccato tuo incestus ... sollicita et anxia ora Deum humiliter et suppliciter ut te liberet ne pereas* (Petigny S. 233), wie Gregors Mutter soll sie jedoch Herzogin bleiben: *sed dico ne intemperanter occidas carnem, quia qui occidit carnem, occidit civem* (S. 235).

Die Vita poenitentiae ist eine Frage der inneren Einstellung, die nicht nur in der Einsamkeit verwirklicht werden kann, aber die gleiche Grunderkenntnis der Eitelkeit der Welt und der Unsicherheit des Menschen zur Voraussetzung hat, die aus Roberts bewegter Zeitklage im gleichen Schreiben hervorgeht. *principes* (*sunt*) *iniqui et raptores, adulteri et incestuosi, populi ignorantes legem Dei. Nullus agit bonum, nullus dicit bonum, omnes contradicunt veritati. Non est veritas, non est misericordia, non est scientia in terra illa. Mendacium et adulterium et homicidium inundaverunt et sanguis sanguinem tetigit* (S. 228). *Princeps incestuosa,* das war sie selbst ohne ihr Wissen gewesen, sie zieht die Konsequenz der Buße, bleibt aber, im Unterschied zu ihrem Sohn, in ihrem Ordo.

Das Verständnis der Verhaltensweise des Helden als Ausprägung einer Lebensform konnte bestimmte, dem heutigen Interpreten nicht unmittelbar einsichtige Motivationen im Hinweis auf die sozial vorgeprägte Forma vivendi verständlich machen und den ›Gregorius‹ damit von der Belastung durch die Überbewertung des Schuldproblems befreien. Es sind jedoch noch weitere Schlußfolgerungen möglich. Bevor ich diese anstelle, will ich jetzt einen Blick auf die literarische Tradition werfen, in der der ›Gregorius‹ steht, d. h. den literarisch geprägten Erwartungshorizont des Publikums zu skizzieren suchen.

12. *nâch der werlde lône*

Die literarischen Erwartungen des Publikums zu erschließen möchte ich vornehmlich mit Hilfe des Prologs unternehmen, denn was dem Auditorium an Dichtung bereits bekannt war, wissen wir aus außerliterarischen Quellen nicht. Der Prolog jedoch, der die Aufgabe hat, zwischen den Vorstellungen der Zuhörerschaft und der Intention des Autors zu vermitteln, bietet die Möglichkeit, eben diese Erwartungen herauszuschälen.

Sündhafte Jugendwerke (v. 1–5)

Obwohl, wie oben ausgeführt, ein eigentlich »literarisches« Bewußtsein des Publikums kaum existieren konnte, waren Hartmanns Zuhörern poetische Werke natürlich bekannt. Er selbst setzt mit den ersten Prologversen eine solche Kenntnis von seinen eigenen Werken und eine entsprechende Erwartung des Publikums voraus: er hat früher *des vil gesprochen ... / daz nâch der werlde lône stât* – seine vorhergehenden Dichtungen trachteten nach Anerkennung durch die Gesellschaft. Gemäß der allgemein akzeptierten Chronologie kann sich das nur auf die ›Klage‹ und den ›Erec‹ sowie einige Minnelieder beziehen. Schon die ersten fünf Verse (v. 5: *daz rieten im diu tumben jâr*) haben eine Signalwirkung: das Publikum rechnet auf Grund seiner bisherigen Werke offensichtlich mit etwas, *daz nâch der werlde lône stât*. Diese Erwartung weist Hartmann ausdrücklich ab.

Nur in einer bestimmten aktuellen Situation von Autor und Publikum hat diese Reaktion des Verfassers einen Sinn: er muß vorher mehrere weltliche Werke abgefaßt haben, das Publikum muß sie kennen und Entsprechendes von ihm erwarten. Daß die Absage an die Werke der Jugend topisch ist (vgl. SCHWIETERING S. 203), bleibt ohne Belang. Ähnlich hatte Marbod von Rennes im Prolog zu seinem ›Liber decem capitulorum‹ seine Jugendwerke beklagt: *Quae juvenis scripsi, senior, dum plura retracto. / Poenitet, et quaedam vel scripta, vel edita nollem, / Tum quia materies inhonesta levisque videtur, / Tum quia dicendi potuit modus aptior esse ..., – stulta rudisque juventus / Et levis, in culpam poterat toleranda videri* (1693). Das Bekenntnis sündhafter weltlicher Dichtung (*materia inhonesta levisque*) im Jugendalter (*stulta rudisque juventus*) ist bei Marbod sicher auch biographisch zu verstehen, darüber hinaus kennzeichnet es die geistliche Intention seiner Schrift.

In der deutschen Dichtung hat der ›Gregorius‹ mit diesem Topos vorbildhaft gewirkt. Vergleichbar sind der Beginn von Ulrichs von Türheim ›Rennewart‹ v. 117 ff.: *sprach ich ie daz gelogen was, / daz man doch leider gerne las, / wan ez gezoch sich gein der welte, / herre, mit disem gelte / wil ich die lůge bůzen* ... und Rudolfs von Ems ›Barlaam und Josaphat‹ v. 150 ff.: *ich hân dâ her in mînen tagen / leider dicke vil gelogen / und die liute betrogen / mit trügelîchen mæren.*

Wie ist die Wendung von den sündhaften Jugendwerken hier zu verstehen? Die lebensgeschichtliche Ausdeutung ist problematisch, es handelt sich nicht um persönliche Bekenntnisse, sondern um Gattungssignale: alle genannten Werke haben legendarischen Charakter.

So deutet BRACKERT (1968 S. 217) die Rudolf-Stelle als konsequente Darstellung der *lêre* des ›Barlaam‹. Denn im Epilog nimmt der Autor den möglicherweise existentiellen Gehalt der Prologverse dadurch wieder zurück, daß er den ›Guten Gerhard‹ – also das »Lügenwerk« – als dem ›Barlaam‹ durchaus gleichwertig hinstellt und den Bußcharakter der vorliegenden Dichtung lediglich für Mängel des älteren Epos gelten lassen will (SCHNELL S. 112 ff.) – mit einer neuen Erzählung will er auch die Defizienzen des jetzt abgeschlossenen Werks wiedergutmachen (v. 16129 ff.). Die werkbiographische Situation ist zwar durchaus präsent, der Topos hat jedoch kaum charakterisierende Kraft mehr (weltliche gegen geistliche Literatur), sondern dient dazu, die Werkfolge mit Hilfe einer Captatio benevolentiae zu verknüpfen. Ähnliches dürfte für Ulrich gelten: er möchte seine ›Willehalm‹-Fortsetzung abheben von seinen ›Cliges‹- und ›Tristan‹-Ergänzungen, sich aber gleichzeitig als Autor dieser Werke präsentieren. Der Dichter der Wallersteiner Margarete ist am stärksten vom ›Gregorius‹-Prolog beeinflußt. Er schrieb seine Legendendichtung für Clementia von Zähringen, die Frau Bertholds V., und konnte daher womöglich an eine direkte Hartmann-Tradition anknüpfen[1]. Die ersten Prologverse lesen sich wie eine Paraphrase Hartmanns (vgl. *herze – zunge* in v. 1 f. oder *kint* als Entsprechung zu *tumbe jâr* v. 4). Die Abhängigkeit ist evident, aber ob der Beginn die gleiche Funktion wie der ›Gregorius‹-Prolog hat, ist zweifelhaft: *Mîn herze ist leider sô verzaget / daz mîn zunge selten saget / diu mære diu von gote sint. / ich bin gewesen dâ her ein kint, / daz mich der mære baz gezam / dâ von ich muot der welte nam / dan dâ mit ich geschulde / des wâren gotes hulde.* Hier ist nicht einmal sicher, ob der Autor überhaupt weltliche Werke verfaßt hat. Von den beiden Funktionen des Topos, die bei Ulrich und Rudolf zu konstatieren waren, ist nur das Gattungssignal (»hier handelt es sich nicht um weltliche Dichtung«) geblieben, ähnlich wie bei Konrad von Fußesbrunnen in der ›Kindheit Jesu‹ v. 86 ff.: *daz ich von sîner chintheit / alsô gesprechen müeze, / swâ mich der werlde süeze / ûf ander rede geschundet hât, / daz der mit dirre werde rât.*

Die Rezeption des ›Gregorius‹-Prologs durch spätere Autoren legt eine Auslegung von Hartmanns Versen zunächst als Hinweis auf die Gattung nahe, auf

---

[1] Wann das Werk entstand, wissen wir nicht, die Datierung von BARTSCH (nach 1235) basiert noch auf der irrigen Annahme, Wetzel von Bernau sei der Autor. Clementia wurde nach dem Tode ihres Mannes 1218 in Gefangenschaft gehalten, da sich die Verwandten um das Erbe des kinderlos Gestorbenen stritten; 1235 ordnete Friedrich II. ihre Freilassung an, ihr weiteres Schicksal (zweite Ehe?) ist ungeklärt. Die Datierung nach 1235 hat eher weniger Wahrscheinlichkeit als eine frühere: da der Autor sie *diu edel herzoginne* (v. 20) nennt, ist die Abfassungszeit am ehesten noch in die Lebenszeit Bertholds zu setzen – daß Berthold selber kein frommer Mann gewesen sein soll, hindert nicht, seiner Frau geistliche Neigungen zuzusprechen.

Grund unserer Kenntnis von Hartmanns Œuvre dürfen wir auch einen werkbiographischen Hintergrund mit Sicherheit annehmen: der Autor von Artus- und Minnedichtung war als profaner Literat abgestempelt.

Funktion des Prologs

In seiner Vorlage konnte Hartmann lediglich allgemeine Gedanken über Reue, Buße und Gnade finden, die Einführung des Jugendsünde-Topos und die Wendung auf das Publikum ist sein Eigentum. Mit einer innerbiographischen Implikation brauchen wir zunächst nicht zu rechnen, vorrangig leistet der Prologbeginn drei Dinge: 1. Er antizipiert die Erwartung des Publikums, lenkt sie aber auf etwas, das nicht Anerkennung der Gesellschaft sucht – also »einen heiligen Stoff«. 2. Er bezieht das Publikum (die *werlt*!) in den Ablehnungstopos ein, treibt so etwas wie »Publikumsbeschimpfung«: auch seine Zuhörer haben das Falsche gepriesen, sie gehören zu denen, die das Folgende angeht. Die didaktische Absicht ist bereits manifest: die höfischen Romane sind eitel – ein Absagetopos, der dann im 13. Jahrhundert gängig ist[2]. Hartmann verwendet ihn mit Raffinesse: indem er das Publikum, das seinen früheren Werken Beifall gezollt hat, indirekt tadelt, verleiht er dem neuen Werk einen besonders hohen Wahrheitsanspruch[3]. 3. Hartmann stellt sich als für das geistliche Thema besonders geeigneter Bearbeiter vor, weil er selbst die Einsicht bereits vollzogen hat, daß es *tumpheit* bedeutet, nach gesellschaftlichem Ansehen zu streben. Der bereits bekehrte Autor, der das Werk als Sühne leistet, ist selber Beispiel für das, was die Zuhörer tun sollen – das beste Argumentum ad auctoritatem. Die *sapientia mundi* ist *stultitia apud Deum* (*tumbe jâr*), Hartmann demonstriert seine Humilitas, die Voraussetzung für die Inspiratio ist (STRUNK S. 126 u. A. 42), und steht damit in der Tradition der lateinischen Legendenschreiber, die ebenfalls die *vana gloria*, den *sitis adquirendi nominis* (S. 134, 135 A. 18) ablehnen und stattdessen die *imitatio virtutis* propagieren: *selbe wider kêren / ûf der sælden strâze* (v. 62 f.).

Diese Topoi, die Hartmann aus seiner Schulbildung geläufig sein mochten, waren vom Publikum in ihrer Signalwirkung richtig einzuschätzen. *wan der wistuom dirre welte der ist ein tumpheit vor got; also ist och der wistuom der da hinz got gehôrt*

---

[2] Vgl. z. B. ›Les sept dormants‹, hg. von J. KOCH oder ›Vie des Pères‹: *De menconge qui cuers oscure / Et corrompent la clarté d'ame, / N'en aiez cure, douce dame, / Laissiez Cligès et Perceval, / Qui les cuers perce et trait a val, / Et les romanz de vanité* (zit. nach GALLAIS).

[3] Viel später verwenden eben diesen Topos noch E. und J. Goncourt im »Préface« zu ›Germinie Lacerteux‹: »Le public aime les romans faux: ce roman est un roman vrai.«

ein tumpheit nach der welte (Priester Konrad, hg. SCHÖNBACH III S. 36,22 ff.) – im Anschluß an 1 Kor. 1,20 war das aus der Predigt bekannt: *die, den unser herre got uf dirre welt chunst unde wistuom verlichen hat unde die aver allen ir sin unde allen ir wistuom ze hochverte unde zunrehte vercherent. daz sint ouch alle die unsæiligen, wan die ne choment ouch in die ewigen wirtscaft niht* (ebd. S. 124,24 ff.). Der Gedanke der *vana gloria* mußte ebenso geläufig sein: *ez sint sumelich liute die von der welte gert unde gelobt wellent werden unde die daz minnent daz in die tumben daz vor redent daz sie riche unde wise unde edele liute sin ... wan ez enist anders niht niuwan ein ruom unde ein uppigiu ere da dem manne sin gemůte unde sin herze da von chumt in eine hohvart diu im vil schædelich wirt an der sele* (ebd. S. 46,37–47,6).

Nur im Munde Hartmanns und nur in seiner werkbiographischen Situation haben die ersten Prologverse einen Sinn. Der Topos erweist sich hier im Sinne von VEIT (S. 148) als »Denkform«, als die dem mittelalterlichen Autor verfügbare Möglichkeit, über eine gegebene Situation eine verbindliche und verständliche Aussage zu machen. Es handelt sich nicht um eine rhetorische Floskel ohne Gehalt, die beliebig verwendet werden könnte.

Das demonstriert der Prologbeginn im ›Gregorius Peccator‹. Arnold ersetzt Hartmanns Topos durch eine Beschreibung des Anlasses für seine Übersetzung – bei ihm hätte die Referenz auf die früheren Werke und die Einbeziehung des Autors unter die Sünder keinen Bezug zur Situation. Er spricht statt in der 1. Person denn auch in der 2. Singular: *Nunc ergo qui aliquando fabulis scenicis intentus fuisti. iam conuertere piis studiis ad verba christi: nec in corde tuo proponas tempus iuentutis sed magis applicare ad semitam virtutis* (S. 2). Statt der höfischen Epik attackiert er die *ludi scenici* – er steht damit in der Tradition Bernhards (PL 182, 915) und Gerhohs von Reichersberg; Herrad von Landsberg polemisiert ebenfalls gegen die Theaterspiele (DÖRRER Sp. 94), und Meinhards Kritik an Gunther von Bamberg meint ja nach HAUCK (1951/52) seine Mitwirkung bei agierten Balladen in der Amalungsrolle. Die veränderte Situation läßt Arnold zu einem anderen Topos greifen, der ihm von der Lektüre theologischer Texte her nahe lag.

In jüngerer Zeit sind mehrfach Zweifel an der Echtheit des Prologs geäußert worden: SPARNAAY (1938 S. 73), NEUMANN (Rez. S. 365), WAPNEWSKI (1972 S. 77, eingeschränkt 1976) und – von E. GÖSSMANN (S. 78) referiert – mündlich: ein Nachdichter habe unter Benutzung des ›Grégoire‹-Prologs, des ›Gregorius‹-Epilogs und des ›Parzival‹-Prologs den ›Gregorius‹-Prolog geschrieben.

Die handschriftliche Überlieferung ist allerdings so, daß der Gedanke an eine spätere Zudichtung vor allem dann kommen muß, wenn man sieht, mit welchen Schwierigkeiten sich die Interpreten bei der Deutung des Prologs herumschlagen: in Hs. A hat er nie gestanden (DITTMANN 1966 S. 18 A. 12), in B und E fehlen ebenfalls v. 1–176, nur die Hss. I, G, K bringen den Prolog, wobei die Überlieferung in G (wie die des ganzen Textes) sehr lückenhaft ist und keine verkürzte, sondern eine verstümmelte Fassung bietet. Da die Hss. A, B und E nach ZWIERZINAS Stemma unverwandt sind, muß dieser den Prolog für den Archetyp ansetzen (1893 S. 403), und wenngleich DITTMANNS Nachweis von Mischredaktionen das Stemma als solches infrage stellt (1966 S. 105 f.), so bleibt doch das Zeugnis Arnolds – der Übereinstimmungen sind zu viele, als daß sie Zufall sein könnten. Auch der Beginn der ›Wallersteiner Margarete‹ beweist, daß der Prolog zu Beginn des 13. Jahrhunderts am Zähringerhof bekannt war.

Schönbach hatte angenommen, die Schreiber hätten den Prolog fortgelassen, da sie das Werk »als unterhaltungsbuch abschrieben« (S. 113 A. 1). Gerade die Kopisten der ältesten Handschriften fanden also den Prolog überflüssig; ähnliches könnte dann auch für den ›Armen Heinrich‹ gelten: dort hat die alte Hs. E den Prolog nicht, und Ottes ›Eraclius‹ fehlt der Prolog ebenfalls in der ältesten Hs. A. Für die These, daß es die Schreiber waren, die auf die Tradierung des Prologs verzichteten, spricht die Beobachtung, daß dieser in hohem Maße situationsbezogen ist. Die Schreiber mögen das erkannt und folgerichtig, da die Situation sich verändert hatte, den Prolog fortgelassen haben. Man braucht da gar nicht mit besonders tiefer Einsicht zu rechnen: prologlose Werke gibt es genug, der Prolog gehörte nach Ansicht der Kopisten eigentlich gar nicht so recht zur Erzählung, er war für eine bestimmte Vermittlungssituation geschaffen und daher in anderem Rahmen entbehrlich. Die Schreiber der späten Handschriften, die den Prolog bringen, dachten womöglich antiquarischer: sie bewahrten, was vorlag, ohne nach der Funktion zu fragen.

Die Funktion (Lausberg formuliert S. 155: »zwischen dem Intelligenzgrad des Publikums und der publikumsrelativen Kompliziertheit des Gegenstandes zu vermitteln«, ich würde ergänzen: zwischen der Erwartung des Publikums und den Intentionen von Autor/Auftraggeber eine Brücke zu schlagen) ist vor allem beim ersten mündlichen Vortrag relevant. Später sind die Erwartungen schon beeinflußt und der Intention des Verfassers stärker angenähert. Daher fällt es mir schwer zu glauben, der Prolog sei lediglich für die schriftliche Verbreitung (O'C Walshe S. 98) hinzugefügt und die prologlosen Handschriften könnten auf frühere Vortragsfassungen zurückgehen.

Etwas anderes ist es natürlich mit der Autornennung v. 171–176, diese ist beim Selbstvortrag entbehrlich – sie unterscheidet sich vom Prologeingang ja auch durch Verwendung der 3. Singular –, erforderlich jedoch bei der Rezitation durch andere und bei der schriftlichen Verbreitung. Neben dem Autornamen enthalten diese Verse noch den »Titel« der Erzählung, der beim Erstvortrag im kleinen Kreis nicht notwendig ist, dessen Werbe- und Identifikationseffekt sich jedoch bei der weiteren Tradierung entfaltet (vgl. dazu E. Schröder 1937). Wir wissen zu wenig von dem Übergang eines Textes aus der primär aufführungsbezogenen Existenzform in die der schriftlichen Tradierung – gab es z. B. schon früh Dedikationsexemplare für die Gönner, oder war der Anlaß für die offizielle Verschriftlichung der Übergang an andere Höfe? –, um den Stellenwert der Autornennung richtig zu bestimmen. Im Fall des Widmungsexemplars gehörte sie von Anfang an zum Werk (und wurde wohl nur bei der Autorrezitation fortgelassen), hingegen würde es sich bei den »Verbreitungstexten« wohl um nachträgliche Hinzufügungen handeln. Die Frage nach der Zugehörigkeit eines Prologs zur Erst-(Rezitations- und Dedikations)fassung oder zur »Ausgabe letzter Hand« dürfte auch von Werk zu Werk verschieden zu beantworten sein.

Für den ›Gregorius‹ paßt der Prolog so genau auf die erschließbare Vortragssituation, daß ich mit einer späteren Hinzufügung nicht rechnen möchte: nach

Bekanntwerden des ›Gregorius‹, gar nach dem ›Iwein‹, hätten die ersten Verse ihren Sinn und ihre Wirkung verloren, und einem anonymen Zudichter müßte man zu viel Einfühlungsvermögen in die Situation Hartmanns zutrauen: so bleibt er selbst der wahrscheinlichste Autor.

Anlaß zum Werk: die »große Wende«?

Umstritten ist die Frage der autobiographischen Interpretation, das heißt: nimmt der Prolog Bezug auf die angebliche »große Wende« in Hartmanns Leben, die durch den Tod seines Herrn ausgelöste Krise? Hartmann spricht von diesem Ereignis mit Sicherheit zweimal: in dem Kreuzlied MF 209,25 *Dem kriuze zimt wol reiner muot* und in dem Gedicht MF 205,1 *Sît ich den sumer truoc riuw unde klagen.* VON KRAUS hatte in ›Minnesangs Frühling‹ zwar die einschlägige Strophe separiert, aber BRACKERT (und vor ihm BLATTMANN) hat mit einleuchtenden Argumenten die Verbindung zu den übrigen Strophen hergestellt und damit zugleich die »religiöse Weihe« (1969 S. 184), die die Forschung über den Tod des Lehnsherrn gelegt hat, gemindert; die Nennung seines verstorbenen Herren im Minnelied gibt gleichzeitig der Minneabsage größere emotionale Intensität und stärkeren Realitätsbezug – ein Ergebnis, das durchaus dem entspricht, was Hartmann in seinen späteren Liedern anzustreben scheint.

Die dritte, die umstrittene Erwähnung ist die berühmte *Salatîn*-Zeile (MF 218,19), die das Lied auf den Kreuzzug Barbarossas oder den Aufbruch Heinrichs VI. datiert. Davon ist auch die Frage nach dem Zeitpunkt, zu dem Hartmanns Herr verstarb, abhängig: die Lesung *mîn her Salatîn* bedeutet 1197/98, und dann ist von einer Krise nicht die Rede, und *lebt(e) mîn herre* (oder JUNGBLUTHS Konjektur) heißt eher 1189 – in diesem Fall wird man den Tod des Herren nicht lange vorher ansetzen. MF 209,25 und 218,5 gehören aber nicht notwendig zum gleichen Kreuzzug. Die gesteigerte Radikalität in der Auseinandersetzung mit der höfischen Liebe im *Salatîn*-Lied macht es durchaus denkbar, daß MF 209,25 zum Kreuzzug Barbarossas, MF 218,5 aber zum acht Jahre späteren Heinrichs VI. aufruft. Auch dann wäre für den Tod des Herrn ein Datum nicht weit vor 1189 anzunehmen.

In Zusammenhang mit der Zähringer-These ist an den Tod Bertholds IV. im Jahr 1186 zu denken, und Hartmanns Kreuznahme 1188 würde der Forderung nach zeitlicher Nähe gut entsprechen. Die empfundene Verpflichtung, etwas für den Verstorbenen zu tun, könnte erklären, warum Hartmann auch ohne seinen mutmaßlichen neuen Herrn, Berthold V., ins Heilige Land zieht: dieser war aus politischen Gründen nicht gewillt, nach Outremer zu gehen, respektierte aber wohl Hartmanns persönliche Bindung an seinen verstorbenen Vater. Die Teilnahme Rudolfs von Lüttich (des Verstorbenen Bruder) mag, wie oben erwähnt, außerdem eine Rolle gespielt haben.

Auch Hartmanns sogenannte ›Witwenklage‹ (MF 217,14) läßt sich mit dieser Datierung vereinen, wenn wir sie uns als Rollenlied der Ida von Boulogne, der jungen Witwe Bertholds IV., vorstellen[4]. Die Festlegung der Witwenklage auf Frühjahr 1187 würde gut zur Entstehung der Kreuzlieder 1188/89 passen: Blattmann rechnet auf Grund stilistischer Kriterien MF 217,14 zur späten, den Kreuzzugsgedichten nahestehenden Lyrik (S. 214).

Gehört nun der ›Gregorius‹ in die unmittelbare Nachbarschaft dieser Lieder? Als Argument gegen eine Bestimmung der Stoffwahl durch eigene Erlebnisse Hartmanns wird immer wieder die Stelle v. 789 ff. angeführt, wo der Erzähler behauptet, er habe bisher weder *liep noch ungemach* erfahren und sei daher nicht in der Lage, den Kummer der Herzogin zu schildern, als sie, von ihrem Bruder getrennt, den kleinen Sohn in einem Fäßchen der See anvertraut hatte. Das ist ein gängiger Unfähigkeitstopos (Gottfried wird ihn ganz ähnlich verwenden), aber konnte ihn Hartmann noch benutzen, nachdem er den Tod seines Herrn in bewegten Worten beklagt hatte? Ironisches Spiel mit der Erzählerrolle, wie er es im ›Iwein‹ treibt, ist hier auszuschließen. Dürfen wir beim Publikum ein so entwickeltes literarisches Bewußtsein voraussetzen, daß es zwischen dem epischen Erzähler, der dem Ideal der Impassibilité entspricht, dem Sänger, den *sînes herren tôt beswæret* hat, und dem Menschen Hartmann unterscheiden kann? Da keine sprachlichen Signale dafür gesetzt werden, scheint mir diese Kunstfigur »Autor« noch nicht etabliert und die Annahme, der ›Gregorius‹ sei vor den entsprechenden Kreuzliedern entstanden, stimmiger. Das entwertet den religiösen Impuls des Prologs nicht. In ihm ist ja von einem Schlüsselerlebnis, das zur Wahl des Stoffes geführt haben könnte, gar keine Rede – daß ein Mensch jung sterben kann, bevor er Zeit zur Buße gefunden hat, ist eine allgemeine Sentenz und muß sich nicht auf einen bestimmten Todesfall wie den des Dienstherrn beziehen.

Der wahrscheinliche Dienstherr, Berthold IV., war bei seinem Tode obendrein kein *junger man* (v. 12) mehr, sondern etwa sechzig Jahre, sein Tod war kein *snellez ende* (v. 23), denn er war schon 1184 nicht bei bester Gesundheit: auf dem Mainzer Hoftag rät Barbarossa Balduin von Hennegau davon ab, Berthold wegen der Abtretung der Namurschen Erbschaft Geld anzubieten, er halte *ipsum ducem iam nimis corpore gravem* und nimmt an, er werde noch vor Heinrich dem Blinden sterben – so berichtet Gislebert von Mons (S. 145).

Daher tut man wahrscheinlich besser, den ›Gregorius‹ nicht mit Hartmanns persönlicher »Krise« zu verbinden, zumal wir gar nicht wissen, wie krisenhaft das Erlebnis vom Tod seines Herrn wirklich war, und die zugegebenermaßen sehr starken Formulierungen im Kreuzlied aus der allgemeinen Weltabsagesituation

---

[4] Vgl. Appendix E: *ich hân verloren einen man.*

des Liedes und der Funktion der Strophe als Seelengedächtnis (Zuwendung des halben Ablasses) zu erklären sind. BRACKERTS Tendenz, diesem Ereignis etwas von seiner »religiösen Weihe« zu nehmen, scheint mir durchaus richtig. Obendrein wäre der kränkelnde Herzog ein glaubhafter Mäzen für die Legende, denn die implizierte Bußleistung des Autors kommt dem Auftraggeber ebenso zugute.

Eine Datierung »vor 1186« ist früher als die gängige (WAPNEWSKI 1976 S. 27), aber BERTAU (1972 S. 621 f.) hat bereits andere Argumente unterschiedlicher Beweiskraft für diesen zeitlichen Ansatz gebracht. Eigentliche Gegengründe gibt es nicht. Da FOURQUET wahrscheinlich machen kann, daß v. 201,14–17 in Veldekes Eneasroman von ›Erec‹ v. 775–778 inspiriert sind, müssen wir uns den ›Erec‹ bis etwa 1184 spätestens vollendet vorstellen[5]. Der Erfolg könnte Hartmann gleich anschließend den ›Gregorius‹-Auftrag eingebracht haben.

13. *Tempus iuventutis*

Buße in der Jugend (v. 6–25)

Im ersten Abschnitt des Prologs hatte Hartmann sich als Sünder vorgestellt, im zweiten warnt er davor, die Buße für die *missetât* bis ins Alter aufzuschieben. Für das Vorverständnis von diesem Topos können wir wiederum die mhd. Prediger anführen.

Priester Konrad (hg. SCHÖNBACH III S. 44 f.) legt das Gleichnis von dem Hausvater, der Arbeiter für seinen Weinberg wirbt, dahingehend aus, daß der Sünder, er sei alt oder jung, wenn er *rehte riuwe* leistet, die Gnade Gottes erhält. Jedoch warnt er davor, zu sehr darauf zu vertrauen: *disiu rede diu ist leider ein vestenunge unde ein antsagede aller der die der welt unde dem tievel dienen wellent, wan die sprechent: got der ist guot, got der ist gnædic, wan er git dem also wol sinen pfenninc der da hinz abent chumt sam dem der da des morgens vil fruo chumt* (S. 45,20 ff.). Ganz ähnlich heißt es an einer anderen Stelle: *da wider sprichet idoch vil manic man: ›unser herre got der ist gnadic, der ist barmherze, ern lat sine arme hantketat an uns armen sundæren niht verlorn werden.‹ daz ist vil war ... swer im des gedenchet, daz ist vil mennisklich, daz ist vil cristenlich. idoch wil er uf die gots barmunge dest mere ubels tuon, daz ist vil unmennisklich unde uncristenlich, wan daz ist halt tievellich unde ist ane zwivel von des tievels rate* (S. 139,16 ff.). Den Predigtzitaten und Hartmann ist sogar gemeinsam, daß sie mit der Stilfigur der Sermocinatio arbeiten – sie legen einer fingierten Person wörtliche Rede in den Mund. Zur Jugendzeit soll man Gott dienen, so ermahnt auch

[5] Die ›Eneide‹ muß bis spätestens 1186 vollständig vorgelegen haben, da sich in diesem Jahr Ludwig III. von Thüringen von der im Epilog (352,38 ff.) hochgepriesenen Margarete von Cleve trennte – danach wird ihr Lob am Landgrafenhof kaum mehr so laut gesungen worden sein.

der Prediger von St. Paul (hg. JEITTELES): *Der ist sælich, der in der zîte* (sc. *jugent*) *got vor ougen hât und suntlichiu dinch mîdet, wand sô ist uns der tievel aller værigist* (S. 113,1 ff.).

Der Ermahnung, bereits in der Jugend seine Sünden zu büßen und nicht darauf zu vertrauen, im Alter noch die Gnade zu erlangen, gibt Hartmann besondere Eindringlichkeit, indem er sie selber sogleich auf sich bezieht und v. 35 anschließt: *Durch daz wære ich gerne bereit* »d e s h a l b möchte i c h gerne«. Damit legt er den Zuhörern ebenfalls die unmittelbare Nachfolge nahe[1]. Unausgesprochen steht der Worte-Werke-Topos dahinter: im 3. Kreuzlied fragt Hartmann: *wâ sint diu werc? die rede hoere ich wol* (MF 218,14), hier läßt er der *rede* die *werc* folgen, d. h. die Worte s i n d das Werk.

Was diese Verbindung des Absage-Topos mit dem von der Buße in der Jugend leistet, macht ein Blick auf die ›Wallersteiner Margarete‹ klar. Dort legt der Autor das beiden gemeinsame »Zitat« Matth. 12,36 (*Dico autem vobis quoniam omne verbum otiosum, quod locuti fuerint homines, reddent rationem de eo in die judicii*) nur im Blick auf die Absage an die angebliche Profandichtung aus: *muoz ich ze mînem teile / ame jungsten urteile / al der worte rede geben / diu ich allez mîn leben / durch müezikeit gesprochen hân, / wie solz mir armen danne ergân? / sô bin ich wætlîche / mir ze schedelîche / gên der helle geheldet* (v. 9 ff.). Das vorliegende Werk möge am Jüngsten Gericht die Waage zu seinen Gunsten ausschlagen lassen, fährt er fort. Hartmann dagegen greift durch seine Kombination von der Absage an die *verba otiosa* (die *unmüezikeit*, v. 41) mit der Notwendigkeit rascher Buße bereits auf die Thematik des ›Gregorius‹ vor. Konstitutiv für die Konversion, die Gregor leistet, ist das Nicht-Aufschieben der Buße, das unmittelbar auf die Erkenntnis der Sünde folgende Handeln. Das gleiche tut Hartmann: so setzt sich der Erzähler in Parallele zu seinem Helden, leistet die Imitatio selbst als erster. Das Thema seines Werkes erweist er damit als besonders aktuell: es betrifft den Sprecher und – die Hörer, wie er v. 51 ff. darlegt: *älliu sündigiu diet,* das sind sie, die seinen sündhaften Jugendwerken Beifall gezollt haben und wissen, *daz wir von unser brôdecheit leider tægeliches missetuon* (Priester Konrad, hg. SCHÖNBACH III S. 34,9 f.).

---

[1] Falls die – wiederum topischen – Gedanken nicht komisch wirken sollen, müssen wir sie uns im Munde eines relativ jungen Mannes vorstellen: wenn der Erzähler aus dem Wissen, daß auch ein *junger man* an die Buße denken sollte, sein Bußwerk, nämlich die Erzählung leistet, darf er noch nicht *in dem alter* sein. Der schon betagte Arnold meidet dann auch diesen Bezug auf die eigene Situation und spricht, wie bereits gesehen, in der zweiten Person. Wenn wir uns Hartmann zur Abfassungszeit etwa Mitte Zwanzig vorstellen, wäre er kurz vor 1160 geboren.

Abel Eremita (v. 26–34)

Wenn Hartmann v. 27 als Beispiel des sündelosen Menschen Abel zitiert, so präludiert er damit möglicherweise bewußt sein Thema: das der Buße in der Vita solitaria. Diese Anspielung war von den Zuhörern wohl nicht nachzuvollziehen, für sie war Abel im Gegensatz zu Kain der Gerechte. Aber wir können damit rechnen, daß Hartmann spezielle Kenntnisse bei der Abfassung des Werkes verwertet hat, die der autorbezogenen Organisation des Stoffes dienen und nicht unbedingt auf Dechiffrierung durch das Publikum angelegt sind. Abel gilt nämlich als Beispiel für den Eremiten – ich zitiere aus dem ›Libellus de diversis ordinibus et professionibus qui sunt in ecclesia‹ von einem anonymen Kanoniker (Reimbold?) in Lüttich um die Mitte des 12. Jahrhunderts: *Age ergo, quisquis solitariam vitam amas, et ab illo qui primus justus appellatus est* (i.e. *Abel*), *exemplum et boni incrementum operis accipe* (PL 213,811 D). *Habes ergo in prima aetate Abel pastorem ovium per solitudinem Deo placentem* (812 B).

Veritas (v. 35–42)

Schon v. 6 hatte Hartmann von der *wârheit* gesprochen: dort bezog er sich auf eine Erkenntnis (*nû weiz ich*), die ihn veranlaßt, die Geschichte zu erzählen. Jetzt, v. 36, meint er die *wârheit* der Geschichte selbst: *ze sprechenne die wârheit.* Im Unterschied zur höfischen Epik geht es im ›Gregorius‹ nicht um das Quellenproblem, die Legitimation der Erzählung durch die richtige Vorlage. Die Nennung Gottes in der folgenden Zeile setzt die unangreifbare religiöse Autorität ein, die durch die biblischen Anspielungen schon vorher präsent war. Außer in diesem objektiven geistlichen Bezug gründet die *wârheit* des ›Gregorius‹ jedoch auch in der subjektiven Betroffenheit des Erzählers, die zugleich Argument ad auctoritatem ist: weil der Autor die Notwendigkeit rechtzeitiger Buße als wahr erkannt hat, will er diese Erkenntnis in Form einer Erzählung aussprechen. Der Aufruf zur Imitatio, den diese birgt (*ein ... bilde nemen*, v. 3984), wird *bewæret* durch den Erzähler selbst, der der erste Imitator Gregorii ist, indem er seine *süntlîche bürde* durch das *berihten* der *guoten mæren* verringert und nicht an der Vergebbarkeit zweifelt. Objektive und subjektive, als existentiell vorgestellte *wârheit* sind damit vereinigt.

Anders ist das im höfischen Roman[2]. Auch im ›Iwein‹ bringt Hartmann den Veritas-Topos (*des habent die wârheit / sîne lantliute*, v. 12 f.), auch dort ist das Wahre das Vorbildliche (*gewisse lêre* v. 4 / *ze hœrenne ... zu merkenne*,

[2] Zu den Wahrheitsberufungen deutscher Epiker vgl. MONECKE, Kapitel 3.

›Gregorius‹ v. 150 f.), aber auf die Demonstration des subjektiven Bezugs verzichtet der Erzähler: *swenner sîne stunde / niht baz bewenden kunde / daz er ouch tihtennes pflac* (v. 23 ff.). Der Verbindlichkeitsanspruch der Matière de Bretagne ist ein anderer, er zielt auf eine Identifikation von poetischer Wahrheit und verbindlicher Realität (KÖHLER 1955 S. 72). Daher erzählt der Artusroman dem Publikum, was es *gerne hœren mac* (v. 26), während die Legende die unbequeme Wahrheit und den Aufruf zur Metanoia bringt, was *vil starc ze hœrenne ist* (v. 53).

Gregor als Exempel (v. 43–50)

Sinnfälligen Beweis für die geistliche Wahrheit des Satzes von der Vergebbarkeit auch der größten Sünde hat Gott selbst gegeben *an einem man*, an Gregor, dem *guoten sündære*.

PRETZEL möchte v. 44 f. *als uns got an einem man / erzeiget und bewæret hât* auf Christus bezogen sehen und nicht auf Gregorius, den Helden dieser Erzählung. Problematisch ist die Bezeichnung Christi als *man*. Die angeführten Belege aus Walthers Leich stellen – wie auch in der geistlichen Literatur üblich – die zwei Naturen Christi dadurch heraus, daß die Bezeichnung als *got* parallel zu *man* erscheint: 5,29 *ez* (*daz kint*) *wuohs ze gote, und wart ein man*, bzw. 5,31 f. *ein got der ie gewesende wart / ein man nâch menneschlîcher art*. Im strittigen ›Gregorius‹-Vers sind jedoch *got* und *man* nicht auf die gleiche Person bezogen. Mir ist kein Beleg bekannt, der Christus lediglich als *man* bezeichnet, ohne daß die Benennung als *got* in unmittelbarer Nähe die hypostatische Union anspricht. Ferner leuchtet nicht ein, wieso Gott an seinem Sohn bewiesen habe, daß dem Sünder auch die schlimmste Missetat vergeben wird, *ob si in von herzen riuwet* (v. 49). Jesus hat durch seinen Tod alle Sünder erlöst, insofern geht alle Gnade für jeden Sünder auf ihn zurück. Aber sind *erzeiget* und *bewæret* dann die richtigen Termini? »Aufgezeigt« und »als wahr erwiesen« wird doch an einem Exempel – und dieses Exempel ist hier Gregor. Hinzu kommt, daß *man* v. 44 und *mannes* v. 46 dann völlig verschiedenen Sinn haben müßten: einmal »Christus«, und der ist *warr got und warr mensche* (Priester Konrad, hg. SCHÖNBACH III S. 76,40 f., ähnlich 227,22 und 30), nicht nur *man*, und beim zweitenmal »Sünder« – für den Zuhörer muß das verwirrend sein. Die Annahme, daß Hartmann hier sein Thema – *ein man* ist auch dann demonstrativ: »einem bestimmten Menschen« – einführt und es mit *Von dem ich iu nû sagen wil* (v. 51) erläutert, gibt einen besseren Sinn.

Haltung des Autors

Wohl bewußt vermeidet Hartmann das schon in der ihm vorausgehenden literarischen Tradition verankerte Eingangsgebet der Legende[3], wie es dann Wolframs ›Willehalm‹ und von ihm beeinflußte Werke wie Rudolfs von Ems ›Barlaam‹ und Ulrichs von Türheim ›Rennewart‹ weiter ausbauen. Er verwendet den dort üblichen Beistands-Topos nicht, einmal, weil er seinen Zuhörern keine herkömmliche Legende signalisieren wollte, die die Attentio der Zuhörer (Brinkmann 1964 I S. 83) wohl nicht gefesselt hätte. Mit seinem Prologbeginn zeigt er sich sodann nicht als Eingeweihter, als inspirierter Verkünder, der seinem Stoff distanziert gegenübersteht und ihn den Hörern darbietet, sondern vielmehr als Mitbetroffener: die v. 5 und v. 38 ff. demonstrierte Humilitas weist ihn als inspirationsbedürftig aus. So kann er eine enge Gemeinschaft von Erzähler und Publikum gleich zu Beginn begründen und sein Thema als ein Problem für die gesamte Kommunikationsgemeinschaft erscheinen lassen. Im Gegensatz zum ›Armen Heinrich‹ und zum ›Iwein‹ versagt sich der gebildete Ministeriale Hartmann im ›Gregorius‹ den Hinweis auf seine Schulkenntnisse. Nicht Gelehrsamkeit, nicht göttliche Inspiration befähigt ihn, Gregors Geschichte zu erzählen, sondern die Tatsache, daß er sich grundsätzlich in der gleichen Situation befindet.

Wegen der schlechten Überlieferungstradition geben uns die Handschriften keine Hilfe für eine mögliche Gliederung des Prologs, so hat I einen Abschnitt nur vor v. 87 und – mitten im Satz – vor v. 113, K schreibt ohne Absätze fortlaufend durch. Der Interpret ist also auf eine innere Gliederung verwiesen. Herkömmlich ist eine Aufteilung in den Prologus ante rem (Proömium) und den eigentlichen Prologus, auch Prologus praeter rem. Letzteren könnte man v. 51 beginnen lassen, weil im Folgenden der Erzähler nicht mehr von sich spricht; Hartmann hat jedoch durch die Einbeziehung seiner selbst in die Imitatio-Situation die Grenze verwischt: was der Autor über sich sagt, gehört schon zur Sache (res) der Erzählung. Das eigentliche Thema ist also die Vergebbarkeit auch der größten Sünde, mit v. 51 wird die thematische Aussage differenziert und entfaltet, aber nicht erst begonnen. Sonst könnte man glauben, Thema sei der *zwîvel* – dieser ist jedoch lediglich ein Akzidens.

zwîvel (v. 51–75)

Zunächst wird die Aufmerksamkeit des Zuhörers durch die Ankündigung einer *atrox res* (*starc ze hœrenne*) erregt, dann jedoch begründet, warum der Autor die Verletzung des Decorums und des Publikumsempfindens in Kauf nimmt: er

---

[3] Vgl. ›St. Veit‹ (hg. Maurer, Nr. 63); Arnold, ›Juliana‹ (ebd., Nr. 47); der Wilde Mann, ›Veronica‹ (ebd., Nr. 57); Pfaffe Konrad, ›Rolandslied‹.

hat ein moralisch wertvolles Motiv, die Rettung des Sünders. Attentio und Captatio benevolentiae sind damit verschmolzen. Die spezielle Art der Schuld Gregors wird berichtet, um keinen Zweifel an dem Lehrsatz von der Vergebbarkeit aufkommen zu lassen, denn dieser Zweifel wäre das Einzige, was die Gnade hindern könnte. Nicht die Gregor-Geschichte selbst ist Warnung vor dem Zweifel, sondern die besondere Größe seiner Schuld: da auch diese vergeben wird, gibt es für Desperatio keinen Grund. Die *zwîvel*-Mahnung ist vor dem Hintergrund der Sermocinatio zu sehen, ein Einwand eines fiktiven Zuhörers soll von vornherein abgelehnt werden: »Was aber, wenn die Schuld ganz ungeheuerlich ist?« Die Antwort, daß nur der Zweifel die Sünde unvergebbar macht, ist in der Predigttradition geläufig, DITTMANN zitiert (1966 S. 194) entsprechende Stellen. Hartmann war durch den Prolog des ›Grégoire‹ angeregt, auch hier ist der Sinn der Erzählung *pur essample d'altre gent / K(e) il i prengent chastiement* (B v. 11 f.), und genauso versteht ihn Arnold, der mit zwei ausdrücklichen Bibelzitaten (Ps. 8,2 und Röm. 5,50) nach Predigtart das »Thema« voranstellt: die Größe Gottes und die Unermeßlichkeit der Gnade. Über den *zwîvel*, die *desperacio* spricht Arnold nur am Schluß des Prologs: *vt ab omnibus peccantibus venie desperacio auferatur* – dieser Gedanke schien ihm also nicht konstitutiv für Hartmanns Prolog gewesen zu sein. Im ›Grégoire‹ spielt die *des(es)perance* (v. 26) zwar eine größere Rolle: *Ke se ci ad nul des(es)peré / Ke bien sache par verité / Qu(e) ausi sera Deus puis de li / S'il s'amende cum fist cesti* (B v. 37–40) – aber auf das *amender* kommt es auch hier in erster Linie an.

buoze und *bîhte* (v. 76–78)

Die viel interpretierte Stelle, daß der Sünder *buoze nâch bîhte bestân* soll (v. 78), wo doch Gregor nicht beichtet (DITTMANN 1966 deutet mögliche Kritik an der Beichtpraxis an, S. 182, vgl. aber OHLY 1976 S. 17), ist aus der französischen Vorlage übernommen: *Or(e) vus dirai par grant amur / La vie d'un bon pechëur / E de la grant remissiun / K'il receut par cumfessiun* (B v. 33–36), obwohl Grégoire ebensowenig *cumfessiun* leistet wie Gregorius. Der ›Grégoire‹-Autor und Hartmann sprechen von der »Normalform« der Rechtfertigung, wie sie für den Sünder von der Kirche vorgesehen ist, der Franzose wohl ohne daran zu denken, daß die Erzählung die Beichte des Helden nicht kennt. Hartmann ändert vielleicht deswegen die Referenz auf Gregor in die auf den Sünder überhaupt, es wäre jedoch unbegründet, wollte man mit Hilfe der Erzählung die Prologaussage kritisieren – die war den Zuhörern bestimmt nicht mehr im Gedächtnis, und zurückblättern wie der moderne Interpret konnten sie nicht. Die Reihung von Reue, Beichte und Buße ist durch die zeitgenössischen Predigten, die DITTMANN (1966 S. 188 ff.) herangezogen hat, als Reflex der kirchlichen Praxis, die Hartmann ebenso wie seinem Auditorium geläufig sein mußte, belegt. Die besonders häufige Verbindung von *bîhte* und *buoze* mag obendrein durch den Stabreim bedingt sein, so daß sie der Stilfigur der Wortvariation nahekommt, wie sie in der Predigt so beliebt ist. Das Begriffspaar interpretatorisch aufzuknacken, dürfte um so weniger gerechtfertigt sein; Beichte und Buße bilden gegenüber der die eigentliche Vergebung bewirkenden Reue eine Einheit im sakramentalen Vollzug. Der *wuocher der riuwe* (v. 75) ist, wie aus v. 49 hervorgeht, der Grund zur Vergebung – das stimmt durchaus zur Lehre des 12. Jahrhunderts, wie sie in der deutschen Predigt erscheint (MERTENS S. 150). Hartmann gibt also nur die gängige Ansicht wieder, er führt den Gedankengang von der subjektiven Betroffenheit jetzt auf den Pfad der kirchlichen Heilslehre, die für *älliu sündige diet* zuständig ist. Daß Gregor dem nicht völlig entsprechen wird, ist ohne programmatischen Belang – sein Weg ist ein Ausnahmeweg, der jedoch durch die Berufung auf den Heiligen Stuhl die Approbation erhält.

Dem Zuhörer dürfte die Textpassage folgendes signalisiert haben: für die Rechtfertigung des Sünders gibt es bestimmte Voraussetzungen (*riuwe*, Fehlen des *zwîvels*) und Kulthandlungen (*bîhte, buoze*), das, was wir heute mit »Sakrament« bezeichnen würden (was aber im 12. Jahrhundert noch nicht unter diesem oder einem entsprechenden Begriff gefaßt wurde, LANDGRAF III,1 S. 11), schließlich stellt das Rechtfertigungsproblem den Menschen vor lebensgeschichtliche Entscheidungen (Zwei-Wege-Formel).

der sælden strâze (v. 97–149)

Das gängige Motiv von den zwei Wegen, nach Matth. 7,13 f. und Luk. 13,24 in der Predigttradition viel verwendet und – wie HARMS in seinem Buch ›Homo viator in bivio‹ nachweist – eine dem Mittelalter wohlbekannte »Denkform«, ist in die Zweifel-Warnung integriert: der *wec der helle* (v. 59), der *gemeinlîche wec* (v. 81) gegenüber *der sælden strâze* (v. 64,87). SIEFKEN hat herausgestellt, daß dieses Motiv im Verlauf der Erzählung mehrfach wieder anklingt: Gregor wählt im Gespräch mit dem Abt nicht den bequemen Weg, der ihm *gemach* (v. 1677, 1680) verspricht, sondern will sich nicht *verligen* (v. 1688), ein Hinweis darauf, daß sein Weg, obwohl es nicht so scheint, doch *der sælden strâze* ist; der Bußweg durch *walt unde bruoch* (v. 2768) ist dann eindeutig der rauhe Weg, der zum Heil führt. Der Erzähler bereitet seine Zuhörer darauf vor, daß die *semita virtutis* (nur diese Anspielung übernimmt Arnold) *rûch unde enge* (v. 89) wird.

Das an den Bivium-Topos anknüpfende Samariter-Gleichnis (v. 97–149) ist ein Lieblingsstück der Interpreten, die älteren haben eine Fortsetzung des angeblichen »Bußtraktats« der vorhergehenden Verse darin gesehen (G. SCHIEB, H. NOBEL), während in jüngeren Arbeiten (CORMEAU, DITTMANN 1966, GOEBEL 1972) diese theoretische Überfrachtung korrigiert wird. Auf eine Auseinandersetzung mit den einzelnen Positionen möchte ich verzichten und mich darauf beschränken, der neuesten Untersuchung (GOEBEL) die Überlegungen hinzuzufügen, unter denen dieses ganze Kapitel steht: wie konnte dieser Prologteil rezipiert werden?

Hartmann geht zweifellos auf theologische Interpretationen des Samariter-Gleichnisses zurück. Wir brauchen jedoch, trotz aller Parallelen, keine eigene Lektüre von Bedas Lukaskommentar anzunehmen (A. BENNHOLDT-THOMSEN S. 214), die Auslegungen in den deutschen Predigten können ihm Entsprechendes vermittelt haben, wie GOEBEL für die angebliche »Vermengung« der Samariter- mit der Guten-Hirten-Parabel nachweist (S. 217). Diese Verbindung ist über die Deutung des Samariters als Christus = Hirte seit Ambrosius bekannt (KLEMM), sie war so gängig (vgl. auch OHLY 1976 S. 26 f.), daß sie weder beim Publikum noch bei dem übersetzenden Theologen Arnold, der sie noch weiter ausführt, Anstoß erregen konnte. Auch die Auslegungsschwierigkeiten bereitende Stelle v. 101 ff. (vgl. A. BENNHOLDT-THOMSEN) läßt sich ohne theologische Fachliteratur vor dem Hintergrund der zeitgenössischen Predigt verstehen: die Sünde beraubt den Menschen der Gottebenbildlichkeit, aber Gott sendet Gnadengaben: Furcht und Hoffnung, die zur Reue und zum Nachlaß der Sünden führen[4].

Das Samariter-Gleichnis, auf Sündenfall, Gnade, Buße und Vergebung hin ausgelegt, ist in dieser Form sicher auch einem theologisch nicht gebildeten Zuhörer verständlich gewesen. Die Deutung nach Sünde und Rechtfertigung war ihm aus der Predigt geläufig: in den Leipziger Predigten heißt es am Schluß eben dieses Gleichnisses: *ich sag uch werliche daz kein mensche ist so sůndich, wil er gote getrůwen und wil er rate sůchin, man envinde ime da inne etteliche dink da mit die sůndere getrostit můgen werden* (hg. SCHÖNBACH I S. 127,34 ff.), und in den Prager Predigten wird die Versorgung des Verwundeten kommentiert: *Der gotis sůn bindet dem wnden man sin wnden so er sprichet* (*nemet*) *di riwe an ivch un buzet uwer sunde* (hg. DIEMER S. 365). Eine Erzählung von Sünde, Buße und Gnade – in diese Erwartung wird der Zuhörer versetzt, wobei der Akzent weniger auf der Sünde als vielmehr auf der Erlangung der Gnade zu liegen scheint, denn dieser Teil des Gleichnisses wird besonders ausführlich interpretiert. Vers 142 f. wird aus dem Mann des Gleichnisses der Held der Erzäh-

---

[4] Vgl. Appendix F: *der sinne kleit – diu gotes kleit.*

lung: *und sît ein wârer kemphe was / er eine über al die kristenheit* – das deutet die Papsterhebung Gregors an. Die Verse 144–149 geben dann explizit das Thema: wie empfing der Held die Wunden, d. h. wie kam er in Sünde, und wie konnte er sich retten. Davon will der Erzähler berichten.

Die Verse 150–170 wenden sich von der Erzählung noch einmal an das Publikum: alle Sünder sind angesprochen, denn Gottes Gnade ist über die Maßen groß, so daß niemand zweifeln darf. Mit einer Warnung vor dem *zwîvel*, der die Frucht der Erzählung – das Vertrauen auf die Gnade Gottes – infrage stellen würde, schließt der Prolog. Während die erste Zweifel-Ermahnung noch zum Beginn des Exordiums gehört und in Zusammenhang mit der Erweckung von Attentio und Captatio benevolentiae gesehen werden muß, steht die zweite am Schluß des Prologs und ist keine bloße Wiederaufnahme der ersten, sondern bezieht sich auf den Sinn der gesamten Erzählung: der *zwîvel* als Gefahr für den Zuhörer, nicht für den Helden.

Arnold und Hartmann

Im Gegensatz zu Hartmann, der bei der Heranziehung des Guten-Hirten-Gleichnisses die Argumentation für die Verbindung ausläßt[5], erinnert Arnold sich an die übliche allegorische Begründung und fügt sie aus seiner Kenntnis der Exegese hinzu: *Ipsum iumentum corpus intelligimus dominicum de inmaculata virgine assumptum. Iumentum enim quasi iuuamentum dicitur ... Ipsum quoque iumentum ouem centesimam perditam humeris suis inposuit. Gratulando ad gregem reportauit.* Er zieht sich bei der Auslegung des Samariter-Gleichnisses auf die gängige Interpretation zurück und bleibt dadurch knapper als Hartmann. Die geschenkten Kleider erwähnt er nicht, ebenso verzichtet er auf die Ausdeutung von Öl und Wein – hier fühlte er sich sicher kompetenter als der deutsche Dichter und noch mehr berechtigt, *nec verbo verbum secundum poetam* (›Präfatio‹) zu folgen. Die Warnung vor dem Zweifel auf alle Sünder bezogen bringt er jedoch auch: *vt ab omnibus peccantibus venie desperacio auferatur.* Es wäre also müßig, Belege für den Zweifel in der Erzählung zu suchen, dort wird er nicht thematisch, und der Zuhörer konnte das nach dem Prolog auch nicht erwarten: die Warnung war an ihn selbst gerichtet, nicht Vorausdeutung auf die Geschichte Gregors.

Hartmann beschreitet den deduktiven Weg. Ausgehend von einer allgemeingültigen Wahrheit (Buße in der Jugend), die ihn selbst betrifft (sündhafte Pro-

[5] Goebel hält Unabhängigkeit von der Tradition für möglich und möchte Hartmanns eigenes Bibelwissen dafür verantwortlich machen (S. 215) – unwahrscheinlich angesichts der langen Tradition.

fandichtung), lenkt er die Aufmerksamkeit der Zuhörer auf ein ganz besonderes Exempel (Gregor), das gerade wegen seiner Ungeheuerlichkeit geeignet ist, Beweis für die Gnade Gottes zu geben, wie sie ja schon Jesus in der Heiligen Schrift (Samariter-Gleichnis) verkündet hat. Die eigentliche Vita Gregorii erhärtet diese Aussage durch den Bezug auf eine aktuelle Lebensform. So ist sicherlich von der Autorseite her der Prolog aus der Kenntnis der Fabel konzipiert (und insofern hat GOEBEL 1971 recht), vom Rezipienten aus soll sich wiederum die Geschichte als individuelle Ausfaltung der Lehre des Prologs erweisen. Diese Lehre ist jedoch kein spezieller Bußtraktat, sondern eine sehr allgemeine Wahrheit: auch große Sünde wird durch Reue und Buße vergebbar, denn die Gnade Gottes hilft dem Sünder.

Die Erschließung des literarischen Erwartungshorizonts mit Hilfe des Prologs hat ergeben, daß Hartmann mit der Kenntnis seiner weltlichen Werke – des ›Erec‹, wohl auch der ›Klage‹ und einiger Lieder – rechnete. Von diesen literarischen Produkten setzt er seine neue Erzählung deutlich ab: statt nach gesellschaftlicher Anerkennung trachtet sie nach geistlichen Verdiensten. Offensichtlich sind *êre* und *gotes hulde* nicht mehr gleichzeitig zu erlangen, die Erfüllung der gesellschaftlichen Forderungen verbürgt noch nicht das ewige Heil. Der Autor verkündet die rettende Botschaft jedoch nicht im Rahmen herkömmlicher geistlicher Dichtung: der Verzicht auf das Gebet um Gottes Beistand zeigt ihn einmal als Mitbetroffenen und verhindert sodann die Abstempelung des Gedichts als zur herkömmlichen religiösen Literatur gehörig, denn dort wird die Heilsproblematik nur mit Hilfe vorgefertigter Antworten gelöst. Die vom Erzähler demonstrierte existentielle Verbindlichkeit soll die individuelle Aktualität des aufgezeigten Weges gewährleisten. Vokabular, biblische Namen und das Gleichnis bezeugen jedoch die ungebrochene Zuständigkeit des religiösen Bereichs für die Sinnfrage. Die Kenntnis geistlicher Lehren auf nicht-wissenschaftlichem Niveau setzt der Dichter voraus, für die Vorstellungen des Publikums hat sich daher die deutsche Predigt als der geeignete Rahmen erwiesen. Vor diesem Hintergrund war der Prolog durchaus verständlich, ohne daß irgendwie geartete theologische Bildung, etwa im Bereich der Rechtfertigungslehre, angenommen werden mußte. Dem Autor wird man dabei einen gewissen Vorsprung vor seinem Publikum schon auf Grund seiner in diesem Kreis exzeptionellen Schulbildung zugestehen, ohne sich deswegen gleich vorzustellen, daß er seine Patres im Original studiert habe.

14. *ein sælic bilde?*

Nach dem Prolog konnte das Publikum eine Geschichte von großer Sünde, Buße und Gnade erwarten, wobei das Samariter-Gleichnis den Akzent eindeutig auf den Vorgang der Rechtfertigung gelegt hatte. Der autorbezogene Teil des Prologs (das Proömium) hatte dieses Problem als existentiell bedeutsam angekündigt: weil für den Autor, darum auch für alle Menschen, denn dem Menschen zur Zeit Hartmanns ist es eine Selbstverständlichkeit, *daz niemen uf dirre welt so rehte geleben mac, daz er idoch gar ane sunde gesin muge. von danne son ist ouch niemen, ern haize ain sundære* (Priester Konrad, hg. SCHÖNBACH III S. 135,22 ff.).

Wir können also damit rechnen, daß die Vorstellung des Ordo eremiticus als spezielle Ausformung der Vita poenitentiae, die ich als verwurzelt in der Mentalität des 12. Jahrhunderts nachweisen wollte, durchaus in dem gegebenen literarischen Rahmen aktualisiert werden konnte. Der Prolog hat das Thema vorgestellt, das Bewußtsein von einer Lebensform, die dieses Thema in besonders kompromißloser Weise verwirklicht, lag im Zuhörer.

Was leistet nun der Bezug auf diese Vorstellung im ›Gregorius‹?

Heilssicherung als Problem: *werlt* und Eremus

Hartmann hatte in seinem ›Erec‹ das Programm einer ritterlichen Idealität verkündet, die die *sælde* des Individuums gewährleistete, wenn es nur der *rehten güete*, den richtigen gesellschaftlichen Idealen folgte. Diese waren in der Joie-de-la-curt-Aventiure exemplarisch dargestellt worden: die Minne und die Rittertat sind an die gesellschaftliche Ordnung gebunden, sie sollen fruchtbar werden für die *vreude* aller (vgl. RUH 1967 S. 134). Dieses Abenteuer ist für Erec *der sælden wec* (v. 8521), und er erreicht sein Ziel. Der Anspruch des weltlichen Rittertums, die *sælde* innerhalb der höfischen Gesellschaft durch Akzeptierung ihrer Gesetze zu verleihen, muß sich mit dem Anspruch der Kirche, über das Heil zu verfügen, auseinandersetzen: *spiritalis homo judicat omnia* (1 Kor. 2,15). Der Anspruch der ritterlichen Lebensform war nicht wenigen zum Problem geworden, wie die Konversionen bezeugen. Immer wieder vertauschten Adlige aus freiem Entschluß die weltliche Forma vivendi mit der geistlichen. Persönliche Erschütterungen, die die Grenze der innerweltlichen Heilsgarantie aufzeigen, führten zum Verlassen der Welt, zur Wahl der Vita poenitentiae, sei es im Kloster, sei es in der strengeren Form des Eremitentums. Wenn auch letztgenannter Weg zu Hartmanns Zeit anscheinend in der Realität nicht mehr ganz so aktuell war wie zwei Generationen vorher, so blieb er als Ausnahmefall und Extremlösung im Bewußtsein der damaligen Gesellschaft verankert. Er demonstriert besonders eindringlich die persönliche Verantwortung für das Heil: ebensowenig, wie die bloße Zugehörigkeit zur Artusrunde schon die ritterliche Vollkommenheit garantiert, gewährleistet eine kirchliche Institution schon die Erlösung: sie muß in jedem Fall individuell errungen werden.

Mit diesem Problem der Heilssicherung setzt sich nun der ›Gregorius‹ auseinander. Gleich der Prologbeginn stellt infrage, daß *der werlde lôn* wirklich die Rettung verbürgt. *Der sælden strâze* führt nicht zur Joie de la curt, sondern in die Eremus, zur Buße und letztlich zu Christus. Gregor ist Exempel dafür. Aber Hartmann schreibt nun keine Propaganda des Contemptus mundi, sondern sucht das Problem in harmonischer Weise zu lösen. Zunächst vermeidet er, beide Lebensformen ausdrücklich gegeneinander abzuwägen und die des ritterlichen Laien etwa zu verdammen. Die Diskussion mit dem Abt ist, wie ich zu zeigen versuchte, ein Streitgespräch, in dem der Autor nicht eindeutig Partei bezieht. Argument steht gegen Argument: wenn der Abt warnt: *»swer sich von phaffen bilde / gote machet wilde / unde ritterschaft begât / der muoz mit maniger missetât / verwürken sêle unde lîp«* – so repliziert Gregor: *»ritterschaft daz ist ein leben, / der im die mâze kan gegeben, / sô enmac nieman baz genesen«* (v. 1517 ff.). Das Lob der Ehe v. 2221 ff.: *wande êlich hîrât / daz ist daz aller beste leben / daz got der werlde hât gegeben* hingegen ist Autorkommentar und sicher keine Ironie – Hartmanns Erläuterungen durchbrechen meist den Situationskontext und zielen auf eine programmatische Idealität. Und innerhalb dieser ist für die *werlt* – die Laien – die Ehe tatsächlich der Gott wohlgefällige Ordo.

Hartmann scheint unberührt von den theologischen Diskussionen des 12. Jahrhunderts, ob die Geschlechtslust in der Ehe sündhaft sei (M. MÜLLER S. 84).

Die Positionen der einzelnen Theologen sind recht unterschiedlich, von Huguccio (die Lust ist immer sündhaft, S. 282) bis zu Abälard (sie ist indifferent, je nach Intention gut oder schlecht, S. 280). An der Tatsache, daß die Ehe als solche gut ist, wird jedoch nicht gezweifelt, und bei Albertus Magnus kommt es zu einer positiven Wertung auch des Sexuellen: »man kann also bei der Frau bleiben, man kann Kinder erzeugen und dennoch ein Heiliger sein« (S. 247), denn das Bonum fidei und Bonum sacramentum sind Ziel des ehelichen Verkehrs (S. 251). Für den nicht theologisch gebildeten einfachen Mann gilt bei den Vertretern der strengen Richtung sogar die Entschuldigung der Unwissenheit, die ihn entlastet (S. 311). Diese Situation wird – weniger differenziert – in den altdeutschen Predigten reflektiert. Es finden sich dort scheinbar widersprüchliche Aussagen nebeneinander. So bezeichnet der Priester Konrad die Ehe einmal als mit Sünde behaftet (hg. SCHÖNBACH III S. 135,26), an anderer Stelle jedoch wie Hartmann als Weg zum Heil (S. 22,18); der Kontext, der diese unterschiedliche Darstellung bedingt, ist im ersten Fall das Lob der Jungfräulichkeit (der die Ehe gradualistisch untergeordnet ist), im zweiten das Evangelium von der Hochzeit zu Kana. Weder von der wissenschaftlichen Theologie noch von der Predigt her kann also eine Abwertung der Ehe hier herausgelesen werden, und die Zuhörer werden den Erzählerkommentar vor dem Hintergrund ihres Wissens auch nur positiv haben auslegen können. Die Diskrepanz zum vorgegebenen Wissen, daß diese Ehe hier keine gültige Ehe sein kann, sondern Werk des Teufels ist (*da ergie des tiuvels wille an*, v. 2246), ist kein Merkmal der Ironie, denn der Erzähler nimmt ja nicht zu dieser Inzestehe, sondern zur Ehe überhaupt Stellung. Von einer grundsätzlichen Abwertung der Ehe und der *werlde* kann also keine Rede sein, ja sogar die sündhafte Minne des jungen Herzogs zu seiner schönen Schwester findet bemerkenswert wenig Tadel. Als das Mädchen dem Bruder ihre Schwangerschaft entdeckt, kommentiert der Erzähler nach Art der Minnelyrik, daß *vrou Minne / ir swære gewonheit* bewies: *si machet ie nâch liebe leit* (v. 451 ff.), und der Tode des Bruders aus Minneleid, *seneder nôt* (v. 851), erfährt keine Akzentuierung im Hinblick auf die Sündhaftigkeit dieser Liebe (*herzeriuwe* v. 852 ist nicht als »geistliche Reue« sondern als »Herzeleid« zu verstehen), er gewinnt im Gegenteil noch Vorbildcharakter durch seine große Minne: indem er den Satz, *daz diu wîp / sêrer minnen dan die man* (v. 842 f.) widerlegt, wird er fast zum im höfischen Sinne exemplarischen Minner, ohne daß noch ein Wort des Tadels fällt.

Der Erzähler nennt den im Ritterkampf erfolgreichen Gregorius v. 2165 *sælec* – damit verbindet er gewiß keine geheime denunziatorische Absicht. Der Anspruch des Rittertums, *sælecheit* zu verleihen, wird nicht schlechtweg negiert oder durch Ironie in sein Gegenteil verkehrt – Gregor bringt es immerhin als Landesherr zu einem vorbildlichen Rex justus. Aber die *sælde* der Ritterschaft ist kein endgültiger Schutz vor dem Verlust der ewigen Seligkeit. Selbst der exemplarische Fürst, dessen Rittertugend sich im Kampf bewährt hat, der – wie der Artusheld im ersten Handlungszyklus – *frouwe unde lant* erworben hat, kann in den Abgrund der Sünde stürzen. Ganz ähnlich ergeht es Erec und Iwein, nur daß bei ihnen »Sünde« innerweltlich gefaßt und damit auch ein innerweltlicher Erlösungsweg möglich ist – im Falle Parzival reicht die *sælde* des Rittertums jedoch schon nicht mehr zur Rettung. Ritterschaft ist also nichts Böses, nichts Widergöttliches, sondern nur eine Lebensform, die nicht mit letzter Gewißheit das Heil garantieren kann und für Erschütterungen besonders anfällig bleibt. Sie ist der anderen Forma vivendi des Büßers gradualistisch untergeordnet. Nur die Vita poenitentiae kann die latente Beunruhigung der ritterlichen Existenz in wirksamer Weise aufheben, sie gewährleistet – dafür ist Gregor Exempel – die Rettung so sicher, daß jeder Zweifel unerlaubt und seinerseits größte Sünde ist.

Ob der ›Gregorius‹ ein Auftragswerk war, wissen wir nicht. Eine eindeutig biographische Interpretation des Prologs – das würde für eine freie Wahl aus eigener Beunruhigung sprechen – kann man nicht geben. Sicherlich war die Vorlage nicht einfach zu bekommen, im Fall des ›Armen Heinrich‹, der im Prolog die Stoffwahl durch den Autor zumindest fingiert, konnte das, wenn es sich um eine Familientradition handelt, weniger schwierig sein. Mehr scheint daher für den Auftragscharakter des Werkes zu sprechen, und warum sollte nicht auch ein Gönner Hartmanns auf die Problematik des ritterlichen Heilsanspruchs ähnlich reagiert haben, wie wir es uns von Hartmann vorstellen? Der alternde Berthold IV. von Zähringen mag, wie angedeutet, aus seiner Situation (oder aus der eines Verwandten) Hartmann beauftragt haben, eine Dichtung zu schreiben, die nicht *nâch der werlde lône stât*. Vielleicht hat eine Konversion in der unmittelbaren Umgebung den Anlaß gegeben, Verständnis für einen solchen plötzlichen Entschluß des Ordo-Wechsels zu wecken, jedoch ist meine Suche nach einem entsprechenden Ereignis erfolglos geblieben. Allein die Tatsache aber, daß es Ritter gab, die ihren sonst als so ideal propagierten Stand verließen, weil er ihnen nicht das geben konnte, was sie suchten, wird Grund genug gewesen sein, das Thema aufzugreifen.

Hartmann löst seine Aufgabe, den Heilsweg der Vita poenitentiae darzustellen, in einem für die Gesellschaft akzeptablen Sinn. Das ritterliche Leben wird nicht ausdrücklich verdammt, die geistliche Alternative aber, die vom Modell der Lebensform nicht unbedingt *bercswære schulde* voraussetzt und die sie dem theologisch nur etwas gebildeten Zuhörer auch von der Erzählung nicht vorgeben kann (kasuistisch ist ja der Inzest keine Sünde), wird im Prolog vorsorglich entschärft: sie trifft vornehmlich auf den g r o ß e n Sünder zu und kann daher vom Publikum nach Belieben auf sich oder andere bezogen werden. Der *sündige man*, der *ein bilde nemen* soll (v. 3964, 3983), das ist eigentlich jeder, aber Hartmann vermeidet es, das ausdrücklich zu sagen. Er läßt dem Zuhörer den Ausweg der Unterscheidung von großen und kleinen Sündern: Sünder sind zwar alle, aber (mit Worten des Priesters Konrad) *daz ist idoch vil harte underscaiden: wan ain der heizet ain sundære, der ander der heizet ain maintatære sundære* (hg. SCHÖNBACH III S. 135,24 ff.), und das sind die Räuber, Brandstifter, Hurer und Mörder (Z. 31 f.). Selber exkludiert sich der Erzähler nicht, aber dem Auditorium läßt er das Schlupfloch. Jedoch geht auch der Autor nicht den Weg der Imitatio Gregorii, für ihn ist die Gestaltung der Vita Buße genug und gibt ihm ein Alibi, der radikalen Konsequenz auszuweichen.

Rex justus

Darüber hinaus geht der Erzähler so weit, der eremitischen Lebensform die Erlösungsgewißheit schon im Diesseits zu garantieren, was durchaus nicht in allen Büßerlegenden so ist und zudem in Gegensatz zu dem steht, was die Eremiten von den allzu selbstgewissen Mönchsorden ferngehalten hatte. Die Papsterhöhung Gregors ist irdischer Ausdruck für das errungene Heil, so ist es schon in der Vorlage, gleich, ob man mit SPARNAAY (1933 S. 130) den Schluß B_1 für eine Kürzung hält oder nicht.

Papst wird Gregor in allen Fassungen; die A- und $B_{2,3}$-Version mit der Versöhnung der Mutter bekräftigen nur die Tendenz, die Gewißheit der Errettung auszusprechen.

Wenn Hartmann – was schwer denkbar ist – eine A- und eine B-Fassung vorliegen hatte, wäre die Wahl des deutlicher harmonischen Schlusses sogar seine programmatische Entscheidung.

Jedoch besaß der Dichter wohl keine andere Möglichkeit, die Sicherheit von Gottes Gnade wirklich und bildlich darzustellen. Von den vorliegenden literarischen Formen hätte sich nur die der Vision angeboten: der Autor sieht, wie der Büßer in den Himmel geholt wird. Damit wäre aber die sonst eingehaltene Grenze der Immanenz überschritten, und obendrein hätte die gewährte Schau schlecht zu der Autorrolle im Prolog gepaßt: dort erscheint der Erzähler als Sünder, als Mitbetroffener, nicht als darüberstehender Verkünder der Wahrheit – die Vision hätte ihn in einer Weise ausgezeichnet und über die Zuhörer, mit denen er bisher auf einer Ebene stand, erhoben, daß die Einheit der Erzählerrolle zerbrochen wäre.

Der bildhafte Ausdruck der Erlösungsgewißheit besteht wiederum in einer typisch adligen Lebensform: dem kirchlichen Herrscheramt. Gregor ist auf einer höheren Stufe das, was er vorher nur scheinbar war: Rex justus, der *mâze geben kan* (v. 3823), die er vorher nur *phlegen wolde* (v. 2272). Dieser Akzent auf dem idealen Herrschertum, zu dem Gregors Weg schließlich führt, ist in vergleichbarer Weise schon im ›Erec‹ in Abwandlung von Chrétiens vorwiegend minnekasuistisch gedeutetem Werk gegeben (U. Peters 1975 S. 190, 193). Auch in der Geschichtsschreibung des späten 11. und 12. Jahrhunderts treten die Landesherren verstärkt als »Friedensfürsten« auf (Patze 1964/65 S. 122), so daß gerade diese Lebensform adligem Selbstverständnis (oder entsprechender Propaganda) besonders entsprochen haben wird.

Imitatio oder Devotio?

Für die Zuhörer hat das Anhören der »Legende« einen entsprechenden Alibistatus wie für den Autor und auch den Auftraggeber. Der ›Gregorius‹ mündet nicht in einen Aufruf zur tatsächlichen Imitatio des Helden, wie es z. B. bei mhd. Heiligenpredigten wenigstens in bezug auf einige Tugenden der Fall ist. Daß die *rehte buoze*, zu der der Erzähler auffordert (v. 3988), eine vergleichbar kompromißlose Wahl der Vita poenitentiae sein sollte, wird nicht suggeriert. Das Heil, die *sælde*, erhofft Hartmann für sich und sein Publikum vielmehr von der Intercessio, der Fürbitte des *guoten sündæres* (v. 4000 f.). Es spielt keine Rolle, daß Gregor im heutigen Sinne kein »echter« Heiliger ist, denn Heiligkeit ist nach einem Wort von John von Salisbury nicht vom Papst in Rom abhängig (Schreiner 1966 II S. 143), sondern Verkörperung einer höheren theologischen Wahrheit, die auch Erfindung rechtfertigen würde (S. 145).

Da Gregor Exempel der Sanctitas ist, kann er Fürbitter sein, erst recht aber soll der Zuhörer *ein bilde nemen.* Die Imitatio beschränkt sich jedoch auf einen Aspekt: die Vermeidung des Zweifels. Sicherlich ist von *riuwe* und *rehter buoze* (v. 3987 f.) auch am Schluß noch die Rede, aber das bleiben doch vergleichsweise blasse Formeln. Die *rehte buoze* ist nicht mehr der Radikalismus der Vita poenitentiae, sondern die für die jeweilige Person und Sünde passende Genugtuung – Hartmann selber hatte sie in der für ihn *rehten* Weise schon durch die Abfassung des ›Gregorius‹ geleistet, der Auftraggeber durch die Kommissionierung des Werks und das Publikum durch das Zuhören. Die Erschütterung des höfischen Systems ist damit gleichzeitig dargestellt und neutralisiert: wer einen *guoten sündære ze boten senden* kann, darf sich weitere Konsequenzen für das eigene Leben ersparen. In Hartmanns Vorlage, dem ›Grégoire‹, beschränkt sich der Aufforderungscharakter der religiösen Erzählung sogar nur auf ein gemeinsames Vater-unser-Gebet: *Or(e) preum Deu omnipotent / E si dium communement* / Pater noster, *pur lur anemes / Que Deu les noz face salves* (B v. 2069–72).

Es wäre jedoch zu modern gesehen, wollte man den Verzicht auf die propagierte Lebensänderung nur als bequemen und faulen Ausweg sehen, als Taschenspielertrick, der eine Gesellschaftsordnung, indem er sie infrage stellt, schon wieder stützt. Im zur Zeit Hartmanns modernen Konzept von der Gesellschaft als Organismus, als mystischem Leib Christi, kommt jedem Glied eine bestimmte Funktion zu, in deren Erfüllung es Anteil am Ganzen hat. So ist es Aufgabe des Mönchs, für die anderen mitbetend ihr Heil zu erlangen, und der Wunsch, einer so stellvertretend erbetenen Erlösung teilhaftig zu werden, eingestandener Stiftungszweck für Klöster. Die Gott im Gebet dienenden Klaustralen lassen den Stifter an ihren Verdiensten teilnehmen, während dieser sich den Aufgaben der Rechtssicherung, der Vergrößerung des Territoriums (und damit der wirtschaftlichen Basis) oder der Abwehr der Feinde widmet. Jeder dient auf seine Weise Gott und gewinnt die Seligkeit – für Hartmann ist die passende Form die Abfassung eines Gedichts, für den in Verwaltungs- oder Militäraufgaben stehenden Zuhörer leistet dieses Gedicht das, was die lateinischen Autoren *aedificatio* nennen würden (ein deutscher Begriff existiert zunächst nicht, Schulmeister S. 164 A. 1) und Arnold von Lübeck auch als Ziel seines Werkes ausgibt: *ad edificacionem auditorum* (S. 1).

Aedificatio bedeutet das Verstehen des geistlichen Gehalts, Schulmeister erläutert es (S. 31) mit einem Pseudo-Hraban-Zitat (= Garnier von Rochefort oder St. Victor): *Historia namque perfectorum exempla quae narrat, legentem ad imitationem sanctitatis excitat; allegoria in fidei revelatione ad cognitionem veritatis; tropologia in instructione morum ad amorem virtutis; anagogia in manifestatione sempiternorum gaudiorum ad desiderium aeternae felicitatis* (PL 112, 849). Sicherlich kann man den ›Gregorius‹ nicht mit Hilfe der hier angesprochenen Kategorien des vierfachen Schriftsinns erklären – dafür fehlen die erforderlichen sprachlichen Signale. Darüber hinaus ist diese Interpretation auf die Bibel beschränkt, die Pseudo-Hraban-Stelle ist auch der Einleitung der ›Allegoriae in universam sacram Scripturam‹ entnommen und *perfectorum exempla* meint sicherlich das beispielhafte Verhalten biblischer Figuren. *Allegoria quidem fidem, tropologia vero aedificat moralitatem* sagt Garnier an der gleichen Stelle, und eine ähnliche Wirkung soll die Geschichte Gregors bewirken: *aedificare fidem* – die *wâre triuwe ze gote hân* (v. 76 f.) soll der Sünder.

Der Wirklichkeitsbezug des ›Gregorius‹, der hier als Gestaltung einer in der Mentalität der Zuhörer präsenten realen Lebensform verstanden wurde, wird in den einleitenden und abschließenden Partien des Werkes nicht durchgehalten. Was als Ausformung eines spezifischen Konflikts einer bestimmten Gesellschaftsschicht angelegt ist, wird zurückgenommen ins Allgemeine eines religiösen Exempels mit erbaulichem Ziel. Das Exempel (*bilde*) Gregors dient, so interpretiert der Erzähler selbst, dem Aufzeigen einer spirituellen Wahrheit – *aedificare fidem.* Indem die Legende von ihrer ursprünglichen Kultbindung, die z. B. im ›Servatius‹ durch die Auftraggeber sichergestellt ist, losgelöst wird, kehrt sich die Orientierung um. Sie richtet sich nicht mehr primär auf die Verehrung des Heiligen aus, die in vertikalem Bezug die Gnade Gottes vermittelt, sondern zielt horizontal: auf die für das Publikum wichtigen Konflikte. Das ist die Ebene des Romans, und insofern ist der ›Gregorius‹ ein Legenden r o m a n. Ein legendarischer Stoff wird aktualisiert, indem die Gestalten in sozial bestimmten Verhaltensweisen, Lebensformen, sich verwirklichen, und er wird individualisiert, indem der am wenigsten institutionalisierte Heilsweg gegangen wird. Mit Gregor steht ein – höfisch ausgebildetes – Individuum im Mittelpunkt. Der daraus resultierende Zündstoff, eine Infragestellung gesellschaftlicher Werte, wird entschärft durch die in Prolog und Epilog vorgetragene legendentypische Interpretation des Autors: Gregors Vita poenitentiae sei keine mit lebensänderndem Anspruch auftretende Wirklichkeit, sondern *bilde*, Exemplum für eine spirituelle Verhaltensweise ohne soziale Implikation. Damit ist einerseits ein Verlust an gesellschaftskritischem Potential verbunden, andererseits eine den ständischen Rahmen überschreitende »zeitlose« Aktualität gewonnen. Epilog und Prolog (dieser durch eine Bibel-Allegorese) beziehen die historische Problematik, die in dem Konzept der Lebensform faßbar wurde, auf eine allgemeine christliche Befindlichkeit: die Sündhaftigkeit des Menschen. Und von dieser Grunderfahrung kann durchaus wieder eine lebensändernde Wirkung der Legende virulent werden, die dann zur Conversio im Sinne der Imitatio führt. Es ist nicht berichtet, ob vom ›Gregorius‹ jemand bekehrt worden ist, wie Petrus Waldes 1173 durch das Anhören des altfranzösischen Alexiusliedes oder Giovanni Colombini im 14. Jahrhundert durch die Lektüre der Maria-Aegyptica-Legende, und wahrscheinlich hat auch keinen Ritter aus dem Publikum aus Entsetzen über die *miseria humanae conditionis* der Schlag getroffen wie den Markgrafen Friedrich den Freidigen (mit der gebissenen Wange), nachdem er das Eisenacher ›Zehnjungfrauenspiel‹ miterlebt hatte. Dafür mag Hartmann vor allem im Epilog die Brisanz seiner Erzählung doch zu gut neutralisiert haben. Aber Zeugnis der Beunruhigung des Selbstverständnisses einer höfischen Gesellschaft angesichts der christlichen Problematik der Heilssicherung bleibt der ›Gregorius‹ dennoch.

Ursachen der Unruhe

Woraus diese Beunruhigung resultiert, kann nur angedeutet werden. Das Konzept der Vita eremitica oder Vita poenitentiae sah die bewußte Wahl dieser Lebensform unter dem Aspekt der individuellen Getroffenheit von der Frage nach dem Sinn des Daseins, der Frage nach dem Seelenheil. Anlässe waren persönliche Erlebnisse – Schlacht, Tod eines Angehörigen, Erkenntnis der eigenen Sündhaftigkeit. Die Tatsache jedoch, daß die Reaktion auf diese Getroffenheit zu einer sozial determinierten Forma vivendi, zur Ausprägung einer spezifischen Mentalität und zur literarischen Ausformung dieser Bewußtseinsinhalte führt, spricht für allgemeine historische Bedingungen hinter den nur subjektiv faßbaren Anlässen.

Die Gründe, die für die Hinwendung zum Eremitentum angeführt werden, sind von unterschiedlicher Erklärungskraft. Vordergründig mag für die Bretagne die Zerstörung der Klöster durch die Normanneneinfälle und die damit verbundene Unsicherheit eine Rolle gespielt haben (Raison/Niderst S. 5); auch die Regelung der Besitzverhältnisse durch die Institution des Frèrage, die gesamthänderische Verwaltung der Lehensgüter durch ganze Familien, die zur Einschränkung des privaten Lebensraums zwingt, kann zur Flucht in die Einsamkeit geführt haben (Bloch S. 30). Grundsätzlich ist damit der Entschluß zur Vita poenitentiae, die Conversio, nicht erklärt. Bosl (1964 S. 123 ff.) macht dafür den Verlust der Selbstsicherheit der herrschenden Schicht verantwortlich, die eine neue religiöse Begründung für die Herrschaft sucht, nachdem es mit dem Investiturstreit zu einer »Entmythologisierung« (S. 125) der alten weltlichen Macht gekommen ist.

Für den ›Grégoire‹ läge eine Anknüpfung an das militärische und moralische Desaster des zweiten Kreuzzugs nahe, besonders da Bernhard mit seiner Konzeption der Militia Christi das Selbstverständnis des Ritters auf eine neue Basis hatte stellen wollen. Mit dem Scheitern des Kreuzzugs gerät auch sein vornehmster Propagandist ins Zwielicht: Söhne des Teufels haben die Christen verführt, berichten die Würzburger Annalen: *Occidentanam, exigentibus peccatis, Deus affligi permisit ecclesiam. Etenim perrexerunt quidam pseudoprophete, filii*

Belial, testes antichristi, qui inanibus verbis christianos seducerunt et pro Ihero-solimorum liberatione omne genus hominum contra Sarracenos ire vana predicatione compellerent (S. 3). Ausdruck der Desillusionierung ist ferner der mangelnde Erfolg, den Bernhard und Suger 1150 mit dem Versuch, eine neuerliche Expedition ins Heilige Land zu organisieren, hatten (CONSTABLE S. 276, H. E. MAYER S. 108). Damit scheint auch die neue Sinngebung der ritterlichen Existenz problematisch und die Frage der Heilssicherung dringlich geworden zu sein. In einer solchen Stimmung ist der ›Grégoire‹ gut vorstellbar: die adlige Lebensform als Krieger und Herrscher kann die Rettung nicht mehr garantieren, sicher ist allein der Weg der vollkommenen Buße. Anders als beim ersten Kreuzzug war die Kreuzpredigt vornehmlich an die Schicht gerichtet, die auch das Publikum des ›Grégoire‹ bildet: die »Kriegerklasse« (H. E. MAYER S. 101). Bernhard hatte den Kreuzzug ausdrücklich als Möglichkeit der Selbstheiligung gepredigt, er sei das geeignete Mittel, die Seele des Kreuzfahrers von der Sünde zu befreien. Mit dem militärischen Fiasko war jedoch auch der spirituelle Zweck des Unternehmens diskreditiert, wie die Kritik des Würzburger Annalisten ebenso wie die Verteidigung Bernhard in ›De consideratione‹ zeigt (CONSTABLE S. 267, H. E. MAYER S. 108 f.). Die Predigt hatte das Ziel der individuellen Rechtfertigung stark herausgestellt und damit sicherlich ein Bedürfnis artikuliert und gestärkt, das bereits vorhanden war[1]. Nachdem der Kreuzzug nicht der Heilsweg gewesen war (und daran ändern auch die Rettungsversuche Ottos von Freising nichts, vgl. CONSTABLE S. 220, 266), blickte der Adel auf andere Möglichkeiten – der Autor des ›Grégoire‹ präsentierte die Vita eremitica. Ein weiteres kommt für Deutschland hinzu. Die adligen Herren hatten seit der Mitte des 12. Jahrhunderts die Bewirtschaftung ihres Grundeigentums immer mehr in die Hände von Ministerialen gegeben. Diese hatten oft keine ausgewogene Eigenwirtschaft aufgebaut, sondern das Land in Pachtzinsgüter aufgeteilt, so daß der Grundherr Rentenbezieher wurde (BECHTEL S. 196) und sich seiner früheren wirtschaftlichen Basis entfremdete. Die lehensmäßige Organisation der Terri-

---

[1] WERNERS Erklärung (1957/58 S. 136) für den Erfolg der Kreuzzugspropaganda aus der ökonomischen Situation der jüngeren Söhne der französischen Vasallen, die die Hoffnung auf die Erringung einer eigenen wirtschaftlichen Basis in den Orient schickt, geht von der jüngeren Erbregelung des Ältestenvorzugs aus und dürfte daher für den zweiten Kreuzzug noch nicht relevant sein. Seine Interpretation der Einrichtung des Konverseninstituts in den Klöstern (1956) aus dem Bedarf an Handarbeit im Zuge der großen Rodungswelle in Westfrankreich (und des Landesausbaus in Deutschland), berücksichtigt, wie HALLINGER zu recht (wenn auch wiederum einseitig) einwendet, die Motivation auf Seiten der Konversen zu wenig. ELM (1962 S. 26) denkt für die Toskana an die allgemeine politische Unsicherheit und die weitgehende Kommerzialisierung des Lebens.

torialfürstentümer war in erster Linie auf die Gewinnung der finanziellen Erträge des Landes gerichtet. Kennzeichnend für die Konzentrierung auf die Rente ist ferner die forcierte Gründung von Städten, wie wir sie im Bereich der Zähringer (Freiburg i. Br., Freiburg in der Schweiz, Bern) antreffen: die Städte garantieren Einnahmen von Zöllen und anderen Abgaben. Dieser Wechsel der ökonomischen Grundlage dürfte zu einer Verunsicherung des adligen Selbstverständnisses geführt haben, das sich in der Folge auf religiösem (Militia Christi) und kulturellem Gebiet zu artikulieren beginnt. Denn die fortschreitende Verdinglichung der Lehnsbindung blieb nicht ohne Einfluß auf die Auffassung der Treuepflicht: »seit sie an veräußerliche Güter gebunden war und nicht mehr so wie in früheren Zeiten schwer veräußerliche Güter lediglich zu dem Zweck vergeben wurden, dem Vasallen die Erfüllung seiner Dienstpflicht zu erleichtern, läßt sich mit Recht behaupten, daß die Vasallentreue praktisch zur Handelsware wurde. Sie verlor seitdem jede Zuverlässigkeit und vielleicht sogar jede Grundlage« (Ganshof 1967 S. 169). Die neue Basis der Territorialherrschaft wurde zwar weiterhin unter der überkommenen Kategorie der persönlichen Lehnsbindung gefaßt, aber wenn auch die Begriffe für das Neue fehlten (S. 176), muß man doch mit einer veränderten Bewußtseinslage rechnen. Die Verrentung der Grundherrschaft und die dadurch notwendig gewordene Umdefinition der adligen Existenz wird zur vielbeschworenen »Krise des ritterlichen Weltbilds« beigetragen haben.

An den Privilegien des Adels hatte ferner die Gottesfriedensbewegung genagt: das Fehdeverbot schränkte ererbte Rechte der Aristokratie erheblich ein. Heinrich IV. hatte im Gottesfrieden ein geeignetes Mittel zur Stärkung der Zentralgewalt gesehen und 1103 den ersten Reichslandfrieden verkündet. Damit wurde ein ständisches Vorrecht des Adels, das Fehderecht, in einem Maße beschnitten, das an das Selbstverständnis dieser Schicht rühren mußte. Ursprünglich legitimierte Gewaltanwendung war illegitim geworden, für den Waffeneinsatz eine neue Sinngebung zu finden: die Militia Christi des Kreuzritters und die sozial gebundene Aventiure des Artusritters sind solche Versuche. Der Verlust der alten Privilegien und die damit verbundene soziale Mobilität in vertikaler und horizontaler Hinsicht (Bosl 1950/51 S. 145) hat wohl entscheidend zur Verunsicherung des Adels beigetragen. Diese Problematik ist im ganzen 12. Jahrhundert bis ins 13. hinein virulent, denn auch die Staufer benutzten die Friedensbewegung zur Disziplinierung des Adels, wie sich in der entsprechenden Gesetzgebung (1152: Constitutio de pace tenenda, 1186: Constitutio contra incendiarios) zeigt. Die neuen Leitbilder werden jedoch bald verdunkelt. Die Militia Christi war ein durch den zweiten Kreuzzug lädiertes Ideal, die immanente Sinngebung, wie sie der klassische Artusroman propagierte, stieß an ihre

Grenzen. Schon Bernhard hatte ja in seiner Propagierung der Militia Christi die neue höfische Ideologie des kulturell überfeinerten Minneritters zur Zielscheibe seiner Kritik und seines Spottes gemacht: ›De laude novae militiae‹ II,3 tadelt die Sinnlosigkeit einer modisch-höfischen Kleidung ebenso wie die unlauteren Motive der Ruhmsucht und Besitzgier, die zur Waffentat treiben. KÖHLER hat (1970 S. 181 f.) dargestellt, daß der im Karrenroman und im ›Yvain‹ aufgebrochene Konflikt zwischen dem Anspruch der Liebe und den höfisch-gesellschaftlichen Werten zu einer religiösen Utopie werden mußte. Schon vor ›Perceval/Parzival‹ sucht Hartmann den Zweifel an der Immanenz des Sinnes der ritterlichen Existenz durch den Ausgriff auf die Transzendenz im ›Gregorius‹ zu lösen. Jedoch nicht der utopische Gral, sondern der in der Vorstellung des Publikums höchst reale Weg der Vita poenitentiae ist Hartmanns Antwort – wir haben gesehen, in welcher Weise er sie allerdings wieder zu relativieren verstanden hat.

Sicher wäre es zu simpel, wollte man das Bedürfnis von Hartmanns Publikum nach einer die innerweltliche Sinngebung des Rittertums übersteigenden Sicherheit nur mit den Verschiebungen im Bereich der Ökonomie und der Einschränkung adliger Privilegien durch die Landfrieden erklären. Die seit den sechziger Jahren erneut nach Europa gelangenden Hilferufe aus Palästina z. B., die Heinrich II. zur Einrichtung einer Kreuzzugsteuer nötigten (H. E. MAYER S. 129 f.), mögen zu den sekundären Verunsicherungen gehören. Für die Irritation, die Gefährdung ungebrochenen ständischen Selbstbewußtseins, können wir aber sehr wohl den Ausgangspunkt in der wirtschaftlichen und politischen Situation des Adels suchen. Daß die konkrete Artikulation dieser Gefährdung nicht davon spricht, ist kein Gegenargument, denn hier konnte der Autor auf eine christliche Grundtatsache zurückgehen: die Erkenntnis der Sündhaftigkeit jedes Menschen.

Die Interpretation des ›Gregorius‹ mit Hilfe des Lebensformen-Modells hat gezeigt, daß hier vornehmlich Interessen des Adels angesprochen werden, allerdings in einer Weise, die ein »sekundäres Textverständnis« im Sinne KÖHLERS (1970 S. 75) durch andere ständische Gruppen sehr leicht macht – eben durch den Rückgriff auf das *omnes peccatores*-Bewußtsein. Von der begrenzteren Problematik der Heilssicherung in einer durch Landesherrschaft und Kriegsdienst bestimmten Umwelt dürfte die Ministerialität jedoch genauso getroffen worden sein wie der Adel. URSULA PETERS hat 1975 gegen GERT KAISER herausgestellt, daß die Lebensweise beider rechtlich differenzierten Gruppen sich an den Höfen nicht unterschieden haben wird. Die Erlebnisse, die zur Ausbildung der beschriebenen Mentalität führen konnten, sind nicht an eine bestimmte rechtliche Situation gebunden, können daher sowohl für Adel wie Ministerialität gelten, wenngleich bestimmte Einzelzüge Gregors ihn speziell zur Identifikationsfigur für den Adel machen. Ministerialische »Ideologie«, falls es eine solche gegeben hat, ist nicht zu entdecken – das Publikum des ›Gregorius‹ dürfte adelsdominant gewesen sein, und dieser Dominanz geht der Erzähler konform.

IV. WANDLUNGEN DER REZEPTION

15. Gregorius Peccator – ein Heiliger aus Kaiser Ottos Sippschaft

In seinem Aufsatz ›Dienstmann und Abt‹ (1974) hat P. F. GANZ die Unterschiede zwischen dem ›Gregorius‹ Hartmanns und Arnolds von Lübeck ›Gregorius Peccator‹ herausgearbeitet. Generell ist eine Zurückdrängung des höfisch-ritterlichen Elements zu beobachten, ohne daß jedoch die Ausgewogenheit deutlich litte. Das ist verständlich, wenn man bedenkt, daß Arnold zwar ebenfalls für einen adeligen Auftraggeber schreibt, seine geistliche Ausbildung und Tätigkeit aber die Darstellung in Grenzen beeinflussen. Entscheidend für die große Nähe zu Hartmann ist die Ähnlichkeit des Rezipientenkreises. Das Konzept der ritterlichen und der büßenden Lebensform ist noch aktuell, und wie der *Ouwære* kann sich Arnold auf beide noch beziehen; die Signale, die im ›Gregorius‹ für die Zuordnung zur Vita eremitica stehen, finden sich gleichermaßen im ›Peccator‹: der Verzicht auf das höfische Gewand (die erste Frucht der Buße, III, 505), Verlassen der Welt, des breiten Weges, mit nackten Füßen (IV, 19) auf dem rauhen Pfad, die Einsamkeit als Vorbedingung (230), der Locus terribilis (272), das kurze Büßerhemd, *nudatus ... brachijs / sed nec contectus tybijs* (404 f.), die Askese in Speise und Trank, schließlich das verwahrloste Aussehen von Haar (760) und Bart (769) des *pauper christi gregorius* (760), der ebenso wie bei Hartmann das Gegenbild des schönen Höflings abgibt (723 ff.). Die Funktion der Legende ist allerdings nicht mehr genau die gleiche wie am Zähringerhof.

Die Motivation, die Wilhelm von Braunschweig-Lüneburg für den Übersetzungsauftrag hatte, kann ähnlich erklärt werden wie die für eine Entstehung des ›Grégoire‹ im Umkreis der Angevinen.

Zwar wird sein Bruder Otto IV. mit einem vielzitierten Wort der stauferfreundlichen Ursberger Chronik als *stultus sed fortis* bezeichnet (GRUNDMANN 1973 S. 30), aber das entsprach wohl kaum der Wirklichkeit. Am kulturbeflissenen englischen Hof erzogen – Elemente der Ausbildung Tristans im Roman des Thomas sollen aus der dortigen Realität stammen, man vergleiche auch den Lobpreis Graf Gottfrieds von Anjou[1] – ist er, im Unterschied zu seinem Rivalen Philipp, immerhin als Anreger eines

---

[1] ... *speculum lux atque sophiae / Artibus imbutus septenis, sensus acutus, / Precluis orator, logicae nec segnis amator / Rhetoricus flores edoctus sive colores* (M. P. COSMAN S. 17).

literarischen Werks bezeugt: der Marschall von Arles, Gervasius von Tilbury, widmete ihm seine ›Otia imperialia‹. Otto nun war 1196 von Richard Löwenherz, der ihn besonders hoch schätzte, mit Poitou und den Ländern nördlich der Garonne belehnt worden und führte seither den Titel *dux Aquitaniae* (vgl. WINKELMANN).

Unter den kontinentalen Besitzungen stellte Aquitanien, das Stammland der Eleonore, den ersten Rang nach dem König dar; für Otto war damit eine wichtige Stärkung seiner Position verbunden, die es der staufischen Gegnerschaft erleichterte, ihn 1198 als Königskandidaten zu präsentieren. Im Belehnungsjahr hatte er seine Länder bereist und am 1. 1. 1197 in Pont l'Abbé als *dux Aquitaniae* geurkundet (RICHARD S. 302 f.). Er betrachtete Wilhelm, den Vater der Eleonore, als seinen Vorfahren, wie aus einer Urkunde vom 8. 3. für die Mönche von Tablosceaux hervorgeht. Seit Mitte des Jahres 1198 hielt sich Otto in Deutschland auf; er sah Aquitanien nicht wieder, versuchte jedoch, die Verfügung über das Land (die Richard Löwenherz wieder übernommen hatte) zu behalten (S. 314 f.). Und vermutlich war Wilhelm selbst anläßlich der Reise Johanns Ohneland durch Aquitanien (nach dem Tode Richards) bei ihm, um – ohne Erfolg – die Einkünfte für seinen Bruder Otto zu reklamieren (S. 382, KIENAST S. 158). Aquitanien geriet nicht in Vergessenheit: Gervasius nennt Otto in seinem Werk, das er zwischen 1209 und 1214 (also wohl zur gleichen Zeit wie Arnold) für den Welfenkaiser schrieb, den Repräsentanten dreier Herrschertraditionen, des Imperiums, Englands und Aquitaniens.

Die *regio quedam, equitania dicta* (›Gregorius Peccator‹ I,1) gehört also in die Familiengeschichte der Welfen, den *dominum / moribus ornatum / et virtutibus magnificatum, / dei cultorem / et omnis iusticie amatorem* (5–9) durfte Wilhelm als einen Vorgänger seines Bruders ansehen. Die Übersetzung ist somit nicht nur »Objekt des repräsentativen Bildungsluxus« (P. F. GANZ 1974 S. 253), sondern auch Indiz eines politisch-genealogischen Selbstverständnisses. Wilhelm kannte wohl die literarischen Interessen seines Vaters, und von denen seines Großvaters, Heinrichs II., wird er bei seinen Besuchen am angevinischen Hof ebenfalls etwas mitbekommen haben. Der ›Grégoire‹ wurde zur Zeit, als Wilhelm in einem dafür aufnahmefähigen Alter war, noch in England tradiert, wie durch das älteste Manuskript bewiesen wird: B_1 entstand dort zu Anfang des 13. Jahrhunderts. Es ist vorstellbar, daß Wilhelm am Hof Richards oder Johanns den ›Grégoire‹ hörte und sich dann später daran erinnerte, möglich aber auch, daß er unabhängig davon die Verbindung zur Genealogie seines Hauses zog.

Obendrein gibt es Parallelen zu den ›Otia imperialia‹. Die ›Kaiserlichen Mußestunden‹ – der Autor formuliert als Bestimmung: *nichil aliud agimus, nisi quod tue sollicitudinis seria ociorum parenthesi tempora temperamus, opusculum quod ad ocium imperiale contexui* (S. 360) – stellen quasi ein Kompendium welfischer Literaturinteressen dar. Das erste Buch benutzt die schon vom deutschen Autor des ›Lucidarius‹ herangezogene ›Imago mundi‹ des Honorius Augustodunensis (MANITIUS S. 372), das zweite ist topographisch und vor allem historisch angelegt mit weltgeschichtlichem Aspekt, wobei die genealogische Referenz nicht fehlt: Lothar von Süpplingenburg wird entsprechend erwähnt als *Lotarius imperator, proavus tuus, princeps serenissime* (S. 379, 44 f.); hier ist der Bogen zur welfischen Chronistik geschlagen. Das dritte Buch schließlich vereinigt *mirabilia singularum provinciarum* – eine Mischung von bemerkenswerten Erscheinungen aus Natur und Menschenleben: *De sale Agrigentino*, *De lapide asbeston*, aber auch *De domina castri de Espener*, eine Erzählung, die in die ›Gesta Romanorum‹ einging, oder *De mortuo qui apparet virgini et mira dicit et annunciat*. In den ›Otia‹ vereint sich welthistorisches, genealogisches und naturgeschichtliches Interesse, wie wir es von Heinrich dem Löwen kennen, mit Sinn für *mirabilia* – denk- und merkwürdige Geschichten. Eine solche *historia mirabilis – seltsæniu mære* – ist auch der ›Gregorius‹: die Erzählung kam später ebenfalls in das Sammelbecken derartiger Historien, die ›Gesta Romanorum‹. Aber nicht allein der spektakuläre Aspekt hat den ›Guten Sünder‹ für einen Welfenherzog wichtig gemacht. Vor allem dürfte das oben angesprochene Phänomen der »Geblütsheiligkeit« wieder eine Rolle spielen. Mit Gregorius erhielt das welfische Haus einen Heiligen, einen heiligen Papst sogar – und das mochte zum Zeitpunkt, als der ›Gregorius Peccator‹ abgefaßt wurde, nicht ohne politischen Belang sein.

Otto IV., zuerst vom Papst gestützt, war seit Ende 1209 in Gegensatz zu ihm geraten, am 1. 11. 1210 wurde er gebannt. Gregorius als Garant der »Geblütsheiligkeit« und als Papst mußte eine willkommene Figur in der Genealogie darstellen. Daß von den Verwandten Blutschande berichtet wurde, wird kein Hindernis gewesen sein: einmal waren die Ereignisse zeitlich und örtlich weit genug entfernt, und dann endete die Geschichte ja *in sede apostolica* (IV, 1061), und das konnte und sollte alle Makel auslöschen. Mir scheint unzweifelhaft, daß das vorhin zitierte Lob des aquitanischen Fürsten und das seiner Gattin: *Nec minus regina, / constricta lege diuina, / decor erat patrie / summe virtutis in arte, / legem conjugalem / servans et vitam socialem* (I, 10–15), beide bei Hartmann ohne Parallele, durch die verwandtschaftlichen Beziehungen des Auftraggebers motiviert ist. Im Welfenhaus ist das Streben nach Dokumentation der »Geblütsheiligkeit« durchaus vorhanden, wie aus der breiten welfischen Hauschronistik (dazu PATZE 1965 S. 102–116) deutlich wird. So wird in der ›Sächsischen Welfenquelle‹, die Anfang der 1130er Jahre verfaßt wurde (K. SCHMID S. 392), der hl. Konrad, Bischof von Konstanz, ausdrücklich erwähnt: *Von deme slechte van tide to tide quemen dre brodere, en Rodolf, Welp unde Conrad ... De Conrad was bischop to Constante unde bi sente Olrikes tiden ... Se weren beide an den tiden twe wise man unde twe hilege man* (S. 275). *He* (Heinrich der Schwarze ist gemeint) *let oc den lichamen bischop Conrades upnemen, den do got mit menegen tekenen erede, alse he vore hadde gedan. Dur sine leve unde dur sine ere gaf de selve hertoge Heinric menege gave an vorwerken unde an laten deme godeshuse to Constance. Darmide wisde he de sibbe des hogen herren* (S. 276). Aus vergleichbarem Grunde hatte Friedrich II. an der Erhebung der Gebeine der hl. Elisabeth in Marburg im Jahre 1236 teilgenommen: weil sie seine Verwandte war und ihre Heiligkeit zur Heiligung der Sippe beitrug (HAUCK 1950 S. 205). In der ›Historia Welforum‹ aus Weingarten (um 1185) wird ausführlich des heiligmäßigen Lebens von Konrad, dem Sohn Heinrichs des Schwarzen (der selbst kurz vor seinem Tode in das welfische Hauskloster Weingarten eingetreten war) gedacht: *Ipse vero honores, divitias, laudem humanam fugiens, quibusdam se monachis sociavit... Deinde procedente Hierosolimam peciit, ubi cuidam servo Dei in heremo manente adhesit, eique cum omni humilitate necessaria aministravit* (S. 463, 21–26).

Die Wahl der klösterlichen und eremitischen Lebensform ist ein Ruhmesblatt in der Geschichte der Welfen – am Stammbaum, der in der Handschrift abgebildet ist, erscheint auch der Heilige, Bischof Konrad (Tafel bei K. SCHMID nach S. 400). Zwar entfaltet sich das familiengeschichtliche Selbstverständnis der Welfen durchaus in Gegnerschaft zu der herrschenden weltlichen Gewalt – die religiöse Seite wird aber von der stolzen Unbotmäßigkeit bewußt ausgenommen, wie Bernhard von Ursberg in seiner um 1230 entstandenen Chronik schreibt, daß das Geschlecht der Welfen *inclita fuit et nobilissima et Deo semper devota Romaneque ecclesie semper assistens et imperatoribus sepe resistens* (S. 18, 23–25). So stellt die genealogische Verherrlichung der angevinischen Vorfahren möglicherweise eine Parallele zum Karlskult der Staufer dar. Hinzu kommt die Tendenz zu »fürstlicher Repräsentation« (BERTAU 1968 S. 24), die die von Heinrich dem Löwen geförderte Kunst charakterisiert und mit dem ›Peccator‹ ebenfalls deutlich fortgesetzt wird. Denn die Beziehung auf den Löwen fehlt im Text nicht: Arnold sagt von sich selbst: *sed credo quod ad memoriam vobis occurrerit, quia ... sub dicione memorandi patris vestri henrici ducis incliti in brunesuich educatus fuerim, cuius gloriam vidimus et eius virtutes gesta et pietatis opera et felicem vt speramus decessum in nostro opusculo stilo mediocri conteximus* (S. 127). Der Autor ordnet sein Werk, wie der Pfaffe Konrad ebenfalls im Epilog, ein in die welfische Tradition genealogischer Selbstdarstellung: die ehrende Erwähnung des Vorfahren seines Auftraggebers ist Indiz dafür.

Das Interesse an der Ansippung von Heiligen geht durch bis zum Ende des Mittelalters: Maximilian gibt bei Jakob Mennel ein Werk über die ›Heiligen aus der Sipp-Mag- und Schwägerschaft des Hauses Habsburg‹ in Auftrag. Neben von der Kirche approbierten Heiligen erscheinen lediglich lokal verehrte, auch solche ohne jede offizielle Billigung. Die Verwandtschaft ist entsprechend vage – aber die Masse der 123 Heiligen und 47 Seligen (unter denen natürlich der eremitische Ritterheilige, St. Wilhelm, nicht fehlen darf) ist deutlicher Beweis der Heiligkeit der Sippe, und darauf kommt es an. So ist es auch von geringem Belang, daß Gregorius weder kirchlich kanonisiert ist (die offizielle Heiligsprechung wurde ohnehin erst 1170 eingeführt) noch in der welfischen Genealogie einen direkten Platz hat: als Beweis der »Geblütsheiligkeit« konnte er trotzdem gelten. Selbst Otto IV. wurde in der englischen Chronistik zum bekehrten Sünder, dem nach entsühnender Krankheit Gott im Augenblick des Todes ein Wunder gewährt – so berichtet in den ›Ypodigma Neustriae‹ Thomas Walsingham (SCHNITH S. 68).

16. Die lateinisch-gelehrte Fassung

Die zweite lateinische Version nach Hartmanns Werk in 453 Hexametern im Clm 4413 fol. 43ᵛ–52ʳ (hg. SCHMELLER), einer Handschrift aus der 2. Hälfte des 14. Jahrhunderts (LANGOSCH S. 3), nach einer älteren Vorlage, setzt eine Tendenz des ›Gregorius Peccator‹ fort: die Anreicherung mit gelehrtem Material, seien es Zitate der Klassiker und der Bibel oder rhetorische Figuren; SEELISCH hat in seiner Rezension der BUCHWALDschen Ausgabe einiges dazu zusammengestellt. Am auffälligsten ist die Heranziehung von Inzest-Parallelen aus der Mythologie nach der Entdeckung des zweiten Inzests durch die Mutter: sie nennt die vom modernen Leser schon längst assoziierten Namen *Oedipus* und *Iocasta* – dem Mittelalter aus dem Thebenroman geläufig, der jedoch den Weg ins Deutsche nicht gefunden hatte – sowie *Myrrha* und *Byblis*, die schon bei Heinrich von dem Türlin (›Krone‹ v. 11600) und Gottfried (›Tristan‹ v. 17192) als Beispiele großer Liebender fungieren und auch beim ersten Inzest genannt waren (v. 35). Entsprechend ist Gregor *alter Moyses* (v. 87) und stehen biblische Exempla in seiner Rede: *Qui Petrum flentum, Matthaeum lucra petentem, / Dismam pendentem, Mariam sanctamque gementem / Vidit, suscepit, audivit, sanctificavit* (v. 312 ff.) – beide Aufzählungen sind Kennzeichen gelehrter Bildung, die sowohl an den antiken Autoren wie an der Bibel geschult ist. Am Beginn steht ein siebzehnzeiliger Prolog mit dem Akrostichon *GREGORIUS PECCATOR*, wobei die Zahl siebzehn wohl Zufall ist, denn in dieser Fassung weilt Gregorius (um der Metrik willen?) vierzehn Jahre auf dem Felsen: *Hacque iacens rupe planxit Gregorius annos / Quatuor atque decem* (v. 360 f.). Die Gnade des Höchsten ruft der Autor an, er möge das Leben des Heiligen, *Sancti, qui possit speculum peccantibus esse* (v. 11), richtig beschreiben – einer der gängigsten Topoi der Legendenprologtradition. Der zweite Teil des Prologs verknüpft die Sündergeschichte mit dem Fall der Stammeltern und der Erlösung. Der erste Inzest nimmt die Verse 18–95 in Anspruch. Von Aquitanien ist nicht mehr die Rede – der zu Hartmanns Zeit noch interessante geographisch-genealogische Bezug ist aufgegeben. Bei der Aussetzung des Kindes wird ein Bezug auf die Erbsünde hergestellt: *Qui nil deliquit, nisi quod genuere parentes / Incesti? sed nos numquid peccata parentum / Sic omnes fuimus?* (v. 90 ff.), eine Wiederaufnahme des Prologthemas. Bis v. 179 wird das Klosterleben beschrieben – in abgekürzter Form, wie der Autor v. 98 ankündigt. Es fehlt völlig die Auseinandersetzung Gregors mit dem Abt um seine Berufung zum Klostermann oder Ritter, hier sagt Gregor nur: *»volo miles / Esse, pater, mihi cum dominus dabit unde«*, und der Abt antwortet: *»bene dicis. / Da domini laudes, quia* *dives es«* (v. 165 ff.). Ohne Weiterungen vervollkommnet sich Gregor im Kriegswesen, um dann zu Eltern- und Heimatsuche aufzubrechen, beim Abschied übergibt ihm der Abt die Tafel. Offensichtlich ist die Frage, ob Rittertum oder geistliches Leben dem Menschen das Heil eröffnen, kein Problem mehr, es war ja auch die aktuelle Entscheidung für ein spezifisches Publikum in einer bestimmten historischen Situation gewesen. Bis v. 246 erzählt der Autor von Gregors Heldentat vor der Burg seiner Mutter und der anschließenden Heirat. Gemäß der veränderten Kampftechnik überwindet Gregor den feindlichen Herzog nicht im Einzelkampf, sondern lediglich als Führer der bewaffneten Städter. Hier kommt es jedoch zu zwei Schlachten, zwischen beiden hatte die Mutter Gregor gesehen: *quem regia purpura vestit / Qua puerum mater involverat et pater abbas / Hinc vestes illi formavit* (v. 210 ff.). Sie hat Verdacht, glaubt aber nicht, daß ihr Sohn noch lebe. Nach der zweiten Schlacht bedrängen die Bürger die Königin, sich zu verheiraten. Sie will zwar keusch leben (v. 240), beugt sich dann dem Rat.

Die Entdeckung des Inzests und der Entschluß zur Buße nimmt v. 247–318 in Anspruch. Gregors Herrschaft wird keines Kommentars für wert befunden, ausführlicher die Buße vor der Tafel, die Lektüre durch die Mutter geschildert. Am meisten Raum nehmen jedoch die Reden der Königin und Gregors ein, die dem Autor die erwähnte Möglichkeit geben, sein mythologisches und biblisches Wissen auszubreiten. Vers 319–364 beschreiben Gregors Weg zur Felseninsel, wobei das Interesse auf der Fischerepisode liegt. Die noch bei Arnold ganz deutlichen Signale für das Büßerleben fehlen, lediglich die Unwirtlichkeit des Felsens wird kommentiert. Das fast Anekdotische der Begegnung mit dem Fischer und das Motiv vom in den See geworfenen Schlüssel scheint am meisten Anziehungskraft gehabt zu haben. Die letzten 89 Verse werden von der Papstwahl, der Auffindung Gregors (ausführlicher wieder die Schlüsselgeschichte), seiner vorbildlichen Herrschaft, Besuch und Beichte der Mutter, Wiedererkennen und gemeinsamem Gotteslob eingenommen: *Mater salvatur, Gregorius almificatur* (v. 453). Was die Ausführlichkeit der einzelnen Teile angeht, so fällt – neben der Kürzung des Klosterlebens – die Knappheit der Bußbeschreibung auf. Der Akzent liegt in dieser Fassung mehr auf dem Anekdotischen – der rhetorischen Hervorhebung der Inzests, der Fischer-Schlüssel-Episode – als auf der Problemstellung, bezeichnenderweise fehlt am Schluß jegliche Nutzanwendung.

Der unbekannte Autor hat von den Philologen schlechte Noten im Vergleich zur »gemütliche(n) deutschen behandlung ... durch Hartmann von Aue« (SCHMELLER S. 486) erhalten, SEELISCH nennt sein Opus ein »muster von geschmacklosem schulwitz« (1887 S. 126), SPARNAAY (1933 S. 138) spricht von »Geschmacklosigkeiten und Gelehrttuerei«. Es ist sicher in erster Linie eine mit sprachlichen Manierismen (Alliteration) und gelehrtem Beiwerk aufgeputzte interessante Geschichte, der Autor hat sie jedoch in seinem Interesse geschickt adaptiert. Die anekdotisch bedeutsamen Stellen sind geblieben, die unaktuelle Problematik ist gestrichen. Keine Konkurrenz zweier Lebensformen, keine Heilsunsicherheit, kaum noch Beispielcharakter; *speculum peccantibus* kann das Gedicht sein, aber der existentielle Ernst fehlt, weil die angesprochenen Probleme nicht mehr als Fragen der eigenen Lebenspraxis empfunden werden. Hinter dem gelehrten Anstrich steht die Intention, die alte Geschichte neu, besser und schöner zu erzählen, sie mit den zur Verfügung stehenden rhetorischen Mitteln plastisch und für den gebildeten Leser eindringlich darzustellen.

Im Umfang hält sie sich im Rahmen vergleichbarer lateinischer Gedichte kürzeren Umfangs: der ›Novus Cato‹ hat 310, der ›Asinarius‹ 402, der ›Brunellus‹ 410 Verse (LANGOSCH S. V). Der Kontext der Handschrift sollte davor warnen, die Hexameterfassung als religiös indifferent abzutun. Es handelt sich beim Clm 4413 um eine Sammlung lateinischer Gedichte vorwiegend geistlichen Inhalts: die Contemptus-mundi-Dichtung des Bernhard von Morlas (von Cluny) (PL 184, 1307 ff.), die sog. ›Vita Pilati‹ (Prolog hg. LEHMANN S. 302 f.), das ›Dittochaeum‹ des Prudentius, ein Marienlob, zwei Alexiusdichtungen, *Utilis est rudibus praesentis cura libellis* (vgl. Mlat. Jb. 1 [1964] 224) und *Vir quidam magnus Romae fuit eufemianus* (hg. VRTEL-WIERCZYNSKI), daneben ein ›Physiologus‹, ein ›Novus Cato‹ (entstanden wohl Anfang des 13. Jahrhunderts, ZARNCKE S. 185 f.), der ›Asinarius‹ – damit wird der Bereich der höfischen Unterhaltungsliteratur tangiert.

Die Zwischenstellung des ›Gregorius‹ zwischen Legende und höfischem Roman erscheint hier ins Gelehrte transponiert. Was das ritterliche Kostüm für Hartmanns Zuhörer bedeutete, soll hier die mythologische Reminiszenz sein: eine Anpassung an das Publikum. Jedoch bleibt es im ›Gregorius‹ nicht beim Kostüm: entscheidend ist die publikumsspezifische Problematik, die hier ausgeblendet wird.

17. Das Exempel

In Exempelsammlungen ist die Gregor-Geschichte dreimal eingegangen: in die ›Gesta Romanorum‹ (wohl um 1330 in England zusammengestellt), in die von KLAPPER herausgegebene Breslauer Kollektion, die in einer Handschrift von 1485 überliefert ist, aber möglicherweise schon um 1300 als geschlossenes Exempelwerk bestand (ebd. S. 7), und in das Lübecker Mohnkopf-Plenar von 1492. Letzteres ist zwar keine eigentliche Exempelsammlung wie das zweite Werk, sondern eine Kopplung von Perikopentexten mit Predigten (bzw. Glossen) und Exempla verschiedenster Art, die die Glossen abschließen; die ursprüngliche Bestimmung des Exempels ist hier noch ganz deutlich: es bekräftigt und bestätigt die Lehre der Schrift durch einen »Beweis aus dem Leben« (KÄMPFER S. 82).

Während in den ›Gesta‹ und in der Breslauer Sammlung die Exempel bereits praktisch autonome Geschichten geworden sind, deren ursprüngliche Verbindung zur Predigt kaum mehr anklingt, erscheinen sie im Plenar noch im primären Sinnzusammenhang. Durch die Einführung eigener Überschriften werden sie jedoch schon vom übrigen Text losgelöst und stehen auch inhaltlich zum Vorhergehenden nur in lockerer Beziehung (ebd. S. 82), sie sollen »das Plenarbuch als besonders interessante und vielseitige Lektüre zugkräftig ... machen« (S. 84).

Daß Albrecht von Eyb die Gregor-Geschichte in seinem ›Ehebüchlein‹ behandele, ist eine wohl von SPARNAAY (1933 S. 136) in die Welt gesetzte irrtümliche Angabe, die u. a. von WAPNEWSKI (1972 S. 82, aber nicht mehr 1976) und WOLFF (S. VI) getreulich nachgesprochen wurde. Sie geht vielleicht zurück auf VON DER HAGENS Bemerkung über den Cpg 119 mit der Gregorlegende aus ›Der Heiligen Leben‹ (s. u. Kapitel 19) und zwei »anderen« thematisch mit Eybs Exempeln übereinstimmenden Erzählungen (S. 248). Wie der Titel-Schreiber der Breslauer Exempelsammlung ist SPARNAAY der Verwechslung mit der stofflich verwandten Albanus-Legende zum Opfer gefallen.

›Gesta Romanorum‹

Die ›Gesta Romanorum‹ stehen dem Plenar vom Typ her insofern nahe, als Exempel und geistlicher Kontext noch unmittelbar verbunden sind. Im Plenar steht zuerst der Bibeltext, dann folgt die Glosse, von der das Exempel ein Teil ist. In den ›Gesta‹ ist die Reihenfolge umgekehrt: den Erzählungen schließen sich geistliche Auslegungen an, die Moralisationen oder Reductiones (»übertragene« Bedeutung). Die durch eine interessante Geschichte geweckte Aufmerksamkeit des Lesers soll also auf Religiöses gerichtet werden, dieser Bestimmung bleibt die Erzählung untergeordnet, schon die Titel geben oft die Tendenz der Interpretation an. Man kann also nicht, wie es z. B. VAN DER LEE tut, den erzählenden Teil unabhängig von der *Moralisatio* betrachten und ihn auf innere Logik hin prüfen. Abweichungen vom ›Grégoire‹, der – vermutlich in der A-Fassung – als Vorlage der ›Gesta‹-Erzählung (hg. OESTERLEY) angesehen wird (SPARNAAY 1933 S. 135 f.), sind daher unter dem Aspekt der folgenden geistlichen Auslegung zu prüfen, die die Veränderungen veranlaßt haben könnte.

Von den »wichtigsten« Differenzen, die VAN DER LEE prüft (S. 34 ff.), findet sich für die erste – die ausführlichere Darstellung von der Überbringung der Nachricht vom Tode des Bruders – keine Begründung in der *Moralisatio*. Auf den Unterschied bei der Aussetzung des Kindes, daß nämlich die Taufe ein Streitfall zwischen der Mutter Gregors und dem *miles* wird, geht VAN DER LEE nur ungenügend (S. 39 f.) ein. Der – theologisch bedenkliche – Verzicht auf die Taufe ist von der Erzählung her notwendig, da der Säugling ja den Namen des Abts erhalten muß. Er wird bei Hartmann völlig heruntergespielt (ähnlich auch im ›Grégoire‹), das Problem nicht angesprochen, lediglich auf der Tafel ist die Bitte an den Finder untergebracht, das Kind zu taufen. In den ›Gesta‹ wird der Disput mit einem »*Votum vovi*« (S. 401,4) der Mutter beendet: das wirkt doch wie eine nachträgliche ungeschickte Begründung, warum der normale Weg der sofortigen Taufe nicht gewählt wird. Hierzu paßt nämlich auch die Erläuterung: der Abt ist *deus ipse* und zieht den Menschen *per suam gratiam de miseria peccati* (S. 409,4 ff.) – das eben geschieht in der Taufe. Nicht nur wegen der Namensgebung, auch wegen der geistlichen Erklärung mußte die Taufe in der Hand des Abtes bleiben. Die geänderten Begebenheiten bei der Auffindung des Säuglings, die ein günstigeres Licht auf die Fischer werfen, da diese das Faß nicht mehr vor dem Abt verbergen müssen, werden ebenfalls durch die geistliche Auslegung beeinflußt sein. Dort heißt es nämlich: *Piscator iste potest dici quilibet prelatus, qui habet peccatorem in bonis operibus nutrire* (S. 409,6 f.). Das Fehlen der Auseinandersetzung Gregors mit dem Abt wegen seines Wunsches, Ritter zu werden, steht unter dem Aspekt, daß die Ritterschaft *Christi milicia* (Z. 8) ist und der Kampf gegen den Herzog *pugnare contra diabolum* (Z. 11 f.). Ebenso darf der zweite Fischer – in den ›Gesta‹ im Unterschied zum ›Grégoire‹ kein bösartiger Mensch – nach der *Moralisatio* gar nicht schlecht sein: er steht nämlich auch für einen *prelatus* (Z. 25). Es ist durchaus wahrscheinlich, daß die ›Gesta‹-Fassung doch auf den ›Grégoire‹ zurückgeht und die Änderungen und Kürzungen durch die Interpretation bedingt sind. Diese gipfelt in der Ermahnung zur Buße: *Civitas ista* (sc. *Roma*) *est sancta mater ecclesia, in qua debemus permanere, hoc est ejus precepta adimplere, et campane pulsabuntur, scilicet per opera misericordie per penitenciam recuperata de te laudabile testimonium perhibent et cives gaudebunt i. e. angeli dei de peccatore, sicut scriptum est Luce XV: Gaudium est angelis dei super uno peccatore penitenciam agente. Et tunc poteris dominam i. e. animam ad monasterium regni celestis perducere, ad quod* (S. 409,28 ff.). Die ›Gesta‹ sind sicherlich nicht für ein ritterliches Publikum geschrieben, die Problematik Rittertum–Buße ist verblaßt, die allgemeine Situation des sündigen Menschen in der Welt – *per filium istum* (sc. *Gregorium*) *intelligere debemus totum genus humanum* (S. 408,21 f.) – bleibt, die notwendige Poenitentia ist aber nicht mehr unter dem Eindruck der eremitischen Lebensform gesehen, sondern unter der des Pilgers: *ego vero peregrinabor* sagt Gregor nach der Entdeckung des Inzests (S. 406,23), legt das Pilgerkleid an (Z. 24 f.), der Fischer spricht ihn als *peregrinus* an (Z. 35), und auch der Erzähler nennt ihn so (Z. 39; S. 407,2,5,14 f.). Pilgerfahrt als Buße war während des ganzen Mittelalters aktuell im Gegensatz zur an eine engere historische Situation gebundenen Vita eremitica.

In der ältesten erhaltenen Handschrift der ›Gesta‹, dem Manuskript von 1342, das DICK veröffentlicht hat, ist, wie in den anderen Handschriften dieses Zweiges (vgl. DICKS Stemma S. XX), erstaunlicherweise die Buße Gregors völlig gestrichen. Nach der Entdeckung des Inzests beichten und kommunizieren Gregor und seine Mutter: vor der Kommunion *audita est vox desuper: »Peccata vestra vobis remitto«* (S. 159), nach drei Tagen sterben beide. Die ursprüngliche übermenschliche Buße ist reduziert auf den Sakramentsempfang – allein die *magna contritio* bringt die Vergebung. Mit der großen Buße fällt auch die Erhöhung – von Papstwahl ist nicht mehr die Rede. Das Interesse liegt auf dem doppelten Inzest, die Überschrift verheißt auch nur *De Gregorio, qui matrem duxit in vxorem* (S. 148), während der von OESTERLEY gedruckte Text die Spannweite im Titel andeutet: *De mirabili divina dispensatione et ortu beati Gregorii pape* (S. 399). Die Rechtfertigung des Sünders ist dem Bearbeiter der Innsbrucker Fassung kein Problem mehr: die Kirche stellt die Mechanismen bereit, die göttliche Stimme bestätigt. Mag auch eine verstümmelte Vorlage den Anlaß für diese abrupte Kürzung gegeben haben – sie sieht ja wirklich nach Notabschluß aus –, allein die Tatsache, daß der Redaktor sie den Lesern anbieten konnte, spricht für einen grundlegenden Wandel: statt essentieller Problematik Unterhaltung mit Sensationseffekt und – ein wenig Erbauung.

Dominikanische Sammlung

Der sonst durchaus geistliche Kontext, in dem die Exempelsammlung der Breslauer Handschrift überliefert ist, spricht für eine tatsächliche Verwendung dieser Geschichten in Predigten. Am Text selbst ist das jedoch nicht auszumachen, unter dem – durch die thematische Ähnlichkeit provozierten – falschen Titel ›De Albano‹ wird die Gregorgeschichte ohne geistliche Nutzanwendung erzählt. Der Untertitel betont ebenfalls eher den Sensationseffekt als eine mögliche Auslegung auf einen Glaubenssatz hin: *Soror concipit a fratre et parit et post constructauit matrimonium. Hystoria rara, sed graciosa.* Soll *graciosa* hier vielleicht doch »gnadenreich« bedeuten und nicht – wie sonst meist – »gefällig«? Denn »gefällig« ist die Greuelgeschichte eigentlich nicht zu nennen, höchstens »eingängig« könnte man sie heißen.

Daß hier, in der von MEYER veröffentlichten französischen Prosa und in der Plenarfassung kein älterer Ratgeber auftritt, sondern eine Dienerin, eine *kamervrouwe,* die der Mutter Gregors bei der Geburt beisteht, ist nicht unbedingt ein Indiz für Unabhängigkeit vom ›Grégoire/Gregorius‹. Die dort erscheinende Frau des Beraters, die die Schwangere in ihre Obhut nimmt, wird das Vorbild für diese Vertraute abgegeben haben, denn die Figur der eingeweihten Kammerfrau ist literarisch so vorgeprägt, daß sie unabhängig in der französischen und der für die Exempelsammlung und das Plenar anzusetzenden gemeinsamen Vorlage eingeführt werden konnte (vgl. SCHWENCKE S. 80).

Wie in den ›Gesta‹ ist auch in dieser Fassung das Mönch-Ritterproblem keine Alternative. *Abbas ... fecit eum fieri militem* (S. 297,14), geistliches und weltliches Leben sind anscheinend gleichberechtigt. Nicht ganz ohne Gewicht ist Gregors Buße: *Proponit in animo penitere omni tempore vite sue* (Z. 34 f.). Der Fischer empfängt ihn *cum contumelia* (Z. 38), und Gregor leistet *asperrima penitencia* (Z. 39). Wie lange der Büßer auf dem Felsen bleibt, wird nicht gesagt – zur plastischen Darstellung einer Lebensform kann sich der knappe Bericht erst recht nicht aufschwingen. Die auslösende Stellung der Buße für die Begnadung bleibt jedoch erhalten, so daß das Exempel als Beispiel für die große Gnade Gottes im ursprünglichen Sinn noch dienen konnte – wenn auch in dieser nach KLAPPER in dominikanischen Kreisen entstandenen Mustersammlung, die dem Homileten erbauliche Geschichten als Versatzstücke zur freien Verfügung bot, keine Auslegung beigegeben ist. Diese war ad hoc zu leisten, bzw. der Geistliche suchte sich für sein Predigtthema ein passendes Beispiel. Buße, *penitencia* ist das Leitwort der dem ›Gregorius‹-Exempel vorhergehenden und der beiden folgenden Geschichten, Buße und Gnade zu illustrieren konnte der Prediger zur Geschichte vom *Gregorius peccator* (S. 298,4 f.) greifen.

Plenar

Unmittelbar in Zusammenhang mit der Auslegung eines Schrifttexts erscheint das Exempel im Plenar: zum 17. Sonntag nach Trinitatis mit dem Evangelium aus Lukas (14,1–11) steht am Schluß der Glosse: *Van der othmodicheyt ... eyn exempel: Van eyneme de sick heet Gregorius de grote sunder eyn exempel* (SCHWENCKE S. 70). Ohne daß die Demut in der Erzählung weiter angesprochen wird, wird sie jedoch am Schluß mit ausdrücklichem Bezug auf den Satz Jesu aus der Perikope v. 11 (*Wente eyn yslik, de sik vorhoghet, de wert vorneddert Vnde de sik vorneddert, de wert vorhoget*) genannt: *Hirvmme dath he sik sere othmodygede wart he vthvorkoren van gode vnde vorhoget tho eyneme byschoppe hir vp erden. vnde nu is he noch vele mer vorhoget in der ewyghen salicheit.* Der Bearbeiter des Plenars schöpft aus der gleichen Quelle wie der Breslauer Sammler, vor allem bis zur Aufdeckung des Inzests stimmen beide Fassungen ziemlich genau überein, SCHWENCKE hat die Abweichungen einleuchtend aus der konsequenteren Verwirklichung der Gattung »Exempel« durch den niederdeutschen Text erklärt (S. 82 f.). Wie in der lateinischen Version ist auch hier die Frage des Ritterlebens unproblematisch: Gregor ist *to den boken ... nicht gheneget* (Z. 56 f.), sondern will *houewerk ouen vnde leren* (Z. 58), der Abt *sande en by houelude* (Z. 70), ohne zu widersprechen. Die ritterliche Kriegstechnik, die im lateinischen Exempel noch durchschlägt (*congressus est cum no-*

bili et transfixit ipsum hasta), ist hier ganz weggeblendet: *he wart ghesat vor eynen houet man der ritterschop vnde he bewisede sik so manlyken unde so truweliken dat dorch sine macht so wart eyn groet vrede* (Z. 88 ff.).

Während Hartmann die Erfahrung seiner Zuhörer ansprechen konnte, rechnet der Plenar-Bearbeiter offensichtlich nicht mit kriegstechnischen Kenntnissen seiner Leser und verwendet deshalb Allgemeinformeln. Die Buße der Mutter wird im Unterschied zum lateinischen Text betont: *se helt sick noch vor junckfrowe alse efte se in eyneme kloster were. vnde se hadde ruwe vnde leuede in eyneme botsamende leuende vmme de sunde* (Z. 82 ff.). Sicherlich steht diese Akzentuierung im Dienst der Leitidee Demut – Hochmut. Die Zuspitzung der Inzestaufklärung: daß Gregors Mutter aus der Tafel den wahren Sachverhalt entnimmt und nicht mehr mit ihm schläft, Gregor aber mit gezogenem Schwert ihr die Wahrheit abfordert, ist wohl der erzählerischen Begabung des Niederdeutschen zuzuschreiben. Die gegenüber dem Lateinischen ausführlichere Darstellung der Buße geht jedoch wieder aus der genannten didaktischen Tendenz hervor. Auch die von Schwencke beobachteten rationalistischen Züge dienen diesem Gedanken, so Gregors Bitte an den Fischer, ihn mit Speise zu versorgen: *de spyse de du doch sust vorwerpest vor de hunde sodane bryghe my dorch got dat ik nicht vorhungere* (Z. 152 ff.). Die größere Glaubwürdigkeit (die schon Hartmanns Problem war) unterstützt die religiöse Aussage. Mit der beispielhaften Demut schien dem Bearbeiter wohl die Papsterhöhung nicht vereinbar: hier wird Gregorius lediglich Bischof, der dann mit seiner Mutter zum Papst fährt, dieser gibt ihr *eyne regulen, dar se na leuen scholde* (Z. 222 f.). Die eigentliche Erhöhung erfolgt erst im Jenseits, zu viel davon schon auf Erden zu verwirklichen, war offensichtlich suspekt.

Schwencke sieht den Bearbeiter im Kreis der Franziskaner in Lübeck (S. 87 f.), darauf führt er die hier und anderwärts im Plenar zu beobachtende Propagierung der Demut und Armut zurück sowie die Herausstellung der seelsorgerischen Tätigkeit des Bischofs Gregorius, der *alle daghe eynen sermoen* predigt (Z. 208 f.). Die Betonung der Buße – *penitencie* – und Askese (Gregor duldet Hunger, Durst, Hitze und Kälte) gehört weiterhin dazu. Darüber hinaus darf man jedoch annehmen, daß die Vorbildlichkeit der Demut, die sich in diesem Leben erniedrigt, besonders einem bürgerlichen Publikum gepredigt wird, das keine Karriere anstrebt noch anstreben soll – anders als Hartmanns adlige Zuhörer, die sich zu Führungpositionen berufen glaubten. Große Sünde – große Buße – große Gnade im ›Gregorius‹, eine sensationelle Inzestgeschichte in den ›Gesta‹ – hier liegt der Nachdruck auf der freiwilligen Erniedrigung, ohne daß die Problematik der Sündhaftigkeit oder einer weltlichen Lebensform angesprochen wird. Diese demütige Buße wird durch rationalistische Veränderungen einer möglichen Lebenspraxis der Leser angenähert, wenn auch nicht so deutlich, wie Hartmann es in der Vita poenitentiae für seine Zuhörer tut. Die niederdeutsche Fassung hat von allen späten Versionen die am klarsten auf ein bestimmtes Publikum gerichtete Tendenz, zum Nachvollzug aufzurufen – wenn auch nicht gleich zur *penitencien* Gregors, so doch zur christlichen Tugend der *othmodicheyt*, für die seine Buße steht.

Kein Zufall, daß gerade in Lübeck diese ›Gregor‹-Fassung in den Buchdruck kommt. Aufgrund der weitreichenden Handelsbeziehungen war dort früh der seßhafte Kaufmann der vorherrschende Typ des Handeltreibenden geworden, was eine Wende zum Alphabetentum mit sich bringt, da Lesen und Schreiben wirtschaftlich notwendig sind (Rörig S. 38 f.). Schon zu Anfang des 14. Jahrhunderts gab es dort vier konzessionierte Schulen neben einigen Privatschulen (Engelsing S. 4), so daß man mit einer relativ weit verbreiteten Bildung im Mittelstand rechnen darf; mehr als in vergleichbar großen Städten konnten nicht nur die Patrizier lesen und schreiben: da die zahlreichen Handelskontore großen Bedarf hatten, gab es eine breite Schicht von wirtschaftlich unselbständigen Schreibkundigen. Auf deren Mentalität ist das Exempel zugeschnitten. Nicht, daß sie sich das Plenar selber kaufen konnten: die Prediger mochten es benutzen, Laien daraus vorlesen hören, vielleicht auch selber vorlesen und lernen, daß Demut allen Leuten, auch den Schulgebildeten, zukommt.

Ob die lateinische und die niederdeutsche Exempelfassung der Gregoriuslegende (Klapper bzw. Schwencke) überhaupt auf Hartmanns Gedicht zurückgehen, ist bestritten worden[1], ohne daß die Behauptungen bisher belegt wären.

Van der Lee rechnet sogar damit, daß ein Exempel – etwa in der Art wie das aus den ›Gesta Romanorum‹ – die Grundlage für den altfranzösischen ›Grégoire‹ geliefert habe (S. 255), der das ritterlich höfische Element hinzubrachte. Texte, die diese Ansicht stützen könnten, gibt es nicht: die Exempelfassungen sind sämtlich später überliefert. So naheliegend der Gedanke ist, ein Exempel sei Ausgangspunkt der ganzen Gregor-Überlieferung gewesen, so wird doch keines der erhaltenen diese hypothetische Quelle repräsentieren. Beachtung verdient jedoch van der Lees Gattungsargument: das erbauliche oder hagiographische Exempel ist eine im 12. Jahrhundert längst ausgeprägte Form, die in der Predigt und in der Schule viel verwendet wird (Neumann/Klapper). So beendet Honorius Augustodunensis seine Musterpredigten im ›Speculum ecclesiae‹ häufig mit Exempeln verschiedener Art, wobei die Heiligenleben eine besondere Rolle spielen[2]. Bei der Menge unedierter lateinischer Sermones kann gut in irgendeiner Predigt noch ein frühes Gregor-Exempel schlummern. Wenn wir daran denken, daß entsprechende Exempla auch in deutschen Predigten des 12. Jahrhunderts vorkommen (z. B. in

---

[1] Schwencke S. 79, van der Lee S. 47.

[2] Vgl. Predigt auf den 3. Fastensonntag mit dem Thais-Exempel (892 ff.) oder Mariae Verkündigung mit Maria Aegyptiaca (906) und Mariae Himmelfahrt mit Theophilus (922 f.).

der Wiener Sammlung, hg. HOFFMANN), scheint die Vermutung nicht ganz abwegig, daß Hartmann ein Gregor-Exempel in einer Predigt zum 13. Sonntag nach Pfingsten (Samaritergleichnis) hörte und dadurch zur Schaffung des Prologs – der diese Thematik ja nicht aus dem ›Grégoire‹ entlehnt – angeregt wurde. Vielleicht kannte er auch eine entsprechende lateinische Predigt. Das Exempel wäre dann nicht Quelle des ›Grégoire‹, sondern durch seinen Kontext Anreger für die Gestaltung des Prologs im ›Gregorius‹ gewesen.

18. Erbauliche Legende

In das populärste Legendar des Mittelalters, ›Der Heiligen Leben‹, ist die Gregoriuslegende in einer Prosaauflösung von Hartmanns Werk eingegangen. Auch andere Verslegenden erscheinen dort in Prosaform: der ›Heilige Georg‹ des Reinbot von Durne, ›Heinrich und Kunigunde‹ nach Ebernand von Erfurt, der ›Oswald‹ nach der Münchner Fassung, ›Alexius‹ nach Version A mit dem Schluß nach dem ›Märterbuch‹ und verschiedene andere als Adaptationen eben daraus und aus dem ›Passional‹.

Die Nähe zur Vorlage ist bei der Gregorlegende noch so deutlich, daß PAUL die ›Heiligen-Leben‹-Fassung (Sigle F) zur Textkonstitution in seiner Gregoriusausgabe von 1873 verwenden konnte, schon vorher hatte LACHMANN in seinen ›Lesarten zu Hartmanns Gregorius‹ den Straßburger Druck (Grüninger 1502) herangezogen. Der ›Gregor‹ steht im Winterteil, in FIRSCHINGS Liste hat er die Nr. 42 (S. 70). Aus der Vielzahl der Handschriften[1] sind zwei ›Gregor‹-Texte gedruckt: durch ZINGERLE der Innsbrucker Codex I (HL 47) mit Lesarten aus HL 42 und dem Augsburger Druck von Zainer 1471, und die in ganz anderem Kontext stehende Fassung im Heidelberger Cpg 119 (HL 116) durch MARTENS. Die von STAMMLER veröffentlichte fragmentarische Prosa aus einer Marburger Handschrift gehört zur ›Heiligen-Leben-Redaktion‹[2] und steht nahe bei I. Die (problematische) Ausgabe von RÜTTGERS gibt im wesentlichen den Druck von Otmar, Augsburg 1513 wieder. In der mutmaßlich ältesten Handschrift des Winterteils, Nürnberg, Stadtbibliothek Cent. IV, 43 (HL 57), ist der ›Gregor‹ durch Lagenverlust nicht erhalten, wie das Inhaltsverzeichnis beweist, stand er jedoch ursprünglich in dem Codex. Zur Kontrolle habe ich eine andere alte Handschrift des Winterteils, Berlin mgf. 1251 (HL 84), verglichen (fol. 90^r–95^r), die Abweichungen von I sind gering. Auch die von mir eingesehenen Frühdrucke (Schönsperger 1482, Koberger 1488, Grüninger 1502) stehen nahe bei I, haben jedoch vereinzelte Auslassungen und Zusätze.

Die Veränderungen gegenüber Hartmann sind einmal durch die Umsetzung in Prosa bedingt. Reimwörter, die nicht ausgesprochen sinntragend sind, fallen weg, kompliziertere Perioden werden aufgelöst in Verknüpfungen mit *und* oder *do*, poetische Umschreibungen reduziert auf den Informationsgehalt, schmückende

---

[1] Handschriften zitiert im Folgenden: HL plus Nr. (1–78 FIRSCHING, 79–152 WILLIAMS-KRAPP).

[2] FIRSCHING S. 85 ff., WILLIAMS-KRAPP S. 274 ff.

Beiwörter eliminiert. Darüber hinaus fehlen Beschreibungen (z. B. v. 203–210: Schönheit der Kinder, v. 483–485: Haltung des Trauernden), Schilderungen von Reaktionen (v. 224–230: Weinen der Umstehenden, v. 457–461: Trauer des Bruders), ausführliche Darstellung von Szenen (v. 328–399: Verführung), besonders deutlich bei der Raffung der Ereignisse vor der Entdeckung des Inzests, wo die Wechselrede mit der Magd stark reduziert wird, Gregor nicht auf der Jagd ist, die Mutter nicht erwägt, ob er die Tafel gekauft hat, auch für das Mißverständnis Gregors, man bezichtige ihn unedler Abkunft, kein Raum bleibt. Ferner sind fast alle Erzählerkommentare – wie v. 411–420 die Warnung vor Vertrautheit, der Minneexkurs v. 451–456, der Unfähigkeits-Topos zugleich mit der Ausmalung der Situation von Gregors Mutter v. 789–824 – ausgelassen, sogar das Lob Gregors v. 1235–1284 und auch die Vorausdeutungen (z. B. v. 1960 ff., 2290 ff.) waren entbehrlich. Erhalten bleibt die Verantwortung des Satans für die böse Begierde des jungen Herzogs: *Nu naid der pös gaist die raine lieb und moht ir nit erlaiden und riet dem junkherren zu ferr nach seiner swester minne* (I, S. 2,2 ff.), da diese Motivierung gleichzeitig exkulpierend wirkt, indem sie die Begehrlichkeit aus der Verfügungsgewalt des Menschen löst, ja es wird sogar noch hinzugesetzt: *und schaffet der veint das er pei seiner swester schlief* (S. 2,7 f.), und in den späten Drucken (Koberger) ist nicht einmal mehr von *siner schwester schöne* und der *kintheit* des Bruders die Rede. Begründungen sind häufig gestrichen, so erscheint der Tod des Bruders lediglich als Faktum, ohne Hinweis darauf, daß das Minneleid ihn getötet habe, oder der Grund, warum die Fischer, die das Fäßchen gefunden haben, an Land gehen, wird nur einmal, in ihrer Rede selbst, genannt. Der Verweis auf Jonas jedoch, den Gott ebenso wie das Kind behütet hatte, bleibt stehen – Beglaubigung der Gnade und der Macht Gottes durch eine bekannte Figur des alten Testaments. Der Bezug Gregor–Judas ist gestrichen – diese Parallele zeigt den Heiligen in der Anfechtung des Zweifels und mindert seine Vorbildlichkeit. Die Vereinfachung der Erzählung auf das Faktische durch den weitgehenden Verzicht auf Beschreibungen und Betrachtungen (BRANDSTETTER), den damit verbundenen Verlust des Anschaulichen, Gebärdehaften und Emotionalen stellt diese Gregoriusfassung stilistisch neben die Prosaauflösungen der mhd. Epen im Volksbuch. Ein solches ist jedoch unsere Version aufgrund ihres Kontextes nicht, und daher hat sie eigentlich keinen Platz in der Kontroverse, den romantische Wertschätzung einerseits, Abwertung aus Originalitätsdenken andererseits diesem Text angewiesen haben (BENZ S. 31–35, SEELISCH 1884 S. 299, LIEPE S. 66 f.).

Der ›Gregorius auf dem Stein‹ gehört zum ältesten Bestand des Legendars. Ob die genannten Prosaauflösungen mittelhochdeutscher Verslegenden vom gleichen Autor stammen, scheint mir nur bei der Heinrichslegende sicher. Dort findet sich die gleiche

Technik: Weglassen von bestimmten Elementen, aber immer wieder nahezu wörtliche Übernahme von Einzelversen in der Anordnung der Quelle. Raffungen bewahren meist die wichtigsten Wörter, der Gang der Erzählung wird genau nachgezeichnet, auch Dialoge werden meist nur gekürzt, aber nur selten eliminiert[3]. Anders ist das bei der Georgslegende, dort sind die Sprünge und Umstellungen viel häufiger, auch Information geht verloren. Für den ›Alexius‹ scheint das gleiche zu gelten, doch geht die Abweichung bis in inhaltliche Details, so daß vielleicht nicht genau diese Fassung, sondern eine nah verwandte, stärker von Konrad von Würzburg beeinflußte, die Quelle war. Sicher haben die Legenden eine vereinheitlichende Endreaktion erfahren, aber die Beobachtungen bei der Umsetzung der Versfassungen sprechen für mehrere Bearbeiter. Gerade in seiner Nähe zur Vorlage zeigt der ›Gregor‹-Adaptor beachtliche Souveränität und Ökonomie: er schreibt eine durchaus flüssige Prosa und übernimmt dabei soviel Wortmaterial wie möglich.

Kennzeichnende Elemente der mittelalterlichen Lebensformen sind reduziert, weil sie nicht mehr in der Realität präsent waren: die Kleidung Gregors bei seinem Aufbruch wird nicht erwähnt (im Augsburger Druck nicht einmal mehr die bloßen Füße), der Fischer hält ihn nicht für einen verkappten Prasser. Sein Wirken als Rex justus ist beschränkt auf *und beschirmet sein lant mit vleiss* (S. 15,4 f.), und auch als Pontifex lebt er nur *seligklichen und heiligklichen und was den söndern gar tröstlich* (S. 22,13 ff.). Die angesprochenen Zuhörer waren weder mögliche Principes noch Pontifices mehr.

Wie es sich für eine Sammlung von Heiligenviten gehört, ist Gregor schon in der Überschrift zum Sanctus avanciert: *Von sant Gregorio auf dem stain.* Die theologische Aussage der Legende ist an der Basis die gleiche geblieben. Das unterstreicht der Bearbeiter bei der Entdeckung des Inzests. Da er Prolog und Epilog nicht benutzt hat, ergreift er hier die Gelegenheit, Gregorius mehr als bei Hartmann die Lehre von der Vergebbarkeit der größten Schuld verkünden zu lassen: *wann ich han gelesen das got ware rewe und puess für alle sünde nimpt; wann si dem menschen recht laid sind, so vergibt er si durch sein gross parmherzigkait* (I, S. 16,18 ff.). Reue und Buße stehen hier nebeneinander wie in Hartmanns Prolog (v. 75 ff.); die Übereinstimmung kann gut Zufall sein, da diese Stücke das Bußsakrament konstituieren und sich für den pastoral denkenden Bearbeiter anbieten mußten. An der passenden Stelle wird also ausdrücklich die Lehre der Kirche verkündigt. Der Schluß bewahrt in seiner ansonst stereotypen Formulierung diese Lehre noch: *Nu pitt wier den lieben herren sant Gregorium, das er uns auch umb got erwerb ain rechte reu umb unser sünd und pessrung unsers lebens und darnach die ewig freud. Amen* (I, S. 23,22 ff.). Deutlicher als im ›Gregorius‹ wird hier die Intercessio zum Zielpunkt der Legende.

---

[3] Ähnlich bei der ›Maria Aegytiaca‹ nach dem ›Märterbuch‹ (Kunze S. 91–95) und – nur Stichproben waren möglich – der Silvesterlegende nach dem ›Passional‹.

Sogar Reue und Buße werden nicht mehr von der eigenen Einsicht erwartet – an die Hartmann ausdrücklich appelliert, um zu verhindern, daß das *bilde* ad malam partem ausgelegt werden könnte –, sondern von der Fürbitte des Heiligen. Diese erflehte Hartmann nur für das *genislich ende*, die Rettung zum ewigen Leben; die Bekehrung sollte noch durch das Anhören der Erzählung (*daz dâ bî neme war*, v. 56) bewirkt werden.

Die Ikonographie der Holzschnitte, die in den Frühdrucken üblicherweise jeder Legende beigegeben sind, läuft den Tendenzen des Textes parallel: Konzentration auf die Heiligkeit (Buße und Erhöhung), Austauschbarkeit mit ähnlichen Gestalten oder – und das entwickelt sich aus der Reduktion auf die bloßen Fakten – Hervorhebung des Anekdotischen.

Im frühesten Druck, dem Zainers vom 25. 10. 1471 (SCHRAMM II Abb. 45) sitzt Gregor auf der Insel, mit der Eisenfessel angekettet und der Tiara auf dem Kopf. Diese Darstellung wiederholt sich in seitenverkehrter Kopie (die entsteht, wenn eine Vorlage direkt auf den Druckstock übertragen wird) in der ersten Nürnberger Ausgabe (Sensenschmidt, 28. 7. 1475, ebd. XVIII Abb. 160) und wird auch die von Otmar, Reutlingen 1482 (ebd. IX Abb. 203) inspiriert haben, einen Schnitt von beachtlicher Qualität, auf dem zu den erwähnten Attributen noch das Buch des heiligen Bekenners und Lehrers getreten ist. Die Schönsperger Drucke (Augsburg 2. 12. 1482 u. ö.) geben eine spiegelbildliche Kopie des Reutlinger Schnitts. Buße und Erhöhung sind in diesem Bildtyp beispielhaft verdichtet: der *îsenhalten* als Werkzeug der Poenitentia korrespondiert die päpstliche Krone. Mit geringerer Sorgfalt behandeln die anderen Augsburger Drucker den Heiligen auf dem Stein (Bämler, 19. 8. 1475, SCHRAMM III Abb. 238; Sorg, 19. 10. 1478 u. ö.): hier wird lediglich der Holzschnitt, der schon den heiligen Markus als Papst auf dem Thron gezeigt hatte, wiederholt – Gregor ist austauschbar in der Reihe der heiligen Päpste. Im spätesten und ausgereiftesten Bildtyp, der zuerst wohl von der Hand eines Ulmer Künstlers bei Koberger (5. 2. 1488, SCHRAMM XVII Abb. 228) und – in künstlerisch überlegener Kopie – bei Grüninger (1502) auftritt, kommt zum Vorbildhaften das Anekdotische. Der Straßburger Schnitt zeigt links Gregorius auf einer Felseninsel angekettet, in der Haltung des Büßers den Kopf in beide Hände gestützt, in der Mitte wirft der Fischer von einem Boot aus den Schlüssel in den See, rechts finden der Fischer und die römischen Legaten den Schlüssel beim Aufschneiden eines Fisches[4]. Das Schlüsselwunder, das Gnadenzeichen Gottes für die Vergebung der Sünden, liefert den Bildinhalt – in passender Weise treffen hier theologische Aussage (Barmherzigkeit Gottes) und Freude am Wunderbaren zusammen, der Gehalt der Sünder-Heiligen-Legende hat sich im mirakulösen Zeichen verbildlicht, in gerade dem Zeichen, das der rationalistische Bearbeiter der Legende in der Barockzeit seiner Unwahrscheinlichkeit wegen streichen und durch argumentative Passagen ersetzen wird.

---

[4] Im Koberger Schnitt ist die Abfolge von rechts nach links, also spiegelverkehrt. Vielleicht handelt es sich um die Abzeichnung nach einer Hs., da bei einem Originalentwurf wohl auf die Seitenvertauschung durch die Reproduktionstechnik Rücksicht genommen worden wäre. Illuminierte Handschriften sind z. B. HL 1, 2, 33, 40.

Nun ist von einer Legende in einem so umfassenden Werk wie ›Der Heiligen Leben‹, das mit 250 Viten das Ziel, für jeden Tag des Jahres (Gregor bekommt den 28. 11.) einen Text zu bieten, nur knapp verfehlt (wenn man für die Sonn- und Festtage perikopenbezogene erbauliche Texte suppliert sich vorstellt, wie das in den Anweisungen für die Tischlesung im Katharinenkloster in Nürnberg [hg. RUF] der Fall ist), nicht zu erwarten, daß sie eine für das Publikum existentielle Situation wirklich aktualisiert. Der gezielt eingesetzte Einzeltext – das gilt für Hartmann und abgeschwächt auch für das Exempel – wirkt da sicher unmittelbarer. Hier ist der Anlaß des (Vor-)Lesens durch die Abfolge des Kalenders gegeben, allein die regelmäßige Lektüre dürfte durch die beständige Wiederholung der programmatischen Heilserlangung eine konsolatorische Funktion gehabt haben. Die Schlußformel, die den aktuellen Gehalt einer Sünder-Heiligen-Legende in I noch auf das Publikum zu applizieren sucht, wird in den späteren Drucken immer allgemeiner – bei Grüninger und Otmar (vgl. RÜTTGERS) heißt es nur noch: *Nun bitten wir den lieben Herren Sankt Gregorius, daß er uns um Gott erwerb nach diesem Leben das Ewige Leben. Das verleih uns Gott der Vater und der Sohn und der Heilige Geist. Amen.* Hier ist Gregorius austauschbar geworden: die anderen Viten schließen mit ganz ähnlichen Wendungen. Nicht mehr die individuelle Form der Heilserlangung, die bei Hartmann zur Projektion auf eine Forma vivendi geführt hatte und dadurch in einer bestimmten sozialen und historischen Situation aktuell war, steht in ›Der Heiligen Leben‹ im Vordergrund, sondern die aus der Fülle der Legenden sich ergebende Zuversicht, daß es viele Wege zu Gott geben kann. Spielarten der Heiligkeit werden ausgebreitet, über den unbestreitbaren Unterhaltungswert hinaus funktionieren sie als Mechanismen, die biographisch Divergentestes als in die Heilsgeschichte integrierbar aufzeigen. Die davon ausgehende Beruhigung findet ihre Abrundung im kurzen Schlußgebet. Gerade in einer Zeit sozialer und religiöser Unruhe wird diese Wirkung gesucht worden sein und den Erfolg des Legendars erklären können. Keine bestimmte Schicht, kein besonderes lebensgeschichtliches Problem wird angesprochen, sondern eine allgemeine Unsicherheit, die nach Beruhigung verlangt. So gesehen, kann auch die Auseinandersetzung Abt – Gregorius, ob der rechte Weg Gregors das Mönchtum oder die Ritterschaft sei, in gekürzter Form, aber ohne deutliche Milderung der scharfen Argumentation (*»Wer sich nach der pfaffhait stellet und darnach zue ritterschaft kert, der verwürket leib und sele«*, I, S. 10,15 ff.), übernommen werden: sie ist zwar kein Problem des Publikums mehr, hat jedoch einen Stellenwert im großen Kreis, der die geraden und krummen Heilswege umfaßt.

Leser von ›Der Heiligen Leben‹ werden gleichermaßen unter der Geistlichkeit, dem Adel und dem Stadtbürgertum zu finden gewesen sein, wie es der

Bildungswirklichkeit im Spätmittelalter entsprach: Vorlesestoff im klösterlichen Konvent, aber auch Lektüre im häuslichen Kreis, wobei sicher die wirtschaftlich unabhängigen Handwerker eine große Rolle spielten – Angehörige dieser Schicht sind im 15. Jahrhundert als Schreiber und Verfasser von Chroniken bezeugt (ENGELSING S. 12). Kennzeichnend für diesen Rezeptionskreis ist die Adaptation der Alexiuslegende in der ›Heiligen Leben‹-Fassung zum Meisterlied durch den Augsburger Weber Jörg Breining[5] (hg. MASSMANN, Text H), über einen anderen wird im folgenden Kapitel zu sprechen sein.

Als Grüninger 1502 ›Der Heiligen Leben‹ in Lizenz des Augsburger Verlegers Schönsperger druckte, behielt er von der Auflage von 1000 Stück 200 zum ausschließlichen Verkauf in Straßburg – etwa ein Exemplar auf hundert Einwohner (ebd.), so daß der Drucker mit Absatz beim gebildeten Bürgertum gerechnet haben muß. Das Lesepublikum, das zur fraglichen Zeit insgesamt etwa 3–4 % der Bevölkerung umfaßt haben mag (ebd. S. 20), ist nicht mehr homogen, dem trägt die Verallgemeinerungstendenz in der Legende Rechnung.

19. *iucunda et idonea*

In ganz anderem Überlieferungskontext steht die Prosaauflösung im Cpg 119 (HL 116): Voraus gehen die ersten drei ›Translatzen‹ des Niklas von Wyle, die deutsche ›Marina‹ und die Steinhöwelsche ›Griseldis‹, es folgt die Versnovelle ›Der Junker und der treue Heinrich‹ (U. HESS S. 38 f.) in der kürzeren Fassung (FISCHER S. 76 A. 175). Die Vereinzelung einer ›Heiligen-Leben‹-Legende ist nichts Singuläres: daß Einzelstücke in andere Legendare aufgenommen werden, geschieht sogar recht häufig, z. B. gelangt der ›Gregor‹ in einer Colmarer Handschrift (HL 97) in die elsässische ›Legenda aurea‹, auch in den Handschriften HL 100, 109, 126 steht er im Kontext anderer Legendensammlungen. Die Transferierung in geistliche Sammelhandschriften begegnet ebenfalls nicht selten, sie betrifft neben dem ›Gregor‹ (HL 117) relativ häufig den ›Georg‹ (HL 90, 131, 143) und den ›Oswald‹ (HL 117, 119). Der ›Alexius‹ erscheint zweimal isoliert in kleineren Legendaren (HL 92, 94), die Verpflanzung der Gregorlegende aus ›Der Heiligen Leben‹ in den Kreis weltlicher unterhaltend-didaktischer Literatur ist jedoch, soweit ich sehen kann, ein Ausnahmefall.

---

[5] Das Lied gehört nach Form (Meisterton) und Inhalt zum Meistersang, gleich, ob man für Augsburg eine Meistersingerschule schon im 15. Jahrhundert (ROSENFELD 1974) ansetzt oder nur gelegentliche »Konzerte«. Wahrscheinlich ist es am 21. 9. 1488 vorgetragen worden (ebd. S. 260), man wird Breining wegen seiner kurzlebigen Aktivität auf dem Gebiet der Laienpredigt nicht wie STAMMLER 1943 von der meisterlichen Tradition trennen wollen.

Da diesen Legenden allesamt mhd. Reimpaarfassungen zugrunde liegen, mag die Prosaversion als »moderner« in einer Konkurrenzsituation gesiegt haben – allerdings enthält eine Berliner Handschrift (HL 90) sogar einen Vers- und einen Prosa-›Georg‹ nebeneinander. Versdichtung scheint nicht generell als antiquiert angesehen worden zu sein: die Pfalzgräfin Mechthild fördert gleichzeitig Niklas von Wyle mit seinen ›Translatzen‹ und den formal in der Tradition der höfischen Poesie stehenden Hermann von Sachsenheim. Auch in der Handschrift Engelberg 240 (früher Sarnen, St. Andreas mscr. 2) finden sich Reim- und Prosalegenden (elsässische ›Legenda aurea‹) nebeneinander, so der ›Alexius‹ des Konrad von Würzburg und eine – im wesentlichen auf Reinbot zurückgehende – Prosafassung des ›Georg‹ (hg. BACHMANN/SINGER S. XIII f.).

Die Handschrift Zürich C 28 von 1474, die allerdings nicht in Adelsbesitz gehörte, mischt in größerem Umfang geistliche und weltliche Thematik, Prosa und Vers: die Prosaauflösung der ›Willehalme‹ Ulrichs von dem Türlin, Wolframs von Eschenbach und Ulrichs von Türheim, den erwähnten ›Georg‹, ›Gesta Romanorum‹ und das ›Schachzabelbuch‹ des Konrad von Ammenhausen (ebd. S. VII). Der ausgesprochen höfische Roman fehlt jedoch, das Interesse scheint hier mehr auf historischem Gebiet zu liegen, die Minne spielt eine untergeordnete Rolle. Die Stoffe sind weniger novellistisch-spektakulär als im Falle des ›Gregor‹ oder ›Alexius‹, wo Grund für die separate Tradierung vielfach der interessante Inhalt gewesen sein wird; vor allem die Alexius-Legende hat ja bis hin zu Goethe und Hofmannsthal nicht aufgehört, Zuhörer und Leser zu beeindrucken (GNÄDINGER 1972 I S. 6–12).

Beim ›Gregor‹ handelt es sich um die gleiche Version wie in ›Der Heiligen Leben‹, jedoch ist sie gegenüber I (und den Drucken) leicht verändert. Vermutlich ist sie aus einer ›Heiligen-Leben‹-Handschrift übernommen – ein weiterer Hinweis darauf, in welchen Kreisen und mit welcher Einstellung das Legendar gelesen wurde. Stilistisch werden Doppelformeln eingefügt, Attribute ergänzt, Modalverben machen die Prosa flüssiger, der reihende Satzanschluß der Quelle tritt jedoch weiterhin auffällig hervor: die Fügungen mit *da/do* überwiegen in immer noch deutlicher Monotonie. Die Texte im Cpg stellen sich zur gehobenen didaktisch orientierten Unterhaltungsliteratur, Thema ist durchweg die Liebe in verschiedenen Ausformungen. Niklas von Wyle betont die lehrhafte Zielsetzung seiner Übersetzungen der *Bülschaft*-Erzählungen.

So sagt er über den Inhalt seiner ersten Translatze (›Euriolus und Lucretia‹): *... ain grosser fremder handel einer bülschafft vnd darjnne alle aigenschaft der liebe vnd was die gebürt besunder daz darInne allwegen entlich mer bitterkait dann süsse vnd mer laides dann fröiden funden werd vnd darumb die syg zefliechen vnd zemyden.* Ganz ähnlich ist die 3. Translatze: *... ain getrüwer nutzlicher rāte wie ein mensch der vf der bůlschaft in vnordenlicher lieb gebunden vnd gefangen ist sich dero mug ledigen ... Mit mancherley warnungen leeren vnd vnderwysungen hier zů dienende*, und auch die 2. Translatze von Guiscardus und Sigismunda berichtet von einem *laidsame(n) trurige(n) vsgange einer bůlschaft* (S. 3): Niklas will seinen Lesern *nit minder komen zů gůtem nütze danne zů ergetzlichkeit Irs gemütes* (14, 21 ff.).

Bezeichnend für das Ziel der *ergetzlichkeit* ist im Kontext der gesamten Handschrift die Aufnahme der gereimten Erzählung vom ›Junker und dem treuen Heinrich‹, die sich in anderen Märenhandschriften findet und vielleicht auf eine Prosafassung zurückgeht (U. Hess S. 40). Neben dem Interesse für die moderne Prosa scheint sich hier eine ergänzende Hinwendung zum archaisierenden Genus der Versnovelle mit ritterlichem Personal zu artikulieren (ebd. S. 104).

Zum ritterlich-höfischen Umkreis und zu den *fremden händeln* der Liebe stellt sich die Inzestgeschichte Gregors – der Unterhaltungswert ist ihr ebensowenig abzusprechen wie der didaktische –, auch von ihr könnte es heißen: *Dann dise histori lert vnd vnderwyset: daz die jungen sich nit verfächent noch vnderwindent der ritterschaft der liebe ...: sunder daz sy die gailikait zů rugk schlachent: ... vnd daz sy anhangent der lere gůter tugend, die da allein gewon ist zeseligen jren besitzer* (S. 21, 16 ff.). Die neue Umgebung bedeutet für den Gregor eine gewisse Bearbeitung: die Erzählung wird geringfügig erweitert, Tendenz ist einmal das Streben nach genauerer Begründung, wie die Erläuterungen zur Situation in Gregors Heimatland und seiner völligen Unkenntnis, daß er sich eben dort befindet Z. 214 ff. (hg. Martens), dann nach größerer psychologischer Glaubwürdigkeit, wie die Notlüge Gregors auf die Frage der Mutter nach seiner Herkunft: *daz weisz ich nit*, oder die vergewissernde Frage der römischen Boten an den Fischer, wie der Sünder geheißen habe (Z. 404), und ihre Bitte, den gefundenen Schlüssel mit auf den Felsen zu nehmen (Z. 409). Die Bemerkung, die Aussetzung Gregors geschehe *durch die einsprechung gottes* (Z. 57 f.), soll die Mutter entlasten, und die Heiligkeit Gregors wird durch die Wunderkraft seines Schattens erhöht. Letzteres steht in Zusammenhang mit einer Verdeutlichung des theologischen Gehalts, der gegenüber der Vulgatafassung stärker erklärend dargelegt wird. So steht statt *peichten* (I, S. 22,18) *jme myn grosz sunde clagen an gotz statt* (Z. 442 f.), und Gregor wird konsequent erst nach seiner Rechtfertigung *Sanctus* genannt, erstmalig Z. 375: *da het gott sancto gregorio sin sunde vergebenn.* Ganz ähnliche Tendenzen finden sich im genannten Prosa-›Wilhelm‹ und im ›Georg‹: Zusätze theologischer Art, die eine stärker geistlich ausgerichtete Didaxe anzielen (F. Schneider S. 40 f., 67 ff.). Nach der Entdeckung des Inzests äußert sich Gregor wesentlich expliziter: *ich han gelesen daz got noch hütt als barmhertzig ist als er ye ist gewesen vnnd daz got gernn nympt von siner gnaden miltigkeit recht ruwe gantz bicht vnnd busz hie ein zitt fur alle die sunde die ein mensche hatt getan vnd hett ein mensche auch alle die sunde getan die alle menschen ye getan haben vonn anfang der welte vnd noch mochten thun bisz an den jungsten tag nach will er sie dem sunder alle gern vergeben durch sin grosze barmhertzigkeit ist das sie jne von rechtem gantzen hertzen ruwent vnnd jme durch gots willen leit sint* (Z. 310 ff.).

Neu ist die Dreiheit von Reue, Beichte und Buße und die vor allem rhetorische Akzentuierung der Größe der vergebbaren Sünden. Der Schluß bezieht sich deutlich noch einmal auf die Trias der das Beichtsakrament konstituierenden Vorgänge: *Nun soll wir auch bitten den heiligen babst sanctum gregorium das er vns vmb gott erwerb recht ruwe gantz luter bicht vnnd gnug thun hie in dieser zitt umb vnszer sunde vnnd ein besserung vnnd fristung vnnszers lebenn hie vff ertrich vnnd darnach das ewig lebenn das verlihe vnns gott der vatter vnd gott der son vnnd gott der heilig geiste Die heilige drieltigkeit die da ist ein warer gott vnnd die werde hochgelopt junckfrauwe maria amen* (Z. 469 ff.).

Eindeutiger als im Legendenbuch wird hier der kirchlich sanktionierte Rekonziliationsritus angesprochen, obwohl sich Gregor selbst ebensowenig daran hält wie bei Hartmann. Vielleicht bedingte gerade die isolierte Stellung zwischen weltlichen Erzählungen die Unterstreichung des theologischen Gehalts, die in ›Der Heiligen Leben‹ durch den Kontext nicht so notwendig war. Wie im Legendar jedoch wird hier die Besserung des Lebens durch Gottes Gnade auf Fürbitte des Heiligen erhofft, wohl als quasi automatische Folge des Sakraments. Damit wird die Umkehr der weitgehend persönlichen Verantwortung entrückt, ganz wie in allen ›Heiligen-Leben‹-Fassungen für den ersten Inzest dem Teufel allein die Schuld gegeben wird und nicht noch der *minne*: *vnnd schueff der findt das er by siner swester lag* (H, Z. 20 f.). Die mögliche Beunruhigung durch die Legende wird durch den Hinweis auf die Wirkmächtigkeit des Teufels einerseits und die dagegen von der Kirche bereitgestellten Trostmittel andererseits eingedämmt. Die formelhafte Nennung der göttlichen Personen, der Dreifaltigkeit und der Jungfrau Maria bildet das sprachliche Äquivalent dazu: ihr fast liturgischer, objektiver Charakter garantiert die Verläßlichkeit der Konsolation.

Im Unterschied zu ›Der Heiligen Leben‹ ist mit dieser Legendenfassung, wie der handschriftliche Kontext belegt, ausschließlich die Bildungsschicht angesprochen. Der ›Gregorius‹-Stoff erweist sich im Kontext anderer trauriger Buhlschafts-Geschichten als konsumierbar: die Story war interessant genug, das didaktische Element wurde ins Theologisch-Kirchliche gesteigert, ja dieser geistliche Aspekt gegenüber der Legendarversion noch betont. Weltliche und geistliche Didaxe scheinen sich also nicht auszuschließen in diesem sozialen Raum: man kann aus allen Geschichten etwas lernen.

Die frühnhd. Prosaerzählungen sind zumeist mit dem Adel als Auftraggeber- und Mäzenatenschicht verbunden. Niklas wendet sich nicht an den *schlechten, gemainen vnd vnernieten man* (8,22), sondern an die Gebildeten. Er widmet einige ›Translatzen‹ dem Markgrafen Karl I. von Baden und seiner Gemahlin Katharina, einer Schwägerin der Pfalzgräfin Mechthild, der die ›Euriolus und

Lucretia‹-Verdeutschung zugeeignet ist und um die sich eines der Zentren des literarischen Lebens bildet (MELZER S. 146 f.), auch die Steinhöwelsche ›Griseldis‹ war in ihrer Bibliothek (STAMMLER 1950 S. 39). Die Hs. H gehörte wohl ursprünglich zur alten pfalzgräfischen Sammlung, möglicherweise zählte sie zu den Bücherbeständen Mechthilds selbst (U. HESS S. 67 f.). Für die Leserschicht der frühnhd. Prosa des ›Gregorius‹ wird ähnliches gelten, wie es U. HESS für die ›Griseldis‹ festgestellt hat: ein »gesellschaftlich gehobener Rezeptionsraum«, vornehmlich Adel, auch das mit diesem verbundene Stadtpatriziat bis zum »wohlhabenden und gebildeten Mittelstand« (S. 93). H scheint sogar eine ausgesprochene Adelshandschrift zu sein; der ›Gregor‹ konnte dort auf besondere Resonanz stoßen: Interesse an dem ritterlichen Komplex der Erzählung – der Adel zeigt gleichgelagerte Tendenzen auch in der Pflege der alten Dichtung und in der Wahl ritterlicher Stoffe für die Prosafassungen mhd. Epen. Die kulturelle Protagonistenrolle der adligen Herren wird nicht nur in der Aneignung fremder Stoffe – französischer Versgedichte, wie der ›Melusine‹, italienischer Novellen wie bei Wyle und Steinhöwel – deutlich, sondern auch in der Rezeption der mhd. Epik, die entscheidend von den Fürstenhöfen gefördert wurde (NYHOLM): auf der Suche nach der eigenen Vergangenheit im literarischen Spiegel der höfischen Kultur. Der ›Gregor‹ kehrt heim in die Sozialschicht, für die Hartmann ihn bestimmt und gleichfalls mit einem verstärkten theologischen Programm versehen hatte. Es ist kaum ein Zufall, daß gerade die Hartmannsche Version Eingang in diese Ritterrenaissance des 15. Jahrhunderts gefunden hat, selbst wenn sie durch ein Legendar vermittelt wurde. In das späte Volksbuch gelangte nämlich eine andere Fassung: die der ›Gesta Romanorum‹.

20. ›Grégoire‹ deutsch

Die Hs. C 20 des Heinrich-Heine-Instituts in Düsseldorf aus dem Beginenkonvent »Im Kettwig« zu Essen (2. Hälfte des 15. Jahrhunderts) enthält verschiedene Legenden, darunter Teile der südmittelniederländischen ›Legenda aurea‹ (FIRSCHING S. 40), eine Matthias-, Jost- und Wenzelvita und fol. 241–245 eine Gregoriuslegende, die STAMMLER veröffentlicht hat. Diese Fassung geht weder auf Hartmann noch auf die ›Gesta Romanorum‹ zurück, sondern ist eine Prosaübersetzung des altfranzösischen ›Grégoire‹ in der Fassung A.

Vielleicht ist sie über Zwischenstufen entstanden, da sie Elemente enthält, die in keiner der anderen Versionen auftauchen, wie die Ausmalung der Entdeckung der Tafel durch Gregors Mutter: sie findet sie zunächst nicht, sieht sie dann in einem Mauerloch und fällt nach der Lektüre ohnmächtig zu Boden, auf die Hilferufe der Kammerfrau hin kommen die Leute und müssen die Tür aufbrechen. Oder daß Gregor am traditionellen Gregoriustag in die Klosterschule eintritt und er seinen Namen nach dem Fischer, nicht nach dem Abt erhalten hatte, ferner daß die Tafel mit der Inschrift aus Marmor ist. Die verlängerte Zeit von Gregors Buße (18 Jahre) wird wohl auf Verlesen zurückzuführen sein. Beweiskräftig sind jedoch die Textaussagen, die diese Prosafassung nur aus dem ›Grégoire‹ haben kann (Argumenta ex silentio übergehe ich): die Gräfin will nicht essen und nicht trinken, wenn man ihren Willen in Bezug auf ihr Kind nicht erfüllt (›Grégoire‹ A v. 459 ff.; B v. 399 ff.), daß es in eine Wiege gelegt wird (A v. 488; B v. 411; auch ›Gesta Romanorum‹), ihm unter das Haupt vier Mark Gold und zu Füßen zehn Mark Silber gelegt werden (A v. 500/508, $B_{2,3}$ v. 420; B_1 v. 420: *Trente mars d'or*; ›Gesta‹: ohne Zahlenangabe; Hartmann: zwanzig Goldmark), dazu das Salz für die Taufe (nur A v. 503: *dou cel, por enceignier*, in B verderbt zu *seel* = »versiegelter Brief«, vgl. G. TELGER zur Stelle). Wie bei Hartmann (und im Unterschied zu A und B) erhält der arme Fischer Geld und Kind. Wenn man nicht eine voneinander unabhängige Änderung der Vorlage annehmen will, die nicht ganz fern liegt (das Geld war für die Erziehung des Kindes bestimmt, also müßte beides dem selben Fischer zukommen), hätte der Prosa eine altfranzösische Fassung vorgelegen, die Hartmann näher gestanden hätte als die erhaltenen Versionen. Auch eine englische Handschrift (Auchinleck Ms.) läßt Gregor bei dem armen Fischer; daran ist jedoch anscheinend eine Zeilenauslassung schuld (SPARNAAY 1933 S. 142).

Eine unabhängige Vertauschung der beiden Fischer ist mir vor allem deshalb wahrscheinlich, weil eine Textstelle in A diesen Vorgang ausgelöst haben könnte: als Gregor durch die Frau des armen Fischers von seiner Herkunft erfahren hatte, wird der Abt zornig und verlangt die zehn Mark von ihrem Mann zurück: *Rende li les X mars d'argent / Q'il li bailla privéement / Quant garde le mist de l'enfant* (v. 1067 ff.). In der Prosafassung ist es der Fischerjunge, der Gregor als Findling beschimpft, und dieser muß sich bei Gregor entschuldigen – wohl ein Reflex der nur in den französischen Versionen vorkommenden Intervention des Abts bei dem Fischer mit der schwatzhaften Frau. Der Schluß ist sehr summarisch gehalten, das Wiedersehen wird jedoch angedeutet (*ende dar na syn moder obsoluierde*, Z. 297 ff.), so daß auch von hier nichts gegen eine ›Grégoire‹-A-Vorlage spricht. Wie wir aus der Entstehungszeit der Manuskripte wissen, war der ›Grégoire‹ bis ins 15. Jahrhundert hinein in Frankreich lebendig: B_3 wurde um 1400 geschrieben, A_3 ist auf 1469 datiert.

Es handelt sich hier um einen Vorgang, der parallel zur Umformung von Hartmanns ›Gregorius‹ in den Text von ›Der Heiligen Leben‹ zu sehen ist: die Legendare des 14./15. Jahrhunderts suchen sich ihre Quellen auch im Bereich der gereimten Dichtung.

Hier scheint sowohl Hartmanns Werk wie die Prosa aus ›Der Heiligen Leben‹ unbekannt gewesen zu sein, sonst hätte man kaum zu einer französischen Vorlage gegriffen. Nicht zufällig geschieht das im Rheinland: dort war die Möglichkeit für entsprechende kulturelle Kontakte am ehesten gegeben und andererseits das bairische Legendar nicht so allgegenwärtig wie im deutschen Südwesten. Ähnlich wie die elsässische ›Legenda aurea‹ nach Westen, so grenzt die südmittelniederländische Fassung den Einfluß des ›Heiligen Lebens‹ nach Norden ab. Im Unterschied zum süddeutschen Raum dürfte Hartmanns ›Gregorius‹ dort unbekannt gewesen sein, von den späteren Textzeugen gehört lediglich Fragment H nicht in den oberdeutschen Raum, liegt jedoch viel zu weit südlich (südliches Rheinfränkisch).

Der Rezeptionskontext ist ähnlich wie bei ›Der Heiligen Leben‹: auch hier haben wir ein Legendar, das kalendermäßige Vollständigkeit anzustreben scheint (südmittelniederländische ›Legenda aurea‹) und durch Heilige von besonderem lokalem Interesse (Ursula, Jost, Wenzel) ergänzt wurde. Vita, Translation und Mirakel des hl. Matthias verdanken ihre Aufnahme wohl der angeblichen Autorschaft des Lambert von Lüttich, der mit der frühen Geschichte der Beginen in Lüttich eng verbunden ist. Die Gregorius-Legende steht ein wenig isoliert, es ist jedoch anzunehmen, daß das Erbaulich-Schreckliche Interesse erregte. Von einer religiösen Intention ist nur mehr wenig zu spüren. Die Hoffnung auf Errettung vor der Verdammnis gründet nach den Worten Gregors in der Unwissenheit: *»Nu weet doch got wail, dat wij dit hayn gedayn sonder alle vnsen willen ende wetten. Darvmb so moegen wij noch happen an die genade gotz, dat vnser noch rait werde sal«* (Z. 208 f.). Mit dieser Begründung ist die ursprüngliche Aussage, daß es keine so große Sünde gibt, Gottes Gnade wäre nicht noch größer, völlig abgeschwächt: die Zuversicht liegt gerade im Fehlen der Sündhaftigkeit. Damit eignet sich die Geschichte nicht mehr als Exempel, sie ist nur noch interessante Unterhaltung mit einem geistlichen Thema, das mit der Schlußwendung *Des* (sc. *ewige leuen*) *helpe ons alle samen die ewige vader! Amen* (Z. 302) unverbindlich abgerundet wird. Besondere Problemstellungen der Zuhörerschaft sollen anscheinend nicht aktualisiert werden; an einer Stelle scheint jedoch ein Bezug zum Publikum da zu sein.

Die Handschrift wurde wohl für das Beginenhaus geschrieben, und auf ihre spezielle Lebensform ist der von Gregor angestellte Vergleich zwischen männlicher und weiblicher Ausprägung der Vita poenitentiae gemünzt, der in dieser Form nicht in der Vorlage steht: *»Ende nu, lieue moder, want ghy eyn vrouwen kunne sijt ende ick eyns mans kunne, so voiget it sich bes, da ghy dair heyme blyuet ende so vyl goitz, als ghy vermoeget, doyt. Ick wil wt deme lande varen in eyne vryemt lant ...«* (Z. 210 f.). Das gemeinsame Leben der Beginen im Hause und ihre karitative Tätigkeit wird hier als spezifisch für die Frau bestimmte Forma vivendi gegenüber der Peregrinatio des Mannes herausgestellt. Selbst in dieser »Unterhaltungsversion« schlägt also noch das Bedürfnis nach Rechtfertigung der eigenen Lebensweise angesichts der allgemeinen Bußforderung an den Menschen durch.

21. *Denckwürdige History* und das Volksbuch

Um 1520 bricht die Tradierung mittelalterlichen Erzähl- und Legendenguts ab: die deutschen ›Gesta Romanorum‹ werden nach 1538 nicht mehr aufgelegt (HEITZ/RITTER S. 60), das lateinische ›Speculum exemplorum‹, das zwischen 1481 und 1519 zehnmal gedruckt wurde, ist ein weiteres Beispiel (ALSHEIMER S. 17 ff.), und ›Der Heiligen Leben‹ erscheint zum letztenmal 1521 in Straßburg[1]. Die Gregoriuslegende von einem Inzestsünder, der Papst wird, ist in der Reformationszeit nicht tradiert worden – auch auf katholischer Seite kaum, da man die Angriffe gegen die unmoralischen »Lügenden« abzuwehren hatte, was dazu führte, daß man die Beliebtheit von Legendenbüchern wie ›Der Heiligen Leben‹ kurzerhand abstritt.

Luther polemisiert in seiner 1537 herausgegebenen ›Lügend von St. Johanne Chrysostomo‹, die er aus dem Winterteil von ›Der Heiligen Leben‹ entlehnte und mit Vorwort und Randglossen herausgab, gegen die Unglaubwürdigkeit der Legenden[2] – manche kritische Randbemerkung hätte genau so gut zum ›Gregorius‹ gepaßt. So, wenn der Papst eine Vision hat (*Und wer künd doch solchs erdenken, wenns nicht war wer?*), Johannes das Kind wie ein Vater annimmt (*Die mutter ist villeicht schone gewest*) oder Johannes Einsiedler wird: er stiehlt sich heimlich von den Leuten, nimmt Brot (*Das war eine semmel so gros als der berg Sinai*) mit und lebt bei einem hohlen Stein an einer Quelle. Auch die Askese des Anachoreten ist Luther also verdächtig – von wenig Brot kann er nicht gelebt, er muß daher viel mitgenommen haben. Im Nachwort sagt er: *Itzt zwar lacht man solcher lügen, und wils niemand glauben ... Lachet nu und spottet getrost solcher auffgedeckten lügen (denn jr thut recht und wol dran), seid auch frolich, das jrs nu erkennet* (S. 63). Sicherlich hätte auch den ›Gregor‹ der gleiche Spott und die Ablehnung des Reformators getroffen, nur verständlich, daß die »Lügenden« nicht mehr gedruckt wurden.

Anfang des 17. Jahrhunderts kommt es dann zu einer allgemeinen Renaissance spätmittelalterlicher Erzählstoffe (BRÜCKNER S. 80): das erwähnte ›Speculum exemplorum‹ erscheint 1603 wieder als ›Magnum Speculum Exemplorum‹ in Douai und erfährt innerhalb von fünfzehn Jahren zehn Auflagen unter Heranziehung neuer Quellen wie Baronius und Surius (ALSHEIMER S. 17 ff.), die ›Legenda aurea‹ wird wieder benutzt ebenso wie die Exempelsammlungen des Jakobus von Vitry, Thomas von Cantimpré und Caesarius von Heisterbach[3] – und die ›Gesta Romanorum‹.

---

[1] Für die Apophthegmen zeigt VERWEYEN S. 87 ff. ähnliche Zusammenhänge auf.
[2] Zu Luthers ambivalenter Position vgl. SCHENDA 1970 I.
[3] E. MOSER-RATH S. 70 f., SIGNER S. 32.

Martin von Cochem: ›History‹

Martin von Cochem, ungeheuer produktiver Kapuzinerpater, der von 1634–1712 lebte, hat vor allem in seinem vierbändigen ›History-Buch‹ (1687, 1690, 1692, 1715), dem ›Lehrreichen History- und Exempel-Buch‹ (4 Bände 1696, 1697, 1699), der ›Verbesserten Legend der Heiligen‹ (1705) und der ›Neuen Legend der Heiligen‹ (4 Bände 1708) zahlreiche Exempla und Legenden vornehmlich aus lateinischen Sammlungen verdeutscht und bearbeitet. Seine Intention ist gleicherweise auf praktisch-religiöse Lehre wie auf Unterhaltung des Lesers durch das Außergewöhnliche und Wunderbare dieser Geschichten gerichtet. Die Legenden waren von großer Breitenwirkung, sie wurden bis zu Beginn des 19. Jahrhunderts immer wieder aufgelegt. Obwohl aufklärerische Polemik sich gegen sie wandte, verloren sie doch kaum an Popularität.

Nicht in der ersten, wohl aber in der dritten Auflage seines ›Außerlesenen History-Buchs‹ von 1706, das *Lauter denckwürdige / anmuthig beschriebene / und mehrenteils unbekante ... Historien* enthält, findet sich in dem Abschnitt ›Von den wunderbarlichen Urtheilen Gottes‹ als achte Geschichte *Die wunderbarliche Urtheil Gottes erscheinen am Bischoff Gregorio / auff dem Stein genennet,* die Pater Martin, wie er am Schluß angibt, *Ex Gestis Romanorum cap. 81,* aus den *Römischen Geschichten ... welche wegen ihrer seltzamkeit wol würdig ist gelesen zu werden,* übersetzt hat. Gegenüber der ersten Ausgabe von 1687 hat der Autor einige Leben der Heiligen *herausgenommen / und mit Beyfügung anderer denckwürdigen Historien* ersetzt (›Vorred‹), schon für die zweite Auflage von 1692 hatte er vierzig neue hinzugefügt. Leider ist mir diese Ausgabe nicht erreichbar gewesen, I. Heitjan weist sie nur aus einem Meßkatalog nach (Nr. 477). Es läßt sich jedoch beweisen, daß der ›Gregorius‹ unter diesen neuen Legenden war.

Schon Elema/van der Wal hatten vermutet, daß das zwischen 1810 und 1813/14 gedruckte Volksbuch (hg. Simrock 1865 mit geringen Retuschen) auf eine Legende im Stil Martins von Cochem zurückgehe, die Vorlage aber nicht finden können. Das Volksbuch ist nun tatsächlich die bis auf geringfügige Kleinigkeiten wörtliche Wiedergabe der ›History‹ – der Kapuzinerpater hat also außer für die ›Genoveva‹ und ›Hirlanda‹ auch für den beim gleichen Verleger, Everaerts in Köln, gedruckten ›Gregor‹ die Vorlage geliefert. Allerdings finden sich im Volksbuch Textstücke, die nicht in der dritten Ausgabe des ›History-Buchs‹ stehen. Es sind dies Kommentare des Autors und Aufforderungen an den Leser, wie z. B. nach dem Tode von Gregors Vater: *Sieh wie der allmächtige Gott aus dem Bösen Gutes und aus einem Sünder einen Büßer gemacht hat. Also ist die Sünde diesem Menschen heilsam gewesen, da er dadurch zu solchem bußfertigen Leben gelangte, wozu er sonst vermuthlich niemals aufgestiegen wäre. Aus solcher Ursache verhängt Gott manchmal eine Sünde, damit der Sünder dadurch desto demüthiger und bußfertiger würde* (S. 87).

Und ebenso nach der Entdeckung des Inzests: *Merke, mein lieber Leser, wie sich diese lieben Leute so hoch betrüben über eine Sünde, welche sie unwißend begangen ... Lerne aber hieraus, daß man auch unwißend sündigen könne; wenn man nämlich etwas Uebels begeht, welches man beßer hat können und sollen wißen. Wegen seiner unbewusten Sünden klagte sich der heil. David vielmals an, sonderlich als er sprach: Der Missethat meiner Jugend und meiner Unwißenheit sei nicht eingedenk, o Herr. Und wiederum: Wer erkennt die Sünden? von meinen verborgenen reinige mich, o Herr! Diese beiden Verse samt einem herzlichen Seufzer sprich du auch oftermalen und beichte Gott, als dem höchsten Priester, deine vielfältigen unbekannten Missethaten* (S. 104).

Oder die Anwendung am Schluß: *Aus dieser Historie vernehmen wir, wie wunderbar der allerweiseste Gott das Leben seiner Auserwählten anordne und mit einem Jeden auf eigene Weise durch das ungestüme Meer dieser Welt führe. Gemeiniglich aber führt er alle durch den engen und rauhen Fußpfad der Trübsal, weil dieser der sicherste Weg zum Himmel ist. Gewißlich hat der treue Gott die fromme Mutter Gregorii durch diesen engen Pfad zur Seligkeit geführt, weil er ihr ja all ihr Lebtag lauter Trübsal zugeschickt, am Ende ihres Lebens aber sie durch die Gegenwart ihres Sohnes ergetzt hat, nunmehr jedoch wie zu glauben, in der ewigen Glorie immerdar erfreut* (S. 112 f.).

Diese moralisierenden Passagen sind nun gewiß nicht für das Volksbuch erfunden – dazu stimmen weder Stil noch Intention. Sie gehen vielmehr mit Sicherheit auf Pater Martin selbst zurück, der in der ›Vorred‹ des ›Dritten History-Buchs‹ angekündigt hatte: *Zu End eines jeden Absatzes / wie auch eines jeden tugendseeligen Exempels / ist ein kräfftiger Seuffzer / oder ernstlicher Fürsatz / oder nutzliche Auffopfferung oder fröliches Lob Gottes / oder auch eine heilsame Sitten-Lehr und Moralität zugesetzt.*

Im ›Gregor‹-Volksbuch steht der *kräfftige Seuffzer*, der *ernstliche Fürsatz* wie in den anderen Legenden der ersten Auflage des ›Außerlesenen History-Buchs‹, z. B. am Schluß der ›Hirlanda‹, die die entsprechende Textstelle auch im Volksbuch (hg. SIMROCK) bewahrt. Ein Vergleich der aus der ersten in die dritte Ausgabe übernommenen Historien ergibt, daß Martin von Cochem für die Edition von 1706 gerade solche Partien gekürzt hat. Da der ›Gregor‹ nicht in der ersten Ausgabe steht, in der dritten aber, wie die Volksbuchfassung beweist, bereits in gekürzter Form, muß er in die zweite in eben der Version, die dann separat erschienen ist, aufgenommen worden sein. Die Überarbeitung für die dritte Ausgabe steht wohl in Zusammenhang mit der Kritik, die an den eingestreuten Betrachtungen und Gebeten geübt worden war und im Fall des ›Lebens Christi‹ 1707 eine Revision veranlaßte (SCHULTE S. 41). Die Volksbuchverleger haben also hier und wahrscheinlich auch bei der ›Hirlanda‹ und ›Genoveva‹ auf die zweite Auflage zurückgegriffen und die kommentierenden Betrachtungen bewahrt, während der Kapuziner das geistliche Element zurückdrängte zugunsten einer anderen Funktion: daß *anmuthige / lustige und trostreiche Historien / ... manchen Verdruß vertreiben / manche langweilige Zeit abkürtzen / und manche Traurigkeit in Freud verkehren sollen* (›Vorred‹ zur dritten Ausgabe).

Erstaunlich bleibt, daß Pater Martin die ›Gesta Romanorum‹ benutzen konnte. Die Klöster seines Ordens waren mit Büchern meist nicht gut ausgestattet, in den Bibliotheken vorwiegend Werke des 17. Jahrhunderts (SCHULTE S. 177). Von den ›Gesta Romanorum‹ ist jedoch die letzte Ausgabe 1596 nachgewiesen (GEORGI I S. 140), darüber hinaus muß er ›Der Heiligen Leben‹ in Händen gehabt haben, denn in der Einleitung zur ›Gregor‹-Historie spricht er davon, daß sie sich *in allen alten legenden* finde – was sich nur auf das genannte Legendar beziehen kann. Von dort wird er den Titel ebenso haben wie die gegenüber den ›Gesta‹ ausführlichere Gestaltung der Wiedererkennungsszene am Schluß. Während der Neubearbeitung des ›Auserlesenen History-Buchs‹ hielt sich der Pater im Kapuzinerkloster Günzburg auf (SCHULTE S. 110 f.), möglich, daß ihm dort ältere Werke wie die ›Gesta‹ und das Heiligenleben zur Verfügung standen.

Die sprachlichen Eigenarten, die rationalen Tendenzen, z. B. daß der Säugling wohlgesäugt in das Fäßchen gelegt wird, Gregor auf der Felseninsel nicht angekettet ist und sich von Kräutern und Wasser ernähren kann – so daß auch die spektakuläre Schlüsselgeschichte fortfällt –, er schließlich nur zum Bischof, nicht zum Papst erhoben wird, sind von ELEMA herausgearbeitet worden.

In der Einleitung zur Legende gibt Pater Martin an, daß *die liebe alte ... geirret* hätten, als sie Gregors Großvater zum König und ihn selber zum Papst machten: Marcus (der Name aus den ›Gesta‹) sei nur Herzog, Gregor selbst nur Bischof gewesen. Wahrscheinlich war ihm bekannt, daß die Inzestlegende auf keinen der historischen Gregor-Päpste zutraf, außerdem wollte er wohl das Papsttum vor protestantischer Kritik schützen – nach den Gesetzen der Kirche konnte ja bis in unser Jahrhundert hinein ein Inzestkind nicht einmal ohne weiteres Priester werden. Die hierarchische Reduktion der Personen ist sicher kein bewußter Verschleierungsversuch, daß es sich hier um eine ›Lügend‹ handeln könne, denn er sagt in der ›Vorred‹ zur ersten Ausgabe des ›Außerlesenen History-Buchs‹, er könne kaum *glauben / daß die liebe Alten auffsetzlich liegen / und die Nachwelt mit falschen Geschichten* betrügen wollten. Historische Glaubwürdigkeit war dem Pater wichtig, er setzte großen Wert auf zuverlässige Quellen, griff zumeist auf die Werke von Baronius und Surius sowie die Bollandisten zurück und gab am Ende seiner Historien getreulich die Herkunft an. In der ›Vorrede‹ zur ›Verbesserten Legend‹ legt er seine Prinzipien dar: weil nur allein die Wahrheit erbauen kann, so hat man Sorge getragen, nur aus den reinsten Quellen zu schöpfen, und nur jenes anzuführen, was auch die schärfste Probe aushalten kann. Ebenso insistiert er in der ›Vorred‹ zum ›Leben Christi‹ auf der Wahrheit der Birgitten-Offenbarung als seiner wichtigsten Vorlage.

Der Tendenz der Legende, auch die größte Sünde als gottgewollt und – *felix culpa* – als engen und rauhen Fußpfad der Trübsal, der der sicherste Weg zum Himmel ist (S. 113), darzustellen, korrespondiert der Anspruch auf faktische Glaubwürdigkeit, weil andernfalls auch die theologische Aussage vor dem prüfenden Blick ins Zwielicht geriete. Gregors Büßerleben gleicht darum völlig dem eines rigorosen Asketen, kein *trôstgeist von Kriste* wird mehr benötigt: *Allda führte Gregorius ein bußfertiges leben / asse nichts mehr / als wilde kräuter, so er auff der Insel fande: trancke wasser auß einem brünnlein so allda ware / und lage zu nachts unter einem hohlen felsen* (S. 302). Er wird ausdrücklich als *Einsidler* bezeichnet (ebd.), aber diese Lebensform ist zur Zeit Pater Martins kein vorgelebter Bußweg mehr, auf dem die Leser dem Heiligen hätten nachfolgen können. Die lebenspraktische Orientierung seiner Legende zeigt sich im Streben nach geistlichem und zeitlichem Nutzen: wenn ein ›History-Buch‹ im Haus ist, wird der Sonntagnachmittag nicht in *Sauff/Company* zugebracht, das Geld nicht unnütz ausgegeben, *Zanck und Schlägerey* bleiben aus, dafür kann *das junge Bürschlein ... zum Spinnen / Nähen / Stricken und dergleichen Arbeiten ... angefrischet werden*, das Gesinde in seinem *Hand-Gewerb desto unverdrossener* sein. Die Historien verhelfen dazu, sich dem unerforschlichen Ratschluß Gottes zu fügen und seine Standespflichten zu erfüllen. Das gilt jedoch nicht für die Herzogin in der Erzählung, die sich nach dem zweiten Inzest *der regierung deß lands ... gantz* entschlägt und sich um *nichts anderst / als mit GOtt und ihrer seelen heyl bekümmert* (S. 304). Bei Hartmann war aus der Perspektive der Landesherrschaft die Notwendigkeit, *bî dem lande* zu bleiben, bis zum Schluß durchgehalten (v. 2707), in der Historie hatte zwar Gregor noch vor seinem Aufbruch zur Bußfahrt seine *amtsverwalter* auf Treue zur Herzogin festgelegt, aber das tritt dann vor der Rettung der eigenen Seele zurück – es sind eben nicht mehr die Probleme des herrschenden Standes, der in seinem Ordo Gott dienen mußte, wenn gesellschaftlich notwendige Aufgaben nicht unerfüllt bleiben sollten, die den Hintergrund für Pater Martins ›History‹ abgeben.

Auch die Motivation für die Vita poenitentiae ist dem Pater problematisch geworden: *Für seine sünd hatte er nicht nöthig so schwäre buß zu würcken ... Darum hat er vielmehr für die sünd seiner eltern / wie auch zum heyl der kirchen ein so strenges leben geführt – zum heyl der kirchen*: er hat somit Verdienste erworben, mit denen alle Gläubigen ihre Sünden bezahlen können. Die Erhöhung ist folglich auch nicht mehr Zeichen für Gottes Gnade und damit Beispiel für jeden Sünder, sondern soll zeigen, *daß GOtt die unendliche gerechtigkeit seye / und durchaus nichts unrechts thun könne* (Kapitelüberschrift): Gregor hat sich das Bischofsamt verdient. Der Heilsautomatismus, bei Hartmann eine latente Gefahr, ist hier offenkundig.

Daher spielen die zur Seelenrettung von der Kirche bereitgestellten Hilfsmittel eine deutliche Rolle. Die Insistenz auf der Taufe des Neugeborenen, die schon die ›Gesta‹ kennen, wird verstärkt: *Da sprach der officier: Einmahl muß das kind getaufft werden: wir aber dörffen es / weil es kein nothfall ist / nicht tauffen: dahero erfordert es das christliche recht, daß wir es von einem priester müssen lassen tauffen*, entsprechend klagt sich bei der Schlußbeichte die Mutter eigens an, daß sie *das gebohrene kind aus forcht der schand nicht hab wollen lassen tauffen*. Für ihren Bruder läßt sie *die gewöhnliche seel-ämpter* halten, und vor ihrem Sohn und Gatten legt sie die kirchlich empfohlene *general-beicht* ab. Neue biblische Vorbilder integrieren die ›History‹ in die kirchliche Tradition: Gregor ist *als ein ander Moyses / auf das Meer ... gesetzt*, und die Mutter bleibt bei ihrem bischöflichen Sohn gleich *wie magdalena bey den füssen des HErrn.*

Publikum

Die Bücher Pater Martins sind, wie er in der zuletzt zitierten Vorrede sagt, für die einfachen Leute bestimmt: er schreibt in einem *einfaltigen Stylo ..., damit die unstudierte Leuth / zu deren Trost ich meine einfältigen Bücher in Truck gebe / die Geschichten besser verstehen können.* Das ist ein alter Topos der volkssprachlichen religiösen Literatur und besagt nicht alles über die tatsächliche Rezeption. Der Umfang der Bücher und ihr Preis dürfte die tatsächliche Verbreitung bei den *unstudierten Leuth* erheblich eingeschränkt haben. Als Rezipientenkreis ist doch am ehesten die niedere Geistlichkeit und die gesamte Laienschaft bis herab zum mittleren Bürgertum anzunehmen. Der Ordenszensor scheint bei der Approbation des ›Zweiten History-Buchs‹ ebendieses Publikum im Auge gehabt zu haben: *Inveniunt enim in eodem tam ecclesiastici quam saeculares, tam docti quam indocti, tam milites quam cives plurima huiusque ipsis ignota* (zit. nach SCHULTE 1910 S. 173 A. 1). In der ›Vorred‹ des ›Außerlesenen History-Buchs‹ spricht er von Gelehrten und Handwerksleuten, die *zur Recreation eine anmüthige History* lesen sollen, die einfachen Leute wird er noch am ehesten über die *frommen Vätter und Mutter, die ihren Kindern und Gesind ... fürlesen,* erreicht haben. Heute sind Pater Martins Werke vornehmlich in Klosterbibliotheken zu finden, auch die Exemplare der öffentlichen Bibliotheken stammen meist daher. Die gesammelten Legenden und Historien dürften also in der Hand der Patres als homiletische Handbücher verwendet worden sein, um die Predigt *bewöglich* und unterhaltend zugleich zu gestalten.

Gerade der Kapuzinerorden, dem Pater Martin angehörte, hatte sich zusammen mit den von den Habsburgern geförderten reformierten Karmeliten und Piaristen der Volksseelsorge zugewendet, und die pastoralen Bemühungen, die sich in den zahlreichen Schriften äußern, müssen im Zusammenhang mit der Volkspredigt des Ordens gesehen werden, der noch Schiller mit seinem predigenden Kapuziner in ›Wallensteins Lager‹ ein Denkmal gesetzt hat. Wenn allerdings der Herausgeber des ›Bönnischen Wochenblattes‹ 1786 klagt, daß *der gemeine Landmann ... noch viel zu ungebildet ist, als daß er außer der Legende und P. Cochems Schriften irgend eine Lektüre verdauen könne* (zit. nach STAHL S. 9) – von den Werken Cochems kommt wohl am ehesten das vielgelesene ›Leben Christi‹ infrage, das er laut ›Vorred‹ für die *ungelehrte(n) Burgers- und Bauersleuth* geschrieben hat – so ist angesichts der auch im späten 18. Jahrhundert noch recht mangelhaften allgemeinen Schulbildung der Cochem-Lektüre des gemeinen Landmanns keine zu umfassende Verbreitung zuzusprechen und eher die rationalistische Polemik gegen volksverdummende religiöse Schriften hinter den zitierten Worten zu suchen.

Im 18. Jahrhundert wurden die Legenden recht häufig wieder aufgelegt (das ›Außerlesene History-Buch‹ fünfmal), gegen Ende des Jahrhunderts jedoch wird die rationalistische Kritik an Cochem immer stärker. Rationalistische Kritik äußert sich, wenngleich in abgemilderter Form, auch bei Goethe, der aus einem Legendenbuch Cochems – vermutlich der ›Verbesserten Legend der Heiligen‹ (17. Juli, S. 556–558) – die Alexius-Legende kennenlernt.

In den ›Briefen aus der Schweiz‹, 2. Abteilung, beschreibt er, wie er in Münster von einer Frau, »in deren Hause es ganz rechtlich aussah« (Bd. 29 S. 280), die Alexiusgeschichte erzählt bekommt. Sehr bewegt sucht er anschließend »im Pater Cochem die Legende selbst auf« und findet, »daß die gute Frau den ganzen reinen menschlichen Faden der Geschichte behalten und alle abgeschmackten Anwendungen dieses Schriftstellers rein vergessen hatte« (S. 285).

Goethe wendet sich offensichtlich gegen die *verschiedene(n) lehrreiche(n) Sittenlehren,* die Pater Martin seinen Legenden *beygefüget* hatte[4]. Ein zweifaches Licht fällt aus Goethes Brief auf die Rezeption der Cochemschen Legenden. Zunächst scheint Goethe der Autor ein Begriff zu sein, in seiner Bibliothek hatte er ihn jedoch nicht (vgl. Ruppert); dann steht er selbst aber dieser Literatur skeptisch gegenüber: konstitutiv für die Legende ist doch gerade die »Anwendung«, nicht der »reine menschliche Faden«, also das Erzählerische und Menschlich-Beziehungshafte. Für Goethe ist die Legende zur Novelle geworden, und so erzählt er sie auch wieder: mit besonderer Betonung des Jammers, des Klagens und Weinens über das Schicksal des Alexius, des »Erbärmlichen« der Geschichte, des Menschlich-Rührenden. Die »gute Frau« aber sieht die Legende immerhin unter dem Aspekt der »Liebe zu Gott« (S. 281).

Sie ist jedoch nicht unter den *gemeinen Landmann* des ›Bönnischen Wochenblattes‹ zu subsumieren, denn, wie Goethes Beschreibung ihres Hauses und der Stube ausweist, gehört sie der bäuerlichen Mittelschicht an, aus der sich »mehrere . . . dem geistlichen Stand gewidmet hatten« (S. 281), dieser Tatsache schreibt Goethe auch den Besitz von »wohl eingebundenen Büchern«, darunter auch dem Legendenwerk, zu.

Allerdings hatte im Lauf des 18. Jahrhunderts der Anteil der Leser an der Bevölkerung sich stark vermehrt, 1785 rechnete das ›Journal von und für Deutschland‹ mit einer Zunahme von 50 Prozent in den letzten 30–40 Jahren (Engelsing S. 56), woran die Leihbibliotheken und Lesegesellschaften stark beteiligt waren. Handwerker, Bauern, Soldaten waren Mitglieder dieser Vereinigungen, und sogar in den Gesindeordnungen wird davon ausgegangen, daß es

---

[4] Sie finden sich in der ›Verbesserten Legend‹, nicht jedoch in der ›Kleinen Legende‹, auf die als Quelle für Goethes Äußerung sonst allgemein verwiesen wird, Stahl S. 12, Schulte S. 197, Signer S. 10.

Alphabeten in den dienenden Klassen gibt. Der gesamte Mittelstand und ein geringerer Teil der Unterschicht gehörten jetzt zum Lesepublikum. Die Analyse der sozialen Zugehörigkeit der Zeitungsabonnenten des 18. Jahrhunderts zeigt die Öffnung deutlich an (ebd. S. 60), anders als bei wissenschaftlicher Literatur und Belletristik dürfte gerade dieser Rezipientenkreis dem der Legenden entsprechen: handwerklicher, kaufmännischer und bäuerlicher Mittelstand bis zum Kleinbürgertum[5].

Noch Grillparzer ist von Cochems Heiligen beeindruckt – allerdings im Alter von etwa 7 Jahren, als er beschloß, in Nachahmung der Legendenfiguren, Geistlicher zu werden, wobei er »aber nur auf den Einsiedler und Märtyrer« sein »Absehen richtete« (Selbstbiographie S. 71). Wie die Volksbücher Goethes Jugendlektüre waren – er beschreibt es bekanntlich in ›Dichtung und Wahrheit‹ Teil 1, 1. Buch (Bd. 26, S. 50 f.) – so ist es hier die Heiligenlegende, die darin dem Volksbuch nahesteht, daß sie »bei den Untren die einzige Geistesnahrung auf Lebenszeit«, bei den gebildeten Ständen Lesestoff der Kinder ist, wie Görres in seiner Schrift über die Volksbücher feststellt (S. 9).

Hatte der Kapuziner in der ›Vorred‹ der ersten Ausgabe des ›History-Buchs‹ noch die Hoffnung ausgesprochen, der Leser werde, weil viele große Sünder *durch Lesung oder Anhörung heiliger Legenden oder erschrecklichen Historie so gar bewegt ... worden seynd, daß sie ihnen alsobald ernstlich fürgenommen ... / ihre alte Sünden zu verlassen, ebenfalls auff dem Weeg der Tugend desto eyffriger fortfahren,* so war er beim ›Dritten History-Buch‹ schon skeptischer: *Du wirst unfelbarlich / wofern du ein Christliches Hertz in deinem Leib hast / in Ablesung diser Historien manchen hertzlichen Seuffzer gegen Himmel schiessen / und ohne Zweiffel manchen andächtigen Zähren auß deinen Augen vergiessen. Du wirst verhoffentlich manchen guten Gedancken schöpffen / manche schmertzliche Reu erwecken / manchen heiligen Fürsatz machen / manche tugendseelige Übung lernen / manchen Verdienst von GOtt erwerben / und manche Ehr und Dienst den lieben Heiligen erweisen ... Also / daß du zugleich lesest und bettest: und dir diß Buch zugleich für ein anmüthiges History-Buch / und andächtiges Gebett Buch dienen wird ...* aber: *Wan du schon den Tugenden und Bußwercken der Heiligen nicht nachfolgen kanst / lese dannoch ihre Leben mit Fleiß und Auffmercksamkeit / dan du wirst zum wenigsten eine Lieb und Andacht zu denselben Heiligen schöpffen / zur Erkandnuß deiner Unvolkommenheiten gelangen / dich in Vergleichung der Heiligen für Nichts schetzen / zum Eiffer und Nachfolgung der Heiligen ermuntert / und endlich ihrer Fürbitt fähig und würdig werden.*

---

[5] So sind in Ravensburg von den 140 Subskribenten des Werkes von Johann Martin Kutter ›Beiträge zur religiösen Aufklärung für gebildete Religionsverehrer‹ im Jahre 1802 die Handwerker mit 72, die Kaufleute mit 22 vertreten (Engelsing S. 60).

Da eine echte Nachfolge nicht möglich ist, soll das Lesen wenigstens Demut erwecken und für die Intercessio sorgen. Die Lektüre eines Heiligenlebens ist in sich selbst ein verdienstvolles Werk, das des Lohnes wert ist: *Dan wie offt du das Leben eines Heiligen lesest / so offt thust du ihm einen neuen Dienst / und erwerbest die obgemelte Früchten und Nutzbarkeiten.* Wir sind gar nicht weit entfernt von der Alibifunktion, die Dichten, Vortragen und Anhören des ›Gregorius‹ für Hartmann und sein Publikum hatte.

Volksbuch: Leserschaft

Das vielleicht in erster Auflage schon im späten 18., sicher aber im frühen 19. Jahrhundert gedruckte Volksbuch (allgemein dazu SZÖVÉRFFY und KREUTZER) zielt auf die von GÖRRES genannten Schichten. Mit Beginn des 19. Jahrhunderts setzt eine ungeheure Ausdehnung des Bedarfs an anspruchslosen Lesestoffen ein (SCHENDA 1970 II S. 50), trotz der weiterhin begrenzten Bildung der unteren Klassen wächst die Zahl der Leser, die nur wenig für ihre Lektüre aufwenden können und Unterhaltung verlangen. Das sieht man deutlich an der Auflagenhöhe der Kalender, die um die Jahrhundertwende stark ansteigt (ENGELSING S. 58 f.), und am Aufkommen einer neuen Flugschriftenliteratur, so daß ENGELSING die Verhältnisse »mit denen zur Zeit der Reformation« vergleichen kann (S. 59). SCHENDA schätzt die Prozentzahl der Leser für 1770 auf 15, für 1800 auf 25 % der Bevölkerung (S. 444): fast eine Verdoppelung. Jedoch darf man sich von der Lektürefähigkeit der Unterschicht keine übertriebene Vorstellung machen, die lesenden Handwerksgesellen fanden sich vornehmlich bei den sitzenden Berufen, und auch lesende Dienstmädchen waren selten (ENGELSING S. 79 ff.). Die Auflage eines »Volksbuches« wird ca. 2000 Stück betragen haben (S. 57) – das ist eine beträchtliche Höhe, Belletristik erreicht nur etwa 1000 (S. 91). Neben Bibel und Gesangbuch, Katechismus und Schulbuch, dürfte ein »Volksbuch« in relativ vielen Häusern zu finden gewesen sein (S. 89). Mit den religiösen Büchern teilt es die Eigenschaft, daß es mehrmals gelesen werden kann zum Zweck der Erbauung und Belehrung. Diese soll nämlich nach Ansicht der Aufklärer zur Unterhaltungsfunktion hinzukommen – in die Lücke des Bedarfs nach spannender u n d nützlicher Lektüre stoßen die erwähnten »Volksbücher«. Sie scheinen die stärker theologisch geprägte Erbauungsliteratur abzulösen.

Die Beobachtung, daß 1740 der Anteil des genannten Typus 20 % der Buchproduktion umfaßte, 1800 aber nur noch 6 % (SCHULTE-SASSEN S. 48 A. 13) ist unter anderem auch so zu interpretieren, daß die erbaulich geprägten Kleindrucke wie die Volksbücher, die aus den Legendensammlungen herauswachsen, zwar nicht unter »Predigt- und Erbauungsliteratur« statistisch erfaßt werden, für den einfachen Leser jedoch die gleiche Funktion haben: was für den Bürger der Cochem, ist für die unteren Schichten das Volksbuch.

Verständlich, daß der ›Gregorius auf dem Stein‹ noch zu Beginn des 19. Jahrhunderts gedruckt wurde – gegenüber den bereits »erneuerten« Volksbüchern ritterlicher Thematik vertritt er eine pädagogisch nützliche Richtung, verbunden mit hohem Unterhaltungswert durch den fremden und unerhörten Stoff. Dieser ist zudem in einer fernen heroischen Zeit angesiedelt, die durch die Ende des 18. Jahrhunderts massenhaft einsetzende Produktion von Ritterromanen (M. BEAUJEAN S. 113 ff.) von besonderer Anziehungskraft sein mußte, der Erzählung jedoch das Verbindliche nimmt, da für die Leser zur unmittelbaren Gegenwart kein Bezug mehr herauszusehen ist: nichts von dem, was sie dort lesen, entspricht noch ihrer Erfahrung.

Die Polemik in der 2. Hälfte des 18. Jahrhunderts gegen die »Modeliteratur« zeigt deutlich, daß das religiöse Volksbuch zwar die kritisierte Realitätsferne der Ritterromane (die nach J. C. Hoche sogar die Revolution vorbereiten half, S. 54) teilte, zusätzlich jedoch erwünschte Tendenzen aufwies: Wunder der Religion im Gegensatz zu Geisterbeschwörung und Teufelsglaube (ebd. S. 24) und das »moralische der Handlungen« (S. 142). Mit der Wahrheit (»treue Darstellung des Menschen wie er ist, und was er in der steigernden Veredlung seyn kann«, S. 70) haperte es wohl ein wenig, die anderen anerkannten Lektürefrüchte (»Der erste Zweck alles Lesens ist, Wahrheit und eigene Belehrung zu suchen«, S. 69; »sich zu bilden, zu belehren und doch dabei zugleich sich angenehm zu beschäftigen«, S. 72) durften jedoch geerntet werden. Die erbauliche Heiligengeschichte traf der Vorwurf nicht, die »Sitten des gemeinen Mannes« zu verderben (Tieck, Schildbürger [1796] S. 102), und die aufklärerische Polemik (MACKENSEN S. 32 f., 39 f.) gegen die nutzlosen Lügengeschichten könnte gut den vom Wahrheitsstandpunkt zwar ebenfalls problematischen, aber pädagogisch auswertbaren und ausgewerteten Legenden von Griseldis, Hirlanda und Gregorius den Boden bereitet haben, so daß sie dann im späten 18. Jahrhundert in Konkurrenz zu den weltlichen Stoffen treten.

Friedrich Engels, der sich 1838 aus eben der Everaertschen Druckerei die Volksbücher besorgen ließ (VOIGT S. 71), polemisierte dann gerade gegen solche Tendenzen: diese kirchliche Propaganda, diese »alten Demütigungshistorien« (S. 107) seien ungeeignet für die Emanzipation des Volkes. Kein Zweifel: gerade das Erbauliche und Beschwichtigende macht die Beliebtheit der Cochemschen ›Griseldis‹ im 19. Jahrhundert aus – z. B. wird sie ohne Namen des Neubearbeiters 1842 und 1846 in Passau unter dem Titel ›Die wunderliche Geduld der Bäuerin und Gräfin Griseldis, ein herrliches Exempel der Geduld und Demuth, sonderlich für jene Weiber, welche ungerathene Männer haben ...‹

veröffentlicht (Köhler S. 508 f.), und noch 1918 druckt Heinrich Mohr in seiner Reihe ›Deutsche Volksbücher‹ die ›Griseldis‹ in der »unversehrt erneuerten Fassung« Martins von Cochem zusammen mit – dem ›Armen Heinrich‹ in der Fassung der Brüder Grimm.

Von den drei Funktionen, die für die »Ausweitung der literarischen Produktion« in den letzten 200 Jahren nach Kayser bestimmend gewesen sind: Unterhaltung, Erbauung und Zeitkritik (1959 S. 8), realisiert das Volksbuch die ersten beiden in hohem Maße. Mit dem aus der Legendenfassung bewahrten religiös-erbaulichen »Apparat« fügt es sich in eine literatursoziologische Richtung des späten 18. Jahrhunderts: es wendet sich bevorzugt an den katholischen Bevölkerungsteil vor allem der ländlichen und unteren Schichten, der länger als der evangelische an Traktaten und Erbauungsschriften festhielt, während sonst der Trivialroman weitgehend die religiöse Volksliteratur ersetzte (M. Beaujean S. 184 ff.). Die von diesem Lesepublikum gestellten Erwartungen nach Spannung und Erbauung konnte das Volksbuch befriedigen.

Simrocks Erneuerung

Nicht diese waren es jedoch, die die Romantiker bewogen hatten, die alten »Volksbücher« zu erneuern, vielmehr erblicken sie in ihnen ein »Natur-Produkt«, wie Tieck 1829 im Vorbericht zum Wiederabdruck der ›Heymons-Kinder‹ von 1797 formuliert: »Ein solches altes Poem wird durch die Überlieferung, die es bald roh, bald unverständlich macht, bald Widersprüche hineinbringt, gleichsam in ein Natur-Produkt verwandelt, an dem unsere ahnende Kraft eben recht viele Arbeit findet, um diese Unebenheiten zu erklären, oder wegzuschaffen« (S. 106). Ähnlich in der Einleitung zu den ›Schildbürgern‹: »in jenen alten Scharteken« – referiert er ein angebliches Gespräch – »stecke eine Kraft der Poesie, eine Darstellung, die im ganzen so wahr sei, daß sie beim Volk, so wie bei jedem poetischen Menschen noch lange in Ansehn bleiben würden« (S. 103). Er wendet sich also an »jeden poetischen Menschen« und rechnet damit, daß auch »aufgeklärte und wahrhaftig nicht schlecht fühlende Mamsells sie mit lesen«. Das »Volk«, die »Volksliteratur« ist als poetischer Reiz entdeckt, der die Imagination stimulieren kann – jetzt ist nicht mehr allein die untere Schicht, der anspruchslose Leser, Adressat des »Volksbuchs«, sondern der »poetische Mensch« aller Stände. Noch Goethe hatte in seinen ›Vorarbeiten für ein lyrisches Volksbuch‹ von 1808 »die untern Volks-Classen, Kinder« (Bd. 42,2 S. 414) in pädagogischem Sinne ansprechen wollen – gegen solche Bestrebungen hatte Tieck in der genannten Einleitung heftig polemisiert, »daß die Menschen das Volk am liebsten erziehen möchten, die das Volk nicht kennen« (S. 102).

GÖRRES, der für seine Arbeit ›Die teutschen Volksbücher‹ auch den ›Gregorius auf dem Stein‹ angeschaut und für »eine der besseren Legenden, religiös untadelhaft und dabei poetisch, romantisch und in ihrer Art vollendet« (S. 244) befunden hatte, verstand ähnlich wie Tieck das Volksbuch als den »stammhaftesten Theil der ganzen Literatur, den Kern ihres eigenthümlichen Lebens, das innerste Fundament ihres ganzen körperlichen Bestandes« und mußte zu diesem Zweck auf die mythische Kategorie »Volk« rekurrieren, die mit der bürgerlichen Ständegesellschaft nicht konkordierte, sondern quer dazu verlaufen sollte: »Pöbel« und »Volk« werden als moralische Bestimmungen einander gegenüber gestellt. Vom »Volk« heißt es S. 6 f.: »jeder, der reinen Herzens und lauterer Gesinnung ist, gehört zu ihm; durch alle Stände zieht es, alles Niedere adelnd, sich hindurch, und jeden Standes innerster Kern, und eigenster Character ist ihm gegeben«. So muß auch von den »Volksbüchern« gelten, daß sie durch viele Generationen aller Stände sanktioniert sind: »Kein Stand ist von ihrer Entwicklung ausgeschlossen, während sie bei den Untern die einzige Geistesnahrung auf Lebenszeit ausmachen, greifen sie in die Höheren, wenigstens durch die Jugend, ein« (S. 9). Das ist uns ja schon aus Goethes Jugend bekannt – daraus resultiert aber auch der pädagogische Ansatz der späteren Volksbucherneuerer, die in der Nachfolge der Romantiker im Volksbuch die Utopie einer sozialen Einheit des Deutschen Volkes in dieser moralisch-ästhetischen Kategorie der »reinen Herzen und lauteren Gesinnung« anzielen.

Simrocks »Erneuerung« des »Volksbuchs« von Gregorius aus dem Jahre 1839 ist den Intentionen Tiecks und GÖRRES' verpflichtet. Er will »die deutschen Volksbücher in einer ihrer würdigen Gestalt« herausgeben (der Verlag auf dem Vorsatzblatt, zit. nach ELEMA S. 109) und sie »allen Ständen des Volkes gleich lieb« machen – später schränkt er dies auf »jeden gefühlvollen Leser, welches Standes und Ranges er sey« ein – eine ins Sentimentale gewendete Abart von Tiecks »poetischem Menschen« und GÖRRES' edlen Figuren »reinen Herzens und lauterer Gesinnung«.

Wie ELEMA nachgewiesen hat, druckt nun Simrock nicht etwa das Volksbuch des 18./19. Jahrhunderts ab, sondern kompiliert einen Text aus diesem und Hartmanns ›Gregorius‹, indem er das mhd. Gedicht als Grundlage benutzt und ab und zu Stellen aus dem Volksbuch einschiebt. Das Ganze erhält ein volkstümliches Flair, da Simrock sich stilistisch eher an das Volksbuch hält und kleinere Motivationen, Erläuterungen, Ausmalungen übernimmt, die die Distanz zum Leser abbauen sollen. Der Zweck dieser »Erneuerung« muß mit Simrocks Ziel, altdeutsche Dichtungen populär zu machen, zusammen gesehen werden. In seinen Übersetzungen fühlt er sich, nach einem Wort von H. MOSER, als »ein Vollstrecker versäumten Wirkens des ›Volksgeistes‹, Herders und der Romantiker« (S. 471 f.), und neben den Versuchen, mittelalterliche Texte in wirkliches Neuhochdeutsch mit archaischen Anklängen umzusetzen, stehen freie Umdichtungen (1847 ›Der gute Gerhard‹, 1850 ›Otto im Barte‹ u. a.) und »schöpferische Weiterentwicklungen« (S. 471) wie das ›Amelungenlied‹ – und der ›Gregorius‹. Hier hat er nachgeholt, was der »Volksgeist« versäumt hatte: eine bedeutende mhd. Dichtung für »jeden gefühlvollen Leser« aufzubereiten. Diese Werke nehmen eine Mittelstellung zwischen seinen Editionen und Übersetzungen einerseits und seinen eigenständigen poetischen Werken wie den Sagen- und Legendenballaden andererseits ein. Philologische Bildung und Wertschätzung von Hartmanns Gedicht trifft sich hier mit romantischer Hochbewertung der volkstümlichen »Kraft der Poesie«, wie sie nach Tieck in den Volksbüchern erscheint, aber die volkspädagogische Absicht dominiert: nicht das die »ahnende Kraft« mobilisierende »Natur-Produkt« selbst wird gegeben, sondern die als solches verkleidete »würdige« Fassung des vom Bonner Professor hochgeschätzten Hartmann. Diese Mimikry, die bis in die Aufmachung geht (statt des Erscheinungsjahrs ist »Gedruckt in diesem Jahr« angegeben), der bis auf ELEMA auch die Kollegen Simrocks in unserer Zeit erlegen sind, ist wohl sein weitestgehender Versuch auf dem Gebiet der Popularisierung mittelhochdeutscher Literatur. Seine Ausgabe von 1865 ist dagegen eher Tat des Philologen, hier stimmt der Untertitel »in ihrer ursprünglichen Echtheit wiederhergestellt« – das Volksbuch von (etwa) 1810 wird nur geringfügig modifiziert abgedruckt.

Mit seinen freien Nachdichtungen hat Simrock zu seiner Zeit stark gewirkt und sehr positive Resonanz erfahren (MOSER 1970 S. 61). Wenngleich der ›Gregorius auf dem Stein‹ selbst keine so breite Rezeption fand wie seine anderen Nachschöpfungen, kann doch MOSERS Wort auch dafür gelten: »Indem er auf seine Weise die Erneuerungsbestrebungen der Romantiker aufnahm und fortführte, hat Simrock neben Männern wie UHLAND viel dazu beigetragen, das ›gebildete Deutschland‹ zu diesen Zeugnissen der eigenen Tradition hinzuführen und zugleich der jungen Wissenschaft Germanistik, wie man sie damals verstand, das Wohlwollen der Öffentlichkeit zu gewinnen« (ebd.). Seine Versuche, den rein wissenschaftlichen Rezeptionskreis zu durchbrechen und eine Vermittlung zwischen Fachwissenschaft und literarischer Öffentlichkeit zu erreichen, sollte uns Heutigen im Gegensatz zu MOSERS Ansicht eigentlich unverächtlich sein.

Gegenüber der unterhaltenden und erbauenden Funktion des Volksbuchs ist hier eine neue aufgetreten. Die Besinnung auf die Tradition, das kulturelle Erbe der Nation – und davon wird die Wiederbelebung der altdeutschen Dichtung im 19. Jahrhundert weitgehend bestimmt (vgl. BEHLAND) – dient zur Stärkung der nationalen Identität, die sich in der Einheit des von den Romantikern apostrophierten »Volkes« konkretisieren soll. Hier treffen sich Philologie und aktuelle politische Tendenzen, wobei es gewiß verfehlt wäre, den Nationalismus der Mitte des 19. Jahrhunderts mit seiner reaktionären Form im 20. zu parallelisieren. Eine aktuelle Lebensform ist in dieser ›Gregorius‹-Adaptation nicht mehr präsent, der Text ist im Zusammenhang der Volksbücher-Edition ohnehin seiner Individualität weitgehend beraubt und nur noch ein Element im stolzen Erbe der Vergangenheit.

22. Musikalische Legende

Die – vor Thomas Mann – jüngste dichterische Rezeption des Gregor-Stoffes[1] dürfte in einem Gedicht von Franz Kugler aus dem Jahre 1832 (veröffentlicht 1840) vorliegen, das Carl Loewe als op. 38 im Jahre 1834 vertont hat. Die Komposition ist eine der »Legenden« Loewes, die im 19. Jahrhundert außerordentlichen Ruhm genossen und viel gesungen wurden, so daß Philipp Spitta schreiben konnte: »Etwas, das sich den Legenden Loewes von fern vergleichen ließe, gibt es in der deutschen Musik überhaupt nicht (Ausgabe S. I).

Kuglers Ballade

Franz Kugler (1808–1858), von Profession Kunsthistoriker, war ein vielseitig talentierter Mann, der malte, dichtete und sang und in Berlin im Kreis von Mendelssohn, Heine und Chamisso verkehrte (vgl. N. N.). Er studierte bei von der Hagen im Jahre 1826 an der Universität Berlin und promovierte 1831 über ein mittelalterliches Thema: seine Dissertation galt »Werinher von Tegernsee«. In ihr strickt er eifrig weiter an diesem literarhistorischen Mythos des 19. Jahrhunderts, der aus Priester Wernher (dem Autor der ›Driu liet von der maget‹) eine Art mittelalterliches All-round-Genie (deutscher, lateinischer Schriftsteller, Dramatiker, Maler) machte. Kugler hat dieser Fiktion später in einem Roman ›Werner von Tegernsee. Ein Bericht aus dem Klosterleben des 12. Jahrhunderts‹ (Stuttgart 1852) erneut gehuldigt. Seine Ballade ›Gregor auf dem Stein‹ schließt zeitlich an seine Dissertation an (1832), bevor er 1833 Privatdozent in Berlin wurde. Die Quelle ist vermutlich Hartmann gewesen, den er durch von der Hagen gekannt haben wird.

---

[1] Die Reminiszenz in Kafkas ›Verwandlung‹ an die Hartmann-Vorlesung Detters im Jahre 1902 (Weinberg S. 237, Köhnke S. 114 f.) beschränkt sich meiner Ansicht nach auf den Namen und die körperliche Reduktion.

In seinem ›Grundriß‹ von 1812 führt dieser S. 281 zwar nur die Straßburger Handschrift (B) auf[2], in den ›Minnesingern‹ (4. Teil, 1838) kennt er jedoch Schottkys Abschrift eben dieser Wiener Handschrift (wohl um 1815), die inzwischen nach Berlin gelangt war. Die heutige Berliner Handschrift befindet sich erst seit 1878 an ihrem jetzigen Standort. Die ›Heiligen-Leben‹-Fassung kannte er noch nicht, er verwechselt die Legende von Papst Gregor (dem Großen) im Verspassional (Straßburger Hs. A 77) mit dem ›Gregorius auf dem Stein‹ aus H (Cpg 119) – kennt also beides nicht aus eigener Anschauung[3]; eine »weitere« deutsche Version nennt er nicht (Minnesinger IV S. 265). Auch der Titel von Kuglers Gedicht weist auf Vermittlung durch von der Hagen: ›Gregor auf dem Stein‹. So referiert Hagen unrichtig die Überschrift von B (*Gregorius in dem steine*): »Der heilige Gregor auf dem Steine« (Grundriß S. 281, vgl. auch Minnesinger IV S. 264). Die Übereinstimmung mit der Bezeichnung in ›Der Heiligen Leben‹ muß Zufall sein, vielleicht wirkte der Titel des »Volksbuches« (›Eine schöne merkwürdige Historie des heiligen Bischoffs Gregorii auf dem Stein genannt‹) anregend, den er aus Görres ›Teutschen Volksbüchern‹ S. 244 kannte; Simrocks Bearbeitung war noch nicht gedruckt.

Kugler weicht in der Motivation für den zweiten Inzest und in einigen Details von Hartmann ab[4], sei es, daß seine Erinnerung ihn irreführte, sei es, daß er poetische Gründe hatte. Er beginnt mit dem zweiten »Zyklus«: Das Land von Gregors Mutter wird verheert. Jedoch setzt sie selber ihre Hand für den Befreier aus – die ursprüngliche Version hätte zuviel umständliche Motivierung erfordert und wäre weniger »tragisch« gewesen: die Selbstverschuldung in Unwissenheit wird hier prägnanter zugespitzt, die für die Ballade typische Fallhöhe vergrößert. Das Gedicht ist nämlich, sowohl wenn man die Gattungsdefinition von W. Hinck (S. 7) zugrundelegt (»Darstellung eines gerafften oder dramatisch zugespitzten epischen Geschehens in lyrisch vershaft gebundener Form«), als auch der sprachlichen Tradition nach, in die es sich stellt, als Ballade anzusprechen. Die gattungstypische Tendenz zur Verkürzung der Handlung und Zusammendrängung des Geschehens auf entscheidende Szenen hat zur Aufgliederung in 5 »Bilder« geführt, die in ihrer Einheitlichkeit und in der Weise, wie gleich zu Beginn der Ort der Handlung herausgestellt wird (I »Herolde ritten von Ort zu Ort« – II »Im Schloß« – III »... im hohen Saal« – IV »Ein Klippeneiland« – V »... das heilige Rom«), den Anforderungen an die Anschaulichkeit des konzentrierten epischen Geschehens eindrucksvoll gerecht werden.

Das erste »Bild« umfaßt die Verkündigung des Entschlusses der Königin durch den Herold, das zweite die Hochzeit mit Gregor – hier schildert Kugler

---

[2] Die Wiener Handschrift (E) hält er S. 71 noch für einen möglichen Willehalm (von Aquitanien!)-Codex.

[3] Bei seinem Hinweis 1850 weiß er jedoch, daß die Version in H eine Prosaauflösung von Hartmanns Werk ist.

[4] Die Übereinstimmung mit dem Volksbuch, daß Gregors Geschichte auf Pergament geschrieben in das Fäßchen gelegt wird, dürfte Zufall sein.

den Gegensatz von rauschendem Fest und mondbeglänztem Hain (mit düsterer Vorausdeutung), das dritte die Entdeckung von Gregors Herkunft, die durch seine trübe Stimmung, weil er noch nicht für die Sünde seiner Eltern gebüßt hat, in erregter Wechselrede herbeigeführt wird. Im vierten ist Gregor auf dem »Klippeneiland«, im fünften wird er in Rom zum Papst erhoben und gibt seiner Mutter Absolution. Damit ist die Gregor-Geschichte wirkungsvoll auf ihre entscheidenden Stationen konzentriert.

Die Schuld liegt eindeutig im Inzest, für ihn liegt Gregor auf dem Felsen und bittet Gott um des Blutes Christi willen: »laß Herr der Gnaden und der Huld, / abwaschen es auch unsre Schuld.« Sprachlich steht die Legende in der Tradition der Herderschen und der Uhlandschen Balladen, aus denen Kugler formelhafte Wendungen übernimmt – die Formelhaftigkeit ist jedoch durchaus Stilelement der Ballade.

Auch die Wahl des mittelalterlichen Stoffes verbindet Kugler mit Uhland, der in seine Gedichte gern die Früchte seiner mediävistischen Studien einbrachte, wobei allerdings – im Gegensatz zu unserem Text – die nationale Komponente eine bedeutsame Rolle spielte. Allerdings sind auch seine Balladen der dreißiger Jahre als Folge der politischen Enttäuschungen nicht national getönt, sondern auf Allgemeines gerichtet. In diese Strömung gehört dann ›Gregor auf dem Stein‹: die Legende ist nicht an eine bestimmte Zeit gebunden, propagiert kein nationales, sondern ein menschliches Ideal. Kuglers Werk stellt sich damit in den poetischen Umkreis von Simrocks Sagen- und Legendenballaden, z. B. ›St. Materns Erweckung‹, ›Siegfried und Genoveva‹, ›König Heinrich der Heilige‹. Die Wahl des Stoffes könnte durch die in ›Des Knaben Wunderhorn‹ aufgenommenen Legenden (Xaver, St. Georg, Pura, »Die Königstochter aus Engelland« = Ursula, Meinrad) durch die in J. Görres' ›Altdeutschen Volks- und Meisterliedern‹, Frankfurt 1817 (Alexius, Ulrich) und die von G. A. Bürger (St. Stephan), Uhland (St. Ildefons, Der Waller) und Kerner (Die hl. Regiswind von Raufen, St. Alban [nicht der Inzestheilige]) angeregt sein.

Der Charakter der Legende wird durch biblische Bilder und Zitatanklänge betont, wirkungsvoll am Schluß der Szenen eingesetzt: »laß kommen uns nach dieser Zeit / Dein Reich der Kraft und Herrlichkeit« (Zitatmontage aus dem Vaterunser), und die letzten beiden Zeilen des Gedichts zitieren das ›Canticum Simeonis‹ »Du lässest Deinen Diener nun, / o Herr der Huld, in Frieden ruhn«. Damit wird das Legendengeschehen in eine durch das Religiöse vorgeformte allgemein menschliche Befindlichkeit integriert. Der Religion kommt die Rolle des Friedengebens zu, sie ruft nicht zu Buße und Genugtuung auf – die bleibt bei Gregor hier wesenlos und uncharakteristisch und äußert sich nur im Gebet.

Die »Legende« ist ein geschickt gemachtes Gedicht, nach Sprache, Gestaltung und Thema durchaus traditionell, aber auf der Höhe der gängigen Gestaltungsmittel der Zeit.

Loewes Musik

Loewe schreibt eine fünfsätzige, den 5 Szenen entsprechende Vertonung – drei schnelle Sätze zu Beginn, die Buße im feierlichen Grave, der Schluß im Andante maestoso. Heroldsruf gibt die Thematik des ersten Satzes, der zweite malt den Festklang der Trompeten, hat aber einen ruhigen Mittelteil, in dem die in Moll getauchte dreimalige Beunruhigung Gregors (deutlich ist vom Text Goethes ›Erlkönig‹ präsent) dreimal von der Königin überspielt wird. Der dritte Satz in c-Moll (hier ist Beethovens ›Pathétique‹ als Vorbild zu spüren) verwendet ein bewegtes Thema als Ritornell zwischen den Antworten Gregors auf die Fragen der Mutter, das düster vorausdeutend wirkt und am Schluß die Entdeckung des Inzests beantwortet – kein Leitmotiv, vielmehr die geschickt steigernde Verwendung eines an eine bestimmte Stimmung gebundenen Ritornellthemas, das durch sein wiederholtes Auftreten die Unabwendbarkeit der Katastrophe abbildet. Der 4. Satz in b-Moll gibt von der Musik her schon den Trost, den Gregors Gebet erst herbeirufen will, die Vertonung beugt einer möglichen Verzweiflungshaltung durch ihren melodisch-harmonischen Charakter vor – die Melodik weist auf den ›Pilgerchor‹ in Wagners ›Tannhäuser‹ voraus[5]. Am Schluß hat Loewe einen überraschenden Einfall. Zur Beichte der Mutter spielt das Klavier einen liturgischen Psalmton[6], dem der Text »Gott sei uns gnädig und barmherzig« (Ps. 66,2) unterlegt ist, und der Komponist gibt dazu folgende »Regieanweisung«: »Bei diesem Accompagnement denke man sich einen unsichtbaren Chor in der Höhe der Kirche, der die angegebenen Worte leise singt.« Die Ballade ist, wie es ihrer Gattungstypologie entspricht, ins Szenische ausgeweitet, mit einem Operneffekt, wie ihn Wagner im ›Parsifal‹ anwenden wird. Das Psalmtonzitat ist das musikalische Äquivalent zu den biblischen Quasi-Zitaten im Text: die Einbettung in einen vorgegebenen religiösen Sinnzusammenhang.

Die musikalische Tradition eines solchen »Fernchors« wird letztlich auf die venezianische Mehrchörigkeit und ihre Rezeption in der deutschen Musik des 17. und 18. Jahrhunderts zurückgehen. So schreibt z. B. Johann Bach (1604–1673) in seiner Motette

---

[5] Diese Oper hat ja auch einen stark legendarischen Einschlag (hl. Elisabeth, Erlösung des Sünders Tannhäuser), der dort aber dazu benutzt wird, die gesellschaftlichen Lizenzen des Künstlers durch das göttliche Wunder zu sanktionieren.

[6] Loewe spricht von einem »alten katholischen Beicht-Cantus, den auch Luther in das Deutsche übersetzt hat«. Tatsächlich gehören Psalmton und -text zur evangelischen Liturgie.

»Unser Leben ist ein Schatten« einen »Fernchor« vor, der das Bibelwort durch Choralmelodien tropiert, ein Verfahren, das ja z. B. in J. S. Bachs Passionen voll ausgebildet, hier durch den szenischen Effekt der räumlich entfernten Aufstellung des zweiten Chores in der Wirkung gesteigert wird. Die Verwendung von Choralmelodien im Bereich der weltlichen Musik ist ebenfalls nicht neu, erinnert sei nur an Mozarts Choral der Geharnischten in der ›Zauberflöte‹ oder Mendelssohns ›Reformationssinfonie‹ (1829/30) mit »Ein feste Burg«.

Loewe knüpft also einerseits an die Tradition der evangelischen Kirchenmusik an, andererseits transzendiert er die kammermusikalische Gattung des Liedes in Richtung auf die große Oper. Was sich hier an privatem Schicksal zu vollziehen scheint, wird dadurch als beispielhaft, die Lösung der Beruhigung als vorbildlich hingestellt. Die Szenenregie allerdings ist für das Publikum nicht wahrnehmbar, sie existiert nur in der Vorstellung des Pianisten und des Sängers, zumal da mit dem Erklingen des Versikeltons allein keine präzise textliche Assoziation gegeben ist im Unterschied etwa zu einem Choralzitat. Die musikalische Gattung des Klavierliedes verbietet die reale Einbeziehung eines Chores, intentional jedoch ist hier die Öffnung auf das »Gesamtkunstwerk« gegeben: ein Schluß-Tableau soll die Tröstung der Religion verkünden.

Das Klavierlied ist Kammermusik, bestimmt zur Aufführung vor einem kleinen Kreis, auch nur zum eigenen Vergnügen für Sänger und Pianisten, so daß die »Regieanweisung« auf das kleinstmögliche Publikum, die beiden Aufführenden, zu beschränken, legitim erscheinen mag. Weist also die »Regieanweisung« einerseits auf die Oper und ihren Hörerkreis, so stößt ihre Verwirklichung schon an die Grenze jeden Publikums. Zwar soll der Klavierspieler versuchen, so zu spielen, daß im Zuhörer die entsprechende szenische Vorstellung entstehen kann, aber eigentlich ist ihr Sinn doch nur von den Spielern nachzuvollziehen.

Adorno hat zur Kammermusik festgestellt, daß der Verzicht auf die Öffentlichkeit, der durch die Identität von künstlerischer Reproduktion und Rezeption hergestellt wird, nur im Zustand wirtschaftlicher Sicherheit möglich ist, gleichzeitig aber die private Sphäre von der beruflichen deutlich getrennt erscheint (S. 96 f.), so daß der Beruf nicht als Maß der Existenz aufgefaßt wird (S. 99). Diese Ablösung von der Realität zeigt sich auch am Inhalt von Kuglers Gedicht. Die Sünde erscheint in der Legendenballade nicht als selbstverantwortete Verfehlung, sondern als unabwendbares Fatum, das den Menschen überfällt; musikalisch wird das mit Mitteln aus der Erbschaft Beethovens angedeutet, der schon in Loewes Zeit zu einer dazu geeigneten mythischen Figur geworden war. Die Buße hat keine gesellschaftliche Realität mehr, an ihrer Stelle steht das bereits Konsolationsfunktion besitzende Gebet: die Hoffnung auf Rettung ist schon der Trost, so verkündet die gesangliche Linie, die Rettung selber braucht gar nicht mehr expressis verbis gesagt zu werden. Anstrengungen erforderte die Erlangung von Beruhigung eigentlich nicht, konnte sie nicht fordern, weil Sünde ja blindes Schicksal war, dessen Folgen die Religion zu mildern hatte – aber nicht real, nur indem sie den Menschen lehrt, eine ergebene Haltung einzunehmen: so ist sie zur schönen Geste geworden. Also fehlt auch die Aufforderung zu einem bestimmten sakramentalen Vollzug. Das für den Zuhörer textlich unbestimmt bleibende Psalmzitat suggeriert lediglich Kirche und Liturgie, weist nicht einmal auf eine bestimmte Botschaft. Fern von den Widrigkeiten der Welt (wie sie auch Kugler selbst als Erwerbszwang bedrückend erfahren hatte) konnte die Legendenballade den Trost der Religion in ästhetisch schöner und unverbindlicher Weise darbieten. Damit wird das Bedürfnis einer bestimmten gesellschaftlichen Schicht getroffen, und der Erfolg der Loeweschen Werke ist Indiz dafür. Die Sinnfrage, die in Hartmanns ›Gregorius‹ mit Hinweis auf die Vita eremitica beantwortet wurde, ist im 19. Jahrhundert an die Kunst delegiert, das ästhetische Gebilde war als solches die Antwort auf die Problematik. So brachte dem gebildeten Publikum die Religion nicht in dogmatischer, sondern in ästhetisierter Form Frieden und Beruhigung, in der Legende wird das durch die Montage liturgischer Versatzstücke (Canticum Simeonis, Psalmton) in einen neuen ästhetischen Sinnzusammenhang evident. Gerade diese Position überwindet dann der ›Erwählte‹.

23. Popularisierende Übertragung

Anscheinend ist vor Kippenbergs Interlinearversion der ›Gregorius‹ nur einmal ins Neuhochdeutsche übersetzt worden: 1851 durch S. O. Fistes. Er wird die Lachmannsche Ausgabe von 1838 benutzt haben, den vollständigen Prolog konnte er noch nicht kennen, da die Handschriften I und K noch nicht veröffentlicht waren. Seine Übersetzung hält die Mitte zwischen archaisierender und freier Wiedergabe, da er reimt, ergeben sich Schwierigkeiten mit der Zeilentreue und den Reimwörtern. Er behilft sich in etwa 60 % der Fälle, indem er die mittelhochdeutschen Wörter auch im Fall ungewöhnlicher Formen oder veränderter Bedeutung beläßt, etwa 10 % bewahren ein Reimwort, und nur 30 % aller Reimwörter sind neu. Im Metrum ist er eher zu Konzessionen bereit: er wechselt zwischen drei- und vierhebigen Versen ohne bestimmte Absicht. Seine Mittelhochdeutschkenntnisse dürften nicht allzu gut gewesen sein, neben lediglich archaischem Wortgebrauch wie z. B. v. 214 *»nû enist des niht rât«* = »Rath ist nicht dawider« (v. 44), der die Gefahr des Mißverständnisses birgt, wenn z. B. *»wis milte, wis diemüete«* v. 249 mit »sei mildreich von Gemüte« (v. 79) übersetzt wird, stehen richtige Fehler, wie v. 241 »Schweigsamkeit« für v. 419 *geswîche* (»Verführung«), 242 Heimlichkeit für v. 412 *heimlîche* (»Vertrautheit«) oder »es unterblieb da seine Fahrt« v. 633 für *muose belîben sîner vart* (»auf der Fahrt sterben«). Die anscheinende Unkenntnis mittelalterlicher Schlafgewohnheiten läßt ihn v. 367 f. *ez wâren von in beiden / diu kleider gescheiden* mit »Er fing nun zwischen beiden / die Kleider an zu scheiden« (v. 197 f.) übersetzen, und ebenso mag bei der Fehlübersetzung v. 402 f. *daz in mit den sünden / lieben begunde* = »Und Freud zu machen i h m ' s begann« (v. 233) ein wenig Prüderie im Spiel sein. Bei der Einfügung eigener Bilder hat er nicht immer die glücklichste Hand: »Und wenn wir einen Herren hätten / so könnten ruhig wir uns betten« v. 2025 f. (*»Und hete wir einen herren, / so enmöhte uns niht gewerren«* v. 2197 f.) oder »Wenn nicht ein flüchtiger Gedanke / bot eine schwache Hoffnungsranke« v. 2331 f. (*Wan daz ein kurz gedinge / ir muot tete ringe*, v. 2503 f.) – man merkt doch deutlich: er tut es um des Reimes willen. Insgesamt ein eher ungeschickter Versuch, den ›Gregorius‹ den des Mittelhochdeutschen Unkundigen nahezubringen, der jedoch Anklang gefunden haben muß: das Büchlein wurde noch einmal aufgelegt. Einzuordnen ist FISTES in die Bestrebungen des 19. Jahrhunderts zur Popularisierung des kulturellen Erbes, wie wir sie bei Simrock angetroffen hatten, jedoch besaß er nicht wie dieser den Ehrgeiz, nachschöpferisch tätig zu sein. Er wird auch die Sprache seiner Zeit mit den Translitierungen mittelhochdeutscher Wörter in neuhochdeutsche Lautform nicht über das hinaus bereichert haben, was durch die Romantik ihr ohnehin schon zugeflossen war. Damit ist diese Übersetzung kaum noch den Zeugnissen produktiver Rezeption des alten Stoffes vom 12. bis zum Beginn des 19. Jahrhunderts einzuordnen, die wir bisher betrachtet haben, Interesse weckt lediglich die Absicht der Übersetzung: die Popularisierung, die Verbreitung über den Kreis der sich etablierenden Fachwissenschaft hinaus.

Warum der ›Gregor‹ keinen Größeren gereizt hat, bleibt nur zu vermuten.

K. ROSENKRANZ erwähnt ihn in seiner 1830 erschienenen ›Geschichte der Deutschen Poesie im Mittelalter‹ nur en passant (S. 204) in seinem Kapitel ›Das Epos der Kirche‹, dem ›Das Epos des Volkes‹ voranging: die »kirchliche« Poesie steht für ihn in gewissem Gegensatz zum »Volksgeist« (S. 164). Anders als bei Wolfram, der »an Religiosität und Größe der Gesinnung« (S. 269) alle übertrifft, sei im ›Gregorius‹ kein Kosmos gestaltet. MÜTZELLS Vorschlag für die Lektüre altdeutscher Dichtung auf den Gymnasien aus dem Jahre 1845 sieht den ›Guten Sünder‹ ebenfalls nicht vor, obwohl der Autor ein extremes Programm von Ulfila über die Nibelungen, das ›Rolandslied‹, den ›Iwein‹ bis zum ›Jüngeren Titurel‹ unter Aussparung des ›Parzival‹, der dem Alter der Schüler »nicht natürlich« (S. 63) ist, propagiert und auch den ›Armen Heinrich‹, der »unter unscheinbarem Gewande ein reiches Leben des Gemüthes verbirgt« (S. 61), nicht übergeht. F. BIESES ›Handbuch der Geschichte der deutschen National-Literatur für Gymnasien und höhere Bildungsanstalten‹ von 1846, das in seinem ersten Teil die Literatur bis zum 16. Jahrhundert auf 270 Seiten behandelt und als Lehrbuch für die Prima des Gymnasiums gedacht ist, räumt zwar der mittelalterlichen Dichtung im Deutschunterricht eine überragende Rolle ein – der ›Gregorius‹ wird jedoch nur nebenbei genannt (S. 63), während dem ›Armen Heinrich‹ immerhin eine ganze Seite (84) gewidmet ist und der ›Parzival‹ fünf, das ›Nibelungenlied‹ (»Deutsche Ilias«, S. 88) sechs und noch die ›Kudrun‹ (»Deutsche Odyssee«, S. 96) zwei Seiten beanspruchen können. Im erstmals 1850 erschienenen Lesebuch PH. WACKERNAGELS (Edelsteine deutscher Dichtung und Weisheit im 13. Jahrhundert), das für die Höhere Schule bestimmt ist, findet sich wiederum der ›Arme Heinrich‹, nicht jedoch der ›Gregorius‹ – wahrscheinlich, weil der Herausgeber nur »Abgeschloßnes« (S. X) bringen wollte, vielleicht hat aber auch die »Sittliche Schonung«, die er »Leser und Leserinnen von zartem Gewissen« (S. XVIII) angedeihen lassen wollte, mitgespielt. In W. WACKERNAGELS vielbenutztem ›Deutschen Lesebuch‹, das in der 2. Auflage 1847 erschien, ist jedoch – wohl wegen seines enzyklopädischen Charakters – ein Textstück (Gregorius' Aufbruch zur Insel) enthalten.

Zur expliziten nationalen Selbstdarstellung wie die Nibelungen eignete der ›Gregorius‹ sich nicht, auch vermißte man in ihm wohl die Schilderung von »Gemütszuständen«, wie sie Wagner z. B. im ›Tristan‹ fand und entsprechend ausbaute: »Bei Gregor soll das äußere Zeichen der Buße genügen, und von ihr (der Mutter) wird nur gesagt, sie habe seitdem in freiwilliger Armuth gelebt und ihre Habe den – Klöstern gegeben« läßt ETTMÜLLER einen der imaginären Gesprächspartner in den ›Herbstabenden und Winternächten‹ sagen, die 1866 in Stuttgart erschienen. Gerade die »Gemütszustände« entdeckt man im ›Parzival‹: ein »Seelengemälde, das uns die innere Entwicklung des Menschen in epischer Form vorführt«, ist er nach R. KÖNIGS beliebter ›Deutscher Literaturgeschichte‹ vom Jahre 1885 (S. 115). In Konkurrenz zum ›Armen Heinrich‹, der bei KÖNIG als »Hartmanns tiefsinnigste Dichtung« (S. 132) bezeichnet wird, unterliegt der ›Gregorius‹ – er »macht nur, wie so viele andere Legenden, die allüberwindende Kraft der Buße geltend«, heißt es in der mehrfach wieder aufgelegten ›Geschichte der deutschen Dichtung von der ältesten bis auf die neueste Zeit‹ von W. MENZEL (Neue Ausgabe I, Leipzig 1875 S. 286). »Legende«, »Klöster«, »Buße«: der ›Gute Sünder‹ wird zu nahe bei der Erbauungsliteratur gesehen, als daß seine Qualitäten ins Gesichtsfeld treten könnten. Das ausdrücklich christliche, ja sogar kirchliche Element mag ein übriges getan haben: der sich darin artikulierende Verbindlichkeitsanspruch war von den gebildeten Lesern der Jahrhundertmitte nicht mehr nachzuvollziehen. Kronzeuge dafür kann GERVINUS sein, der den ›Gregor‹ eine »Sage von (so) roher Erfindung und (so) blöder Religion« (S. 551), die Buße »grillen- und wunderhaft« (S. 550) nennt. Die »Decke der religiösen Schwärmerei ...« verhängt »die Natur des Menschen«, die von »der Unnatur«, bewirkt durch »Convention und Kastenwesen«, gereinigt werden muß (S. 556). »Menschliche Empfindungen«, Psychologie (S. 557), Beschreibung von »Gemütszuständen«, alles das, was eine Einfühlung des Lesers erleichtert hätte, fehlt – schon Goethe hatte die Alexiuslegende Pater Martins ähnlich kritisiert. Das Religiöse ist obsolet geworden, das Menschliche in »reiner Gestalt« (S. 556) nicht verwirklicht: eine produktive Rezeption des ›Gregorius‹ schien nicht mehr möglich zu sein, zuständig wurde jetzt die Literaturgeschichte.

Lebendig blieb im 19. Jahrhundert die Kugler/Loewesche Version, in der das religiöse Moment der Vorlage in ästhetische Kategorien transponiert war – die Hartmann-Fassung ließ den Anspruch der Religion auf die Beantwortung der Sinnfrage zu eindeutig hervortreten. Gegenüber der Legendenballade war die Fassung des späten 17. Jahrhunderts noch aus lebenspraktischer Orientierung erwachsen: *schmertzliche Reu* und *tugendseelige Übung* sollte sie bewirken, *manchen Verdienst von GOtt erwerben* und damit den Leser integrieren in die religiöse Sinngebung der Welt. Im Volksbuch war das – in leicht abgeschwächter Form – in den moralisierenden Einschaltungen bewahrt, wenngleich hier der Unterhaltungsfunktion mehr Bedeutung zukam als bei Pater Cochem. Jedoch wandte sich das Volksbuch im Unterschied zur lehrreichen *History* ausschließlich an die unteren Schichten, die die Verlagerung der Sinnproblematik in den Zuständigkeitsbereich der Kunst nicht so schnell mitgemacht haben dürften. Sein breitestes Rezeptionsspektrum hatte der Gregorius-Stoff im 15. Jahrhundert: als Exempel, wie beispielsweise im Plenar, erreichte er über die Predigt die einfachen Leute, als Legende in ›Der Heiligen Leben‹ lasen ihn mittelständische Handwerker, Nonnen und Patrizier, als didaktische Novelle kam er an den Fürstenhof. Die Funktion ist jeweils ein wenig anders: vorwiegend Aufforderung zu Buße und Demut für die untere Schicht, Spielart der Heiligkeit für den Mittelstand, Beweis aus ritterlicher Vergangenheit für die gefährlichen Wirkungen ungeordneter Liebe am Hof – eine »moderne« Prosanovelle mit geistlich-didaktischem Einschlag.

Gegenüber dieser realisierten Breitenwirkung war Hartmanns Publikumszirkel enger gezogen, er schrieb für einen Adelshof und aktualisierte eine Problematik, die speziell in diesem Kreis virulent war: die der Sinngebung adligritterlicher Existenz. Und nur noch Thomas Mann hat eine vergleichbar radikale Anwendung der Geschichte von großer Sünde und großer Buße gegeben: für ihn war der Nationalsozialismus und der zweite Weltkrieg mit der befürchteten Demontage seiner sozialen Gruppe der realhistorische Ausgangspunkt für die Aussage von der Gnadenbedürftigkeit des Menschen gewesen. Sowohl Hartmann wie Thomas Mann, beide stellen die Frage nach der Sinngebung menschlicher Existenz: im ›Gregorius‹ hält eine extreme Form religiösen Lebens noch die sichere Antwort bereit, im ›Erwählten‹ wird die Kunst für ebenso unzuständig erklärt wie schon lange vorher die Religion, aber dem Dichter ist es noch möglich, das Bedürfnis nach einer Antwort zu gestalten: die Aussage jenseits der Aussage. Transzendentale Negativität dieser Art muß notwendigerweise eindimensional bleiben, der *Ouwære* dagegen kann gestufte Rettungsmöglichkeiten aufzeigen: Intercessio, *bîhte* und *buoze* in sakramentaler Form und Ordo poenitentium, da Gregor eine Lebensform vorlebt, die die Heilsangst des Individuums programmatisch überwindet: die Vita eremitica.

APPENDICES

A. Ironie und Glaube

Rezensionen zum ›Erwählten‹ (vgl. Literaturverzeichnis 4)

Die Rezensionen lassen sich in zwei große Gruppen gliedern: in den einen nimmt der Rezensent als Aussage des Romans eine ernsthafte Problematik an, in den anderen sieht er nur Spiel und Artistik am Werk.

Zur ersten Gruppe gehören:

STEINBACH: es geht um die »Gestalt der Gnade« (S. 237), und der Sinn der Geschichte von Schuld und Buße ist der »Glaube an Gottes endlichen Triumph« (S. 241).

SOETEMANN: akzeptiert das Wunder, das »psychologisiert, vermenschlicht, geerdet« ist (S. 368).

STÖRI: zwar ist mit dem christlichen Bewußtsein nicht mehr zu rechnen, aber Mann übernimmt das historische Denkschema, die Kette von Sünde–Schuld–Sühne und Gnade. Der »Rückfall in den Stand der Unschuld durch (Selbst-) Erkenntnis« (S. 56) bezeichnet den Umschlag von der Transzendenz in die Immanenz. Die Natur erscheint sowohl als Quelle der Sünde wie als mütterlich-gut (S. 57).

Ähnlich geht KORN von einer Transformation mittelalterlicher Problematik aus: zwar ist von der Legende »nur ein musealer Zierat geblieben, der den Blicken einer ästhetischen Pietät zu eitlem Genießen dargeboten wird«, aber Manns »Theorem von der Kraft eines höheren, verfeinerten, aber noch nicht überfeinerten Geblüts« entspricht dem mittelalterlichen Problem der »Antinomie des christlichen und des ritterlichen Lebensgefühls«. Zwar ist der »Kern der ... Frömmigkeit durch Ironie« aufgelöst, aber »mit Raffinement« sind »moderne Probleme in die alte Form« gegossen.

Anscheinend nimmt auch SPENDER die »Erwählung« ernst: »the miraculous, most incredible part of the story – the seventeen years on the island – seem the least absurd ... and the most convincing«, so daß »the magic can perform the final miracle of making evil good«.

PRESCOTT rechnet ebenfalls mit echter Legendenaussage: zwar ist der ›Erwählte‹ the »simplest and liveliest narrative Mr. Mann has written in years«, enthält aber »Christian faith and spiritual allegory«.

GOLDSCHMIT[-JENTNER] sieht einen Widerspruch zwischen dem Gehalt des Stoffes und der realisierten Gestalt: »das Ironische droht das Epische zu zersetzen«, der Stil widerspricht »dem Sinn, der sich der frommen Legende nun einmal nicht austreiben läßt«.

MACKENSEN lehnt den Roman ab, da er widerchristlich sei und sich über die Legende lustig mache – nicht nur im artistischen Spiel, sondern in bewußter Destruktion.

HAUSMANN kommt, wenngleich er die Problematik einseitig auf individualpsychologischer Ebene sieht, meiner Deutung recht nahe: Mann sei »vielleicht gar nicht der kühle Ironiker«, sondern »ein tragischer Geist«, der glauben will, aber nicht kann, »der sich immer selbst im Wege stehe, ein Unentschiedener nicht aus Vorsicht oder gar aus Berechnung, sondern aus Wesenszerrissenheit«.

Zur zweiten Gruppe – zu der man schon MACKENSEN, vielleicht auch GOLDSCHMIT hätte rechnen können – zählen eindeutig:

SIEBURG, der den Roman primär als »humoristische Leistung« begreift und als »eigentliche künstlerische Absicht« die Kritik an der Sprache ansieht, von der jedoch »ein kalter Hauch« ausgeht, »wie er am Ende der Welt wehen mag, wo sie mit Brettern vernagelt ist«.

SCHWERTE dagegen, der das Werfel-Zitat vom »Vorheizer der Hölle« auf Mann münzt, sieht die Zerstörung der abendländischen Werte, parallel zum Faschismus, in der Tatsache, daß heilige Dinge zum »bloßen Kunstspiel« geworden sind.

Weniger negativ reagiert KRÜGER, der zwar »das Feuerwerk, das schon im blendenden Aufsprühen wieder in die Nacht versinkt« gegen ungenannte »neue dichterische Kräfte« absetzt, die den Untergang des Abendlandes wenden, dem Roman aber bescheinigt, er sei eine »höchst kuriose Leckerei«.

WEST hält den ›Erwählten‹ für »good fun«, Persiflage, aber (und das könnte man eher vom Rezensenten sagen!) »oddly naive and unlike him«.

SCHWARZ schließlich sieht den Roman als »Anekdoten-Erzählerbuch« und entdeckt eine (allerdings ungebrochene) »Liebe zum Altdeutschen« – differenzierter hat KORN auf die Affinität Manns zum Spätmittelalter hingewiesen.

B. *von der Swâbe lande*

Hartmanns Heimat

Man hat angenommen, daß Hartmann im ›Armen Heinrich‹ seine Thematik aus der Geschichte der eigenen Familie[1] nimmt (BEYERLE): die nach mittelalterlichem

[1] Ein ähnlich gelagerter Fall, daß eine wunderbare Aussatzheilung Gegenstand einer Familiensage und dann eines mit der Familie verbundenen epischen Werkes wurde,

Recht mit der Mesalliance des Herrn von Aue verbundene Standesminderung der Nachkommen soll Hartmanns eigene Unfreiheit als unverschuldeten, im Gegenteil menschlich hoch zu bewertenden Abstieg aus ursprünglichem Adel erklären. Diese Vermutung ist plausibler als die Unterstellung, Hartmann habe der Familie seines Dienstherrn poetisch gelungen, aber inhaltlich eher bedenklich huldigen wollen, da ein Publikum, das aus feudaler und ministerialer Schicht gemischt war, im Punkte der geburtsständischen Freiheit sicher sehr hellhörig und empfindlich war. Die juristisch haltlose Betonung der Freiheit der Meierstochter (v. 1497) weist eher darauf, daß die Libertas als Problem gesehen wurde – und Problem war sie vor allem für einen Ministerialen wie Hartmann.

Im Grunde handelt es sich schließlich um die Negation geltender Rechtsnormen und um die Proklamation einer weiter gefaßten Freiheit, eben der Freiheit, um die sich die Ministerialien seit der zweiten Hälfte des 12. Jahrhunderts immer heftiger bemühen und die sie erst im Laufe des 13. in Einzelfällen erlangen (vgl. BOSLS Arbeiten). Was den Autor zur Behandlung dieser Freiheit veranlaßt hat, können wir nur vermuten. Auf realpolitischem Gebiet ist auf den im 12. Jahrhundert vordringenden Freiheitsgedanken, wie er sich gleichermaßen in der bäuerlichen Siedlerfreiheit und in den Stadtrechten – besonders früh in der zähringischen Gründung Freiburg – äußert (KROESCHELL 1972 S. 211), zu verweisen. Aus der Rechtstheologie könnte die Vorstellung von der grundsätzlichen Freiheit aller Menschen kommen, wie sie in dem bekannten Artikel III 42 des ›Sachsenspiegels‹, Landrecht deduziert wird (KOLB): von da aus sind Freiherr und Meierstochter wirklich gleichermaßen »frei«. Diese Freiheit war auch für Walther ein Problem: *Wir wahsen ûz gelîchem dinge* (Wa. 22,9), sagt er im Wiener Hofton. Im Rahmen der Verherrlichung eines führenden Adelshauses (*wol den vürsten gelîch*) wäre dieser Freiheitsgedanke deplaciert: die geburtsständische Freiheit verlöre an Exklusivität und politischem Hegemonialanspruch.

Die Annahme, daß Hartmann im ›Armen Heinrich‹ Elemente aus seinem e i g e n e n genealogischen Selbstverständnis verarbeitet, ergibt folgende Schlüsse: 1. Es gab vor Hartmanns Zeit, wohl spätestens bis etwa 1130/40 (da man den armen Heinrich nicht gleich zu Hartmanns Vater machen wird) ein edelfreies,

---

scheint in der Erzählung von den ›Jakobsbrüdern‹ des Kunz Kistener vorzuliegen, die wohl für Graf Hugo von Hohenberg-Haigerloch geschrieben wurde und zum Helden den schwäbischen Ritter Hug von Heigerloch hat (E. SCHRÖDER 1901 S. 50–52). Hier könnte der ›Arme Heinrich‹ Vorbild stiftend und animierend auf den Auftraggeber gewirkt haben – nur im Unterschied zu Hartmann verstand es der Nachfahre nicht, die Familientradition selbst in Verse zu setzen, sondern beauftragte einen anderen damit. Mehr als einen analogen Vorgang (daß eine Aussatzheilung von bzw. für die Nachfahren des Geheilten erzählt wird) kann man, glaube ich, nicht darin sehen – Folgerungen, Hartmann sei Ministeriale der Hohenberger gewesen, gehen sicher zu weit (L. SCHMID).

vielleicht sogar hochadliges Geschlecht (*wol den vürsten gelîch*, v. 43) derer von Aue im alten Stammesherzogtum Schwaben (v. 31: *ze Swâben gesezzen*). 2. Durch einen Vorgang, der eine Mesalliance gewesen sein kann, aber nicht muß – die eigentlichen Gründe können in der genealogischen Sage ins Private transformiert worden sein –, hat dieses Geschlecht seine Freiheit verloren; Nachkomme ist der Dichter. 3. Zur Zeit Hartmanns gibt es also nur noch ein Ministerialengeschlecht derer von Aue, die sich nach ihrem Hof und nicht nach ihrem Dienstherrn nennen, wie es bei Ministerialen häufig vorkommt (Bosl 1950/51 S. 91).

Vergleichen wir diese Schlußfolgerungen mit den bekannten Daten.

1. Ein edelfreies Geschlecht von Aue aus dem entsprechenden Umkreis im 11./12. Jahrhundert ist nicht bezeugt, was aber angesichts der Quellenarmut für den fraglichen Zeitraum wenig besagt. Der 1130 urkundende *Wolverat de Ouwa* aus Obernau am Neckar (L. Schmid S. 82, 180) scheidet aus sprachlichen Gründen (Sparnaay 1933 S. 14) aus.

2. Es wäre ein merkwürdiger Zufall, wenn Hartmann einen Legendenroman über einen Auer schriebe, der aus dem gleichen geographischen Raum kam, aber nicht mit ihm verwandt war. Die Herkunftsnennung des Romanhelden steht nur 44 Verse nach der Autorangabe *dienstman was er zOuwe* (v. 5), Hartmann kommt nach dem Zeugnis Heinrichs von dem Türlin (›Krone‹ v. 2353) ebenfalls *von der Swâbe lande*. Zu diesem Territorium stimmen die sozialen Verhältnisse im ›Armen Heinrich‹: die Staufer und die Zähringer hatten den Landesausbau mittels Freibauern weitergetrieben, die eine beschränkte Freizügigkeit genossen: sie blieben frei von Steuern, hafteten nicht für die Schulden des Herren, waren vor willkürlicher Arrestierung geschützt (Bader 1935 S. 31). Der *vrîe bûman* war ein solcher Freibauer, der seinen Hof selbst gerodet hatte (v. 267) und Schutz vor fremder Gewalt genoß (v. 280). Heinrich von Aue ist sein Herr (v. 284), er hat ihn also im Ausbauland angesetzt.

3. Ein Ministerialengeschlecht derer von Aue existiert zur Zeit Hartmanns, es ist seit 1112 im Dienst der Zähringer nachgewiesen. Ein *Heinricus de Owen/Owon* (Fleig Nr. 82, 8b, 9) schenkt zu Anfang des 12. Jahrhunderts in Gegenwart Herzog Bertholds III. von Zähringen (1111–1122) und seines Bruders Konrad dem zähringischen Hauskloster St. Peter Haus und Hof, zwischen 1170 und 1180 gibt ein *Liutfridus miles de Owa* (Fleig Nr. 107) dem Kloster St. Peter einen Weinberg und eine Wiese bei Uffhausen (heute ein Teil von St. Georgen, am Schönberg). Miles ist zwar keine eindeutige Standesbezeichnung (Reuter S. 64), aber auch er ist wohl Ministeriale der Zähringer. Namengebender Ort ist Au bei Freiburg, im Tal zwischen dem Schauinsland und dem Schönberg (Merkle S. 6). Der urkundende Heinrich von Au kann mit dem

armen Heinrich nicht identisch sein, da jener unfrei ist. Die *Owe* aus dem 14. und 15. Jahrhundert, die SCHÖN S. 280 ff. nachweist und die schon im 13. Jahrhundert als Freiburger Bürger auftreten (NEHLSEN S. 120), kommen aus der Ministerialität und können zur gleichen Familie zählen. Nachgeborene Ministerialensöhne zogen schon im 12. Jahrhundert in die Stadt, wenn sie kein Dienstlehen mehr bekamen (ebd. S. 123); verstärkt wird das nach dem Aussterben der Zähringer 1218 so gewesen sein.

Der 1161 in Kloster Pfäfers (Bistum Chur) urkundende *Heinricus de Owa* war wohl niederer Dienstmann des Klosters nach seiner Stellung in der Zeugenreihe (L. SCHMID S. 90). Aus sprachlichen Gründen scheidet auch der *Hermannus, aduocatus de Owa* aus dem Nagoldtal aus, der im Hirsauer Schenkungsbuch belegt ist (ebd. S. 182), da er ebenfalls nach Obernau gehört und vielleicht mit Hermann von Königsegg, dem Vogt der Reichenau, identisch ist (WOLLASCH 1964 S. 84 A. 27). Ferner ist noch ein *Heinricus clericus de Ovva* in Zwiefalten (wohl um 1100) bezeugt (ebd. S. 79), es handelt sich um einen von der Reichenau kommenden Mönch (SCHÖN S. 278).

Zur Hypothese, Hartmann stamme aus Au bei Freiburg und diese Auer seien Nachkommen seines Legendenhelden, sollen einige Indizien angeführt werden.

Die Namensgleichheit des bezeugten *Heinricus* mit dem Heinrich der Erzählung mag angesichts der Häufigkeit des Namens Zufall sein, da jedoch Weitergabe der Namen in einer Familie gern geübter Brauch ist, darf diese Tatsache als Hinweis gelten. Von keinem der anderen Aue – bei Pfäfers, Owen an der Teck (vgl. MÜLLER), Eglisau –, die noch in der Diskussion sind, ist eine Beziehung zu einem Dienstherrengeschlecht nachgewiesen, das vom Einfluß und den Verbindungen her als Mäzen Hartmanns vorstellbar wäre. Die Freiburger Auer jedoch waren Ministerialen der Zähringer, die wie oben ausgeführt, allein die Vorbedingungen erfüllen. Nur ergänzende Funktion kann dem Nachweis von OCHS, dem Herausgeber des ›Badischen Wörterbuches‹, zukommen, daß einzelne Wörter Hartmanns nach heutigen Dialektkriterien auf den Raum Freiburg verweisen; im Fall literarischer Werke hat man mit zusätzlichen Einflüssen zu rechnen.

Am meisten Zustimmung hat Eglisau bisher gefunden, weil die beiden Liederhandschriften B und C ein Wappen überliefern, das mit dem der Herren von Westersbühl nahezu identisch ist: Hartmanns Wappen in B hat drei abgerissene Adlerköpfe weiß in schwarz, in C drei abgeschnittene Adlerköpfe weiß in blau. Im 3. Teil, dem ›Schiltbuch‹ der 1491–1508 entstandenen Chronik von Reichenau aus der Feder des Gallus Oheim, ist als Nr. 449 unter den *wapen der edlen von der rîtterschaft und der geschlechter in den städten* das Wappen der *Westerspüll* abgebildet: drei Habichtsrümpfe weiß in schwarz. Das Wappen ist ferner im Schildbuch des Gilg Tschudi aus der 2. Hälfte des 16. Jahrhunderts und bei Johann Stumpf (1548) in gleicher Gestalt überliefert (hg. MERZ/HEGI S. 247), es geht jedoch in dieser Form mindestens bis zum Anfang des 14. Jahrhunderts zurück, da es ganz ähnlich auf einem Siegel einer Urkunde von 1326 vorkommt (SCHALTEGGER/LEISI S. 494). Die Westersbühler sind 1238 erstmalig bezeugt (Genealog. Handbuch S. 146 f.), sie sind zuerst kiburgische, dann habsburgische Dienstmannen und haben seit 1317 auch Reichenauer Lehen als kiburgische Afterlehensträger (MEYER/SCHALTEGGER II S. 481).

Da die Maler in B und C Hartmann mit dem gleichen Adlerwappen ausstatten, muß dies aus der Quelle *BC (Vb nach JAMMERS) genommen sein, die (JAMMERS S. 175) vielleicht am Hof Konrads IV., vermutlich zwischen 1250 und 1268 in der Umgebung des Bodensees entstanden ist.

Der Wunsch, den Dichterbildern Wappen beizugeben, gründet in dem Brauch des späten 12. Jahrhunderts, derartige Embleme zur Unterscheidung zu führen. Zu Hartmanns Zeit war das Wappenwesen nicht so verbreitet, daß ein Ministeriale wie er unbedingt hätte ein Wappen haben müssen, wahrscheinlich trug er, wenn überhaupt, das Wappen seines Dienstherrn oder ein davon abgeleitetes. In C führt die durchgehende Ausstattung mit Dichterbildern zum Wappenzwang, so daß auch für nicht ritterliche Autoren Wappen erfunden werden und in Fällen, wo die Wappen nicht bekannt waren, Phantasiegebilde herhalten mußten. Wenn z. B. Hartmann mit einem adlerkopfgezierten Waffenrock über der Brünne dargestellt wird, so ist das eine Errungenschaft erst des 13. Jahrhunderts – vorher trug man über der Brünne kein Kleidungsstück (SCHULTZ II S. 41, 58). Für die älteren Dichter, die in *BC standen, rechnet man jedoch mit größerer Zuverlässigkeit der Wappendarstellungen.

Im Hinblick auf das Bild in *BC und das für den Beginn des 14. Jahrhunderts belegte vergleichbare Westersbühler Wappen, das im Entstehungsraum der Handschriften bekannt gewesen sein dürfte, gibt es drei mögliche Annahmen: 1. Hartmann war ein Westersbühler, daher sind die Wappen (fast) gleich. 2. Hartmann war kein Westersbühler, die Wappen sind zufällig gleich. 3. Hartmann war zwar kein Westersbühler, man hat ihn aber aufgrund von Indizien um 1250 dafür gehalten und ihm daher das Wappen beigelegt.

Zunächst zu Punkt 3. Als Indiz für die Beilegung des Wappens kommt doch in erster Linie der Name infrage. Die Westersbühler hießen jedoch nicht »von Au« und konnten erst fünfzig Jahre nach *BC, nach 1317, als Lehensleute der Reichenau so genannt werden, wobei das immer noch ein schlechtes Unterscheidungsmerkmal war, da es viele Ministeriale der Reichenau gab. Ein Au in der Nachbarschaft wäre Eglisau; dort saßen aber die Freiherrn von Tengen, die ein ganz anderes Wappen führen. Von ihnen urkundet nur einer einmal (1238) als *Heinricus de Ŏwe* (SCHULTE 1897 S. 270), sonst heißen die Freiherren ausschließlich »von Tengen« (ebd. S. 273, MEYER/SCHALTEGGER II S. 465: 1236, S. 482: 1238). Die Westersbühler sind als tengensche Dienstleute nicht bezeugt, es könnte sich höchstens um eine nicht belegte Seitenlinie mit dem gleichen Wappen handeln, die sich nach dem nur e i n mal urkundlich fixierten Nebennamen ihres Diensherrengeschlechts nannte. Dafür fehlt jeder Beweis.

Auf Punkt 1 treffen die gleichen Gegenargumente zu. Wenn Hartmann Westersbühler war, bleibt unerklärt, warum er sich »von Aue« nannte. Am meisten Wahrscheinlichkeit hat also die Annahme einer zufälligen Identität der Wappen, denn daß der *BC-Maler Hartmann ohne Grund dieses Wappen gegeben hat, ist kaum anzunehmen.

Wenn also Hartmann dieses oder ein ähnliches Wappen führte, woher konnte es der Maler kennen? Entweder gab es zu dessen Zeit noch Verwandte oder Nachkommen Hartmanns, deren Wappen bekannt war, oder das Wappen kam dem Maler mit einer schriftlichen Quelle zu.

Fraglich, ob dies die Vorlage für die Hartmann-Lieder in *BC gewesen sein kann. B überliefert nur 28 Strophen gegenüber 60 in C, es fehlen z. B. die hochbedeutenden MF 216, 1; 216, 29; 218, 5. Vorlage für *BC wird also kaum eine mit Wappen geschmückte »Ausgabe letzter Hand« von Hartmanns Liedern oder ein auf ihn selbst zurückgehendes Widmungsexemplar gewesen sein – dann hätte man größere Vollständigkeit zu erwarten. Ein chronologischer Faktor (z. B. Fehlen nur des Spätwerks) kann keine Rolle spielen, MF 216, 1 (aber auch 216, 29) wird von nahezu allen Forschern unter die ersten Lieder eingereiht, 218, 5 jedoch meist unter die ganz späten (vgl. die Tabelle bei Blattmann S. 12). Es wird also ein Vortragsexemplar die Quelle für *BC abgegeben haben: Wappenschmuck darin kann man sich schwerlich vorstellen. Anders steht es natürlich mit der Epentradition. Wenngleich keine der erhaltenen Handschriften ein Wappen enthält, wird man sich die schriftliche Tradierung eines solchen doch am ehesten in einer Epenhandschrift denken – daraus hätte, da Hartmann als Epiker ja vor allem berühmt war, der *BC-Maler auf der Suche nach einem Wappenbild zu schöpfen vermocht. Wenn die Owe in Freiburg im 13. Jahrhundert Nachfahren Hartmanns sind, könnte der Illustrator aus seinem Wissen von Hartmanns Herkunft, das im Bodenseeraum wohl gegeben sein mochte, auch von ihnen das Wappen übernommen haben – leider kennen wir ihr Wappen nicht. Authentizität wenigstens annähernder Art ist beim Adlerkopfwappen also möglich. Der Maler mag es zusätzlich an das Westersbühler Habichtswappen angelehnt haben, falls ihm dieses bekannt war.

Da die Bezeugungen Hartmanns und der Westersbühler jedoch um etwa 100 Jahre auseinander liegen, ist eine zufällige Gleichheit nicht auszuschließen. Wenn man annimmt, daß er ein Wappen hatte, das von dem seiner Dienstherren abgeleitet war, muß man ein edelfreies Geschlecht mit einem Adler im Wappen suchen. Tatsächlich führten die Zähringer einen roten Adler im goldenen Schild und gaben auch ihrer Stadt Freiburg ein davon abgeleitetes Wappen: einen Adlerkopf (Siebmacher I,3 Taf. 61 und I,4 Taf. 36). Dieser erscheint später auf den Münzen der Stadt zum Unterschied von denen des Grafen, denn spätestens 1327 wird der Kommune die Ausübung des gräflichen Münzrechts anheimgestellt (H. Schreiber Beilage S. 43) – die später als Rabenköpfe (»Rappe«) gedeuteten abgerissenen Adlerköpfe erinnern stark an die auf Hartmanns Schild und Waffenrock (Abbildung ebd. Taf. V, 9–11). Ebenfalls zeigen die Siegel Bertholds V. das Adlerwappen: einen Adler im Schild eines Reiters (1187, 1210), bzw. sogar einen ganzen Adler im Rücksiegel einer Urkunde von 1216/17 (HEYCK 1892 Taf. III, 1 u. 2 und IV, 2). Adlerwappen führen ferner die Grafen von Froburg und von Homburg (P. GANZ Taf. V, 8; VII, 8), die jedoch als Gönner Hartmanns wohl kaum infrage kommen, die zähringischen Herzöge von Teck (Adlerrumpf als Helmzier) und die Uracher Grafen als Erben der Zähringer (ebd. S. 19). Zwar stimmen die Tinkturen nicht mit denen Hartmanns überein, aber das könnte bewußte Differenzierung sein. Auch die Stadt Freiburg führt einen schwarzen Adler – Hartmanns Wappentiere sind in B weiß auf schwarz. Die zähringischen Farben wären dann in den roten Zungen und gelben Schnäbeln der Adler in C bewahrt.

Die Kennzeichnung verschiedener Linien eines Geschlechts durch Brisüren (Veränderungen eines Wappens) ist im 12. Jahrhundert in Frankreich entstanden und von dort übernommen worden. Die in Deutschland übliche Unterscheidung ist der Farbenwechsel, aber auch Veränderung der Wappenfigur (Verdoppelungen u. a.). Dieses Verfahren gilt nun nicht allein für Glieder des gleichen Adelshauses, sondern auch für Ministerialen: die Dienstmannen von Reinach im Aargau verändern den roten Löwen ihrer habsburgischen Herren in einen gelben mit blauem Kopf (P. GANZ S. 55 f.), und die Ministerialen von Luternau führen eine weiße Mauerzinne in schwarz, abgeleitet von der roten Burg in gelb auf dem Schild ihrer Lehnsherren, der Freiherren von Wolhusen. Letztere Veränderung entspricht im Austausch der Tinkturen und der Reduktion des Bildes genau dem möglichen Vorgang bei der Ableitung von Hartmanns Wappen aus dem der Zähringer – sogar bis in die Farben hinein (weiß-schwarz statt rot-gelb). Hartmann selbst beschreibt den Wechsel der Farben im ›Erec‹ – ein deutlicher Beweis, daß zu seiner Zeit diese Praxis bekannt war: *nû pruofte der junge man / drîe schilte gelîch / und driu gereite alsamelîch / mit einem wâfen garwe: / doch schiet si diu varwe. / der ein im hurtlîch genuoc was, / ûze ein liehtez spiegelglas / (vil verre glaste des schîn), / dar ûf ein mouwe guldîn / ... / der ander von sinopel rôt: / dar ûf slahen er gebôt / ein mouwen von silber wîz: / ... / alsô wart der dritte var, / von golde ûze und innen gar, / dar ûf ein mouwe zobelîn* ... (v. 2285–2306).

Das Adlerkopfwappen läßt sich im fraglichen Zeitraum also vom Emblem der Zähringer ableiten (schon STÄLIN, jetzt MERKLE), und nichts spricht dagegen, in Hartmann einen ihrer Ministerialen zu sehen.

Denkbar, daß die Westersbühler auf ähnliche Weise zu ihrem Wappen gekommen sind. Sie waren Dienstleute der Kiburger, diese jedoch ihrerseits Nachfolger der 1218 ausgestorbenen Zähringer. Wenn die Westersbühler schon so alt sind, könnten sie noch

Ministerialen der Zähringer gewesen sein und somit auf die gleiche Weise ihr Wappen erhalten haben wie Hartmann: nicht zufällige Gleichheit also, sondern Ausfluß des gleichen Dienstverhältnisses. Das ist nicht mehr als eine Vermutung, festzuhalten bleibt jedoch, daß das Wappen von *BC eine Zuweisung Hartmanns an die Westersbühler nicht notwendig anzeigt und sein Name sogar dagegen spricht.

Für eine Herkunft Hartmanns aus Au bei Freiburg sprechen also einige Argumente; die Verbindung mit den oben gezogenen Schlüssen zur möglichen weiteren Genealogie soll die Hypothese noch weiter absichern.

1091 gründen die Zähringer die Burg Freiburg, zwei Jahre später wird das zähringische Hauskloster aus Weilheim unter der Teck nach St. Peter übertragen. Die Bertholde, die sich um 1100 nach einem Reichslehen „von Zähringen" nennen, stammen wohl ursprünglich von der anderen Seite des Schwarzwalds, sie bauen ihr Territorium auf Grafschaften (Thurgau, Abtgau, Ortenau, Breisgau) und Kirchenvogteien im Lauf des 11. Jahrhunderts auf. Ihren eigentlichen »Staat« jedoch schaffen sie sich durch Rodung des Schwarzwalds (MAYER 1925 S. 362 f.). Die Förderung des Hausklosters St. Peter durch die Zähringer äußert sich darin, daß sie ihre Ministerialen und auch kleinere Edelfreie mit »mehr oder minder sanftem Druck« veranlassen (BADER 1935 S. 121), umfangreiche Güter dem Kloster zu übergeben, die so unter die Zähringer als Vögte des Klosters gelangen (MAYER 1939 S. 423). Auf diese Weise kommen die Besitzungen von Adligen, die ursprünglich unabhängig waren, in die Hand der Herzöge. Gerade im Breisgau gab es anfänglich viel Grund in den Händen kleinerer Herren (FEHR S. 10). Das trifft auch für Au zu, wie die Belege über Grundstücksschenkungen und -tausch aus dem 9. Jahrhundert (861, 868) im St. Galler Urkundenbuch für den Ort bezeugen (hg. WARTMANN II S. 102, 147).

Au ist also nicht erst zur Zeit der Zähringerherrschaft entstanden, es gab dort sogar schon im 9. Jahrhundert eine Kirche (ebd.). Die vorauszusetzende Burg läßt sich durch archäologische Zeugnisse des 19. Jahrhunderts und Gewann-Namen wahrscheinlich machen (MERKLE S. 8). Unfreie bauen keine Burgen, so daß man ein älteres edelfreies Geschlecht annehmen darf. Im Zuge der Expansionspolitik der Zähringer hätten dann diese Freiherren ihre Unabhängigkeit verloren und sich in die Ministerialität gegeben, dem Kloster ihrer Dienstherren ließen sie auch später von ihren Besitzungen zukommen. Daß Freie in die Dienstmannschaft eintraten, weil sie ihre Freiheit nicht behaupten und nur so Dienstgüter erlangen konnten, ist keine Seltenheit: PATZE bringt (1962 S. 340 ff.) zahlreiche Beispiele aus Thüringen. Die Tatsache, daß überhaupt Eigengüter vorhanden waren – die Anwesenheit des Zähringers bei der Schenkung ist durch den auch in diesem Fall notwendigen landesherrlichen Konsens zu erklären –, läßt auf ein ursprünglich freies Geschlecht schließen (ebd. S. 330).

Wenn diese Annahme stimmt, dann hätte Hartmann eine Familientradition wiedergegeben, die die politischen Gründe für die Abhängigkeit durch die rührende Geschichte einer Mesalliance verklärte, aber den politisch-ökonomischen Kontext, nämlich die Erschließung der Schwarzwaldherrschaft durch Rodung, in der Figur des Freibauern bewahrt hätte. Freie Bauern sind vor allem seit Anfang des 13. Jahrhunderts reichlich für diese Gegend bezeugt (BADER 1935

S. 15), zu Hartmanns Zeit sind sie geradezu typisch für den Breisgau (FEHR S. 10). Der *Ouwære* hätte also zwei Phasen des Landesausbaus im ›Armen Heinrich‹ verquickt: undeutlich die der Unterwerfung kleiner Freiherren unter die Herrschaft der Zähringer in der Figur Heinrichs selbst, deutlicher die durch Rodung mit Hilfe von Freibauern in der Gestalt des Meiers – das erste war Familiengeschichte, das zweite Gegenwart. Daher würde die Betonung der Freiheit in diesen doppelten Zusammenhang passen. Durch die Forcierung des Landesausbaus mittels freier Bauern und die Städtepolitik war im zähringischen Territorium die Vorstellung von »Freiheit« konkreter entwickelt als anderswo, so daß die Bezugnahme Hartmanns darauf gerade in dieser Umgebung ankommen mußte – auch in der Stadt; denn selbst, wenn die Freiburger *mercatores* in ministerialischer Bindung zum Grundherrn standen, ist an dem betont freiheitlichen Element der Gründung nicht zu zweifeln (HRG I Sp. 220).

Wenn Hartmann das – sein – Geschlecht von Aue *wol den vürsten gelîch* (v. 43) nennt, so ist eine derart herausgehobene Position natürlich einerseits von der Fabel bedingt, die eine möglichst große Fallhöhe vom Gipfel der Ehren zum Tiefpunkt des von der Welt isolierten Aussätzigen verlangt, andererseits mag sich darin der Anspruch äußern, in der Abkunft seinem Fürsten ursprünglich gleich gewesen zu sein.

vürste bedeutet um 1200 Zugehörigkeit zum Reichsfürstenstand – das waren Herzöge, ein Teil der Markgrafen, Pfalzgrafen und Landgrafen sowie einzelne Grafen (HRG I Sp. 1343). Hartmann kann also nicht eine solche Zugehörigkeit zu den Principes für seinen Heinrich von Aue gemeint haben (dann hätte er ihn auch gleich »Graf« nennen können), wohl aber, daß er dem damaligen Reichsadel an Abstammung ursprünglich gleich war. Bis ins 12. Jahrhundert konnten auch Edle, die keine Grafen waren, dazugerechnet werden (ebd. Sp. 1341). Indes braucht man eine historische Terminologie noch nicht einmal anzunehmen, denn selbst die Bertholde haben sich erst in den Reichsfürstenstand emporgearbeitet: ihnen war Heinrich von Aue *wol gelîch*.

Der ›Arme Heinrich‹ scheint also ein Ereignis aus den gesellschaftlichen Bewegungen, an denen das 11. Jahrhundert mit seiner noch nicht verfestigten Sozialstruktur besonders reich war (JOHRENDT S. 131), wiederzugeben, transponiert es aber ins Private. Nicht nur darin, daß der Weg in die Unfreiheit in die Einkleidung einer Eheschließung gefaßt wird, sondern auch in der Einbettung in die familiäre Vergangenheit des Autors selbst. Doch damit verwandelt sich die Aussage: aus einem historisch fixierbaren Ereignis wird ein Exempel von Prüfung und Bewährung, das eben wegen der Übertragung in das Privat-Menschliche seine historische Qualität verliert und allgemein vorbildhaft wirken kann.

C. *Ein ritter sô gelêret was*
Hartmanns Ausbildung

Wo Hartmann seine Ausbildung erfahren hat, wissen wir nicht. Die Reichenau, an die man wegen des Inselklosters[1] im ›Gregorius‹ gern gedacht hat, ist wegen der Beschränkung auf den Adel sehr unwahrscheinlich: bis 1350 sind keine Unfreien unter den Konventualen (SCHULTE 1925 S. 567). Vogt des Klosters war in Hartmanns Jugend Heinrich der Löwe – welfischer Ministeriale war der *Ouwære* sicher nicht, vermutlich wird aber der Dienstherr seine Ausbildung veranlaßt haben. Von daher könnte man (vorausgesetzt, die in Appendix B begründete Zähringer-These stimmt) an das zähringische Hauskloster St. Peter oder auch an St. Blasien, dessen Vogtei die Herzöge ebenfalls innehatten, denken. Jedoch trifft für diese das Problem ständischer Exklusivität ebenfalls zu. Das ist nicht der Fall bei der dritten Zähringervogtei: St. Georgen, das seit etwa 1112 unter der Schutzherrschaft der Herzöge stand und von ihnen im Zuge des Landesausbaus wie die beiden anderen Schwarzwaldklöster eingesetzt wurde (BÜTTNER 1940 S. 12, 15 f.). Die Reformklöster waren nicht in dem Maße wie die alten Reichs- oder Adelsabteien an die Aristokratie gebunden (SCHREINER 1964 S. 27): immerhin scheint die Aufnahme des angeblichen Fischersohnes Gregor unter die Oblaten bei den Mönchen, die es im Unterschied zum Abt nicht besser wissen konnten, keine Bedenken zu erregen. Die Schulen der exklusiven Adelsklöster standen Niedriggeborenen normalerweise nicht offen, erst im Zug der Hirsauer Reform änderte sich das in den Konventen mit entsprechender Observanz (ebd. S. 28 A. 113). Von den dazugehörigen Klöstern im Südwestraum (Hirsau, Reichenbach, St. Georgen, Alpirsbach, Kniebis), bliebe St. Georgen wegen der zähringischen Vogtei das wahrscheinlichste, Hirsau war zum entsprechenden Zeitpunkt in einer Phase tiefen Niedergangs (ebd. S. 57 f.). Die ständische Zusammensetzung ist in den genannten Konventen etwa gleich: niedriger Adel, Stadtpatriziat, Ministerialen (ebd.). Auffällig bleibt, daß nur im ›Gregorius‹, nicht im ›Grégoire‹, die insulare Lage des Klosters erwähnt wird: das mag eine Parallele zum späteren Inselleben Gregors sein oder auch eine unprogrammatische Präzisierung der Topographie.

Über die tatsächlichen Schulverhältnisse in den Klöstern sind wir viel zu wenig informiert, als daß eine genauere Aussage möglich wäre. Generell reduzieren die Mönche im 12. Jahrhundert ihre Tätigkeit im Schulbereich, sie bauen die äußeren Schulen radikal,

[1] Hartmanns *sê* ist doppeldeutig, das Kloster ist jedoch nicht in einem Binnensee gelegen vorzustellen, vgl. Gregors Schiffsreise in das entfernte Land der Mutter v. 1825 ff.; im ›Grégoire‹ heißt es *la mer*, bei Arnold *mare*.

die inneren nicht ganz so rigoros ab, allerdings machen die Klöster Hirsauer Observanz dabei eine Ausnahme (DELHAYE S. 229). Die Zisterzienser z. B. lehnen externe Schulen völlig ab, die Ausbildung im Kloster erfolgt kaum durch Lehrer, mehr durch Privatlektüre (S. 233) – das Vorhandensein von Bibliotheken setzt nicht unbedingt auch eine Schule voraus. Hartmann selbst betont ja in den berühmten autobiographischen Versen des ›Armen-Heinrich‹-Prologs den Wert der Lektüre aus eigener Initiative für seine Bildung, und die Formulierung ›Gregorius‹ v. 1193 *dar nâch las er von lêgibus* ist sicherlich kein Zufall. Eine Klosterschule, in der Gregor sich nach Kenntnis des Publikums die beschriebene Bildung hätte holen können, gab es vermutlich im 12. Jahrhundert im entsprechenden Raum überhaupt nicht, eher wäre eine Domschule infrage gekommen.

So sollte man auch für Hartmanns eigene Bildung besser an eine entsprechende Anstalt denken. Rudolf von Zähringen wurde an der hochrangigen Mainzer Domschule erzogen. Dorthin könnte der Zähringerherzog auch einen begabten Ministerialensohn geschickt haben. In der Zeit von 1146–1170 war das Internat aufgehoben (SPECHT S. 175), so daß die Bedingungen für einen externen Schüler wohl besonders günstig waren. Denkbar wären natürlich auch die Domschulen in Basel oder Konstanz. Die große Zeit der Konstanzer Schule war jedoch im 12. Jahrhundert schon vorüber, und von der Offenheit des kulturellen Milieus und den Kontakten zum nordfranzösischen und flämischen Raum scheint Mainz den Vorzug zu verdienen. Wenn Hartmann in Mainz war, dann allerdings nicht gleichzeitig mit dem Zähringer Rudolf, der 1160 auf den dortigen Stuhl gewählt, aber nicht anerkannt wurde und 1167 den Lütticher Sitz einnahm. Seine Kontakte zu seinem alten Lehrer, dem Domscholaster Hugo, Bruder Hildegards von Bingen, sind jedoch auch später nicht abgerissen, noch 1179 war Rudolf Gast auf dem Rupertsberg.

Die Zähringer hatten nicht nur die Verbindungen, sondern im fraglichen Raum auch am ehesten den Bedarf für ausgebildete Dienstmannen. Nicht in der »Kanzlei« – diese wurde bei den Territorialfürsten von Geistlichen oft nur nebenamtlich geführt, und das gleiche gilt für die Hauschronik (man vergleiche die Beispiele bei JORDAN, Einleitung und bei FICHTENAU, Urkundenbuch). Eher ist an administrative oder allenfalls an diplomatische Aufgaben zu denken. Bedarf an Ministerialen mit Schulbildung konnten nur Höfe mit einer größeren Verwaltung haben, die durch die Ausdehnung des Territoriums bedingt war. So wurden die klassischen Ressorts, die vier Hofämter, bei den Welfen in Konkurrenz zur Reichsverwaltung erst in der 2. Hälfte des 12. Jahrhunderts eingeführt. Im Zuge eines vergleichbaren Ausbaus der landesherrlichen Beamtenschaft wird auch die Ausbildung Hartmanns zu sehen sein. Innenpolitisch entstand der Bedarf im Zähringerstaat durch das infolge der Städtegründungen anwachsende Aufkommen von Abgaben, Zöllen und Ähnlichem, durch die Einnahmen aus dem Silberbergbau, ein Regal, das die Herzöge von den Basler Bischöfen zu Lehen hatten (HEYCK 1891 S. 500), und durch die notwendige Koordination der einzelnen Landesteile, außenpolitisch durch das Engagement im Westen (Burgund) und Nordwesten (Namursches Erbe).

Schon seit dem 11. Jahrhundert werden im südlichen Schwarzwald silberhaltige Bleierze abgebaut, die leicht zu verarbeiten sind. Hauptorte sind das Münstertal, Todtnau, Kirchzarten und Hofsgrund, die verschiedenen Grundherren gehören, sämtlich aber auf Zähringer Territorium liegen (TRENKLE S. 190 f.). Ende des 13. Jahrhunderts beläuft sich der Ertrag der Bergwerke auf etwa 2000–2500 Mark Silbers im Jahr, auch ein Jahrhundert vorher dürfte er nicht wesentlich geringer gewesen sein (ebd. S. 225). Die durch den Handel (Freiburg) notwendige Vermehrung der Tauschmittel wird im 12. Jahrhundert zu einer Intensivierung des Abbaus geführt haben, der einen bedeutenden Wirtschaftsfaktor darstellt und die politische Machtstellung (Bertholds V. Kandidatur um die Krone) ebenso wie die kulturellen Möglichkeiten der Herzöge gestärkt haben muß.

Die Zähringer waren, was den Übergang zur Geldwirtschaft angeht, der hier vorausgesetzt wird, eines der führenden Adelshäuser: 1198 war Berthold u. a. deshalb als Königskandidat ausersehen, weil er über ungewöhnlich große flüssige Mittel verfügte (HEYCK 1871 S. 447). Ein derartiger Finanzhaushalt erforderte die Tätigkeit fähiger Dienstleute, Hartmann könnte zu ihnen gehört haben, wie seine finanzwirtschaftlichen Kenntnisse (vgl. Appendix D) nahelegen.

D. *gemêret harte starke*

Finanzwirtschaftliches im ›Gregorius‹

Bei seinem Auszug erhält Gregor vom Abt 153 Goldmark[1], die dieser aus siebzehn behaltenen erwirtschaftet hat. Die Tatsache der Rendite ist unverdächtig – die Polemik der kirchlichen Autoren gegen die Geldwirtschaft setzt erst mit dem Übergang zu dieser am Ende des 12. Jahrhunderts ein (GERNENTZ 1955 S. VI): 1179 fordert Alexander III. das Verbot des Zinsennehmens.

Schon immer hatte für Christen eigentlich Zinsverbot bestanden, da Darlehen als Konsumtiv- und nicht als Produktivdarlehen solange gesehen wurden, wie nur Naturalwirtschaft getrieben wurde (AUSTEN S. 442). Das änderte sich im 11. Jahrhundert, als die Produktivität des Geldes langsam erkannt wurde, und man fand Möglichkeiten, das Zinsverbot zu umgehen. Umstritten ist die Höhe der Rendite und die Frage, ob sie zu hoch war: TSCHIRCH (1964 II) errechnet 15,6 % und findet sie normal (A. 58), BERTAU (1972/73 S. 626) kommt auf 13,6 % und hält sie für zu hoch. Die Differenz im Zinsfuß hängt wohl von der Ansetzung unterschiedlicher Abrechnungstermine ab, die Einschät-

[1] Zur Symbolzahl vgl. HELLGARDT S. 66.

zung der Höhe muß sich danach richten, welche Form der Geldvermehrung man annimmt. Die Zinsen für Termingeld waren wegen der Unsicherheit der Rückzahlung z. T. außerordentlich hoch, 20 % waren keine Seltenheit, eher die Norm (KULISCHER S. 350). Immobilien dagegen gewährten keine vergleichbare Rendite. Rentenkauf ergab 10 % (ebd. S. 336 f.).

Die Wahrscheinlichkeit, daß Hartmann an Handelsgeschäfte denkt, ist am größten, Arnold von Lübeck nimmt dies jedenfalls selbstverständlich an: *»restans eram sollicitus / negocians expendere / et tuos fructus querere«* (II, 924–926). Die Klöster beteiligen sich im 12. Jahrhundert teilweise intensiv am Handel und genossen vielfach Zollprivilegien – aus dem Südwesten sind die Freiheiten für Kloster Weißenau 1186 und Kloster Marchtal 1193 (beide Diözese Konstanz) zu erwähnen (STEIN S. 232). Dabei wurde oft anscheinend nicht nur der eigene Bedarf gedeckt, sondern Handel zu Gewinnzwecken betrieben, da in den Privilegien diese Form des Handels von den Freiheiten mitunter ausdrücklich ausgeschlossen wird (ebd. S. 235).

Manche Klöster hatten Kaufleute in ihrem Dienst, so treibt z. B. ein Kölner Kaufmann Handel mit dem Geld seines Bruders, eines Abtes: *In monasterio sancti Pantaleonis in Colonia Abbas quidam fuit, fratrem habens carnalem eiusdam civitatis civem. Quem carnaliter diligens, saepe pecuniam monasterii illi occulte largiebatur. Quam proprie substantiæ admiscens, et in ea negotians, quocunque perrexit semper cum damno rediit* (Cäsarius von Heisterbach III, 36). Dieser Unglückliche war ein schlechter Kaufmann, Hartmanns Abt aber wohl ein guter, jedenfalls war für Autor und Publikum daran nichts Ungewöhnliches.

Gerade die Produktivanlage des Kapitals mit Hilfe eines Gesellschaftervertrags war eine der möglichen Umgehungen des Zinsverbots (AUSTEN S. 450). Bei einer entwickelten Geldwirtschaft waren derartige Verfahren bekannt, vor allem am Zähringer Hof: die Gründung Freiburgs war vermutlich unter Beteiligung von Kaufleuten erfolgt (STEIN S. 262, MOTTEK S. 163), und die Herzöge zogen bedeutenden Gewinn aus den Zöllen und Abgaben. Der Abt nimmt offensichtlich das Geld nicht für Gregors Ausstattung, es wird ihm vielmehr zusätzlich mitgegeben (v. 1813) – eine schöne Summe, mit der seine Ausrüstung leicht hätte bezahlt werden können: ein Pferd acht Silbermark, ein Panzer mindestens das Doppelte[2]. Da die Goldmark etwa das Zehnfache der Silbermark galt, wäre auch das Geld der Mutter reichlich gewesen, so war Gregorius jetzt wohlhabend und konnte sich *rîche zerunge* (v. 1891) leisten und herrschaftliches Auftreten. Wenn er v. 2038 von seinem *vil armen guot* spricht, meint er das metaphorisch, er ist noch nicht *gêret und gerîchet* (v. 2041), sonst konnte er *wol mit guote gelten* (v. 1890).

---

[2] INAMA-STERNEGG Tabelle, LE GOFF S. 63.

E. *ich hân verloren einen man*

Hartmanns ›Witwenklage‹

Hartmanns sogenannte »Witwenklage« (MF 217,14) (zur Forschung vgl. BLATTMANN S. 13 ff.), die VON KRAUS dem Dichter hat absprechen wollen (S. 423 ff.), ist nach WAPNEWSKI 1972 »untauglich, die Datierungsfrage zu fördern« (S. 23 f.), entweder, weil sie tatsächlich unecht ist (was u. a. STOLTE, BLATTMANN und SALMON bestreiten), weil sie gar nicht für die Witwe des Lehnsherrn geschrieben wurde, oder weil sie eine Trennungsklage ist (STOLTE, BLATTMANN) und keine Totenklage.

Die Athetese der Strophen durch von KRAUS ist wohl eher aus einem bestimmten »Hartmannbild« zu erklären (»befremdlich kühl und unbeteiligt«, WAPNEWSKI 1972 S. 24), ferner aus der Annahme, Reinmar könne hier nur der Gebende gewesen sein. Warum? Weil Hartmanns Gedicht angeblich inhaltlich unausgewogen ist? Die getadelte Wendung zu den »Empfindungen der anderen« (VON KRAUS S. 429) könnte auch ein Versuch der Objektivierung und des Trosts durch eine Sentenz (*liep âne leit* kann nicht sein) darstellen – etwas durchaus nicht »Unhartmannisches«.

STOLTE (S. 192 ff.) und BLATTMANN erkennen auf Priorität Hartmanns, SALMON schließt – vorsichtiger – sicherlich zu recht: »There is no overriding evidence to indicate which poet borrowed from one another« (S. 821). Und auch seine andere Folgerung, daß, da Reinmars Gedicht zweifelsfrei eine Witwenklage ist, auch Hartmanns eine solche sein müsse, da es doch unwahrscheinlich wäre, hätte Reinmar aus einer Liebes- eine Witwenklage, bzw. Hartmann aus einer Witwen- eine bloße Trennungsklage gemacht, leuchtet ein. BLATTMANNS Argumente für die Trennungsklage stammen aus seiner Konstruktion einer sinnvollen Abfolge der Lieder, fällt diese Voraussetzung weg (denn schon die Annahme, es handle sich um ein Rollenlied und damit wohl ein Auftragswerk, würde dieses eine Lied außerhalb des Zyklus stellen), fehlen auch die Argumente gegen die Totenklage. BLATTMANNS Nachweise zu *verloren* (217,19) für »durch den Tod verloren« aus Hartmanns anderen Werken legen im Gegenteil die Annahme einer Totenklage nahe.

Mit diesen beiden Prämissen ist der Weg dafür frei, Hartmanns Gedicht vor 1195 (Reinmar schreibt auf den Tod Leopolds VI., 31. 12. 1194) zu datieren und es der Witwe seines Lehnsherrn in den Mund zu legen. Berthold IV. von Zähringen starb am 8. 9. oder 8. 12. 1186, seine Witwe Ida, Tochter des Grafen von Boulogne, überlebte ihn um 30 Jahre, sie war zum Zeitpunkt seines Todes noch relativ jung und erst drei Jahre mit ihm verheiratet. Wenn Hartmann für sie diese Klage geschrieben hat, so kann er sie ihr im Frühling 1187 (*ze dirre schœnen zît*) in den Mund gelegt haben (was nicht bedeuten soll, daß sie sie selbst gesungen hat), als sie nach der Trauerzeit wieder in der Hofgesellschaft erschien, die sie bald darauf verlassen sollte, um in ihre Heimat zurückzukehren. Auch die Witwe des (gleichfalls?) im Dezember verstorbenen Leopold VI. spricht bei Reinmar vom *sumer* (MF 167,31). *alze gâhes mir benomen* (217,28) wäre dann wie die Jahreszeit ganz wörtlich zu verstehen und die Implikation von 218,3 *(sol ich der jâre werden alt)*, daß die vorgestellte Sprecherin noch jung ist, träfe wiederum im Wortsinne zu. Gewißheit besteht für diese Annahmen nicht, aber sie fügen sich in die Zähringer-These ein. Zur Staufer-These paßt die »Witwenklage« nicht: Barbarossa überlebte Beatrix von Burgund um fast sechs Jahre.

F. *der sinne kleit – diu gotes kleit*

Zum Samariter-Gleichnis im Prolog (v. 101–134)

Innerhalb des Prologteils, der das Samariter-Gleichnis auslegt, sind zwei Stellen auf den ersten Blick nicht ganz verständlich: v. 101 ff. und v. 112 ff. (die zwei Kleider). Zur ersten Passage *dâ hâten si in nider geslagen / und im vrevellîche entragen / aller sîner sinne kleit:*

A. Bennholdt-Thomsen hatte *sinne* als Genitivus objectivus verstanden und als Übersetzung von *sensus rationis* (bei Beda) aufgefaßt, Goebel 1971 bleibt bei der herkömmlichen Deutung als Genitivus subjectivus und deutet *sin* als Geisteshaltung: »und raubten ihm vollständig die Gesinnung, die ihn bekleidete.« Zu dieser Interpretation kommt er von der ›Gregorius‹-Geschichte her: Gregor wird die ritterliche Gesinnung genommen, er legt auch das höfische Kleid ab und ein Büßergewand an (S. 222 f.). So wichtig sicherlich eine Beziehung der Samariter-Allegorie auf das Leben Gregors ist, so bleibt jedoch die Frage, wie das Gleichnis ganz ohne Hinblick auf die Vita des Guten Sünders, die ja wohl dem Autor, nicht aber dem Publikum beim Vortrag des Prologs bekannt war, verstanden werden darf.

Aus dem Textzusammenhang geht klar hervor, was mit den *marterlîchen wunden* gemeint ist: in Übereinstimmung mit der Predigtliteratur sind es die Sünden – von diesen will der Erzähler sprechen: *noch enhan ich iu niht geseit / welh die wunden sint gewesen / der er sô kûme ist genesen, / wie er die wunden emphie ...* (v. 144 ff.). Auf das dem Mann geraubte Kleid beziehen sich v. 106 f.: *ez was zuo den stunden / sîner sêle armuot vil grôz* und sicherlich auch die beiden geschenkten Kleider v. 112 f.: *gedingen* und *vorhte*. Da diese den Mangel ausgleichen, müssen sie etwas Entsprechendes zu *aller sîner sinne kleit* darstellen, wenn nicht inhaltlich, so doch der Funktion nach. Die von Gott gesandten Kleider sind Ausfluß der Barmherzigkeit Gottes: *do enhâte im got niht verzigen / sîner gewonlîchen erbarmekeit* (v. 110 f.) – paraphrasiert wird die Rettung des Menschen noch einmal v. 135 ff.: *alsus huop in bî sîner hant / diu gotes gnâde als si in vant / ûf ir miltez ahselbein.* Der unter die Räuber Gefallene ist aus eigener Kraft nicht mehr fähig, sich zu retten, er bedarf der Gnade Gottes und erhält sie. Die *sinne* in v. 103 müssen also etwas mit dem Verlust dieser Fähigkeit zu tun haben.

Weder in der Theologie der Zeit (vgl. LANDGRAF I) noch in der deutschen Predigt (MERTENS S. 136) ist die später gewonnene Unterscheidung von habitueller und aktueller Gnade terminologisch so entwickelt, daß sie in fester Wortprägung in Erscheinung treten könnte. Jedoch ist sowohl die Vorstellung von der Zerstörung der Gottebenbildlichkeit durch die Sünde und des Verlusts der (habituellen) Erlösungsgnade in der Predigt zu finden (S. 135), wie auch die von der Notwendigkeit der (aktuellen) Gnade für die Befreiung von der Sünde (S. 136). Die deutschen Texte, die das Samariter-Gleichnis auslegen, bezeichnen das Kleid entsprechend als *gewand des ewigen libis* (hg. SCHÖNBACH I S. 125,29 f.), *reinicheit* und *untôticheit* (ebd. II S. 154,25) bzw. *ere der vntotlicheit* (Prager Predigten, hg. DIEMER S. 364) oder sagen pauschaler, daß der Mann *berovbit wart der himelschen genadon* (hg. WACKERNAGEL S. 66 f.). Die Unsterblichkeit, auch bei Beda genannt, ist Kennzeichen der Gottebenbildlichkeit: die unsterbliche Seele ist *pilde unde glichnusse – imago et similitudo* Gottes (Priester Konrad, hg. SCHÖNBACH III S. 159,12), ja alle geistigen Kräfte, wie *rede unde sin* (ebd. Z. 20) sind göttlicher Natur. Von der deutschen Predigt her liegt ein Verständnis nahe, das die Beraubung des Kleides mit dem Verlust der Imago Dei gleichsetzt – dem, was später in der Theologie die heiligmachende (habituelle) Gnade heißt. Die Wirkung ist entsprechend: der Mensch ist aus eigener Kraft nicht mehr fähig, sich von der Sünde zu erheben, sondern braucht die helfende (aktuelle) Gnade Gottes.

sinne wird also Genitivus subjectivus sein und das geistige Vermögen des Menschen bezeichnen, das göttlichen Ursprungs ist. So gesehen ist Arnolds von Lübeck von der Tradition geprägte Übersetzung: *inmortalitatem perdidit* verständlich. Die Sündenklage Papst Leos IX., die OHLY (1976 S. 25 ff.) heranzieht, spricht bei der Auslegung des Samariter-Gleichnisses wie Beda von *immortalitas*: *(latrones) immortalitatem demunt* und *ratio*: *rationem nequeunt* (Str. 17). Die hinter Bedas Auslegung stehende Vorstellung von der natürlichen Vernunft (*sensus rationis*) kommt im ›Gregorius‹ allerdings nicht ins Spiel: Hartmann unterscheidet nicht zwischen der natürlichen und der gnadenhaften Erkenntnis Gottes, wie es in folgendem Text geschieht: *Imago Dei in homine erat gemina: naturalis et gratuita. Naturalis consistit in potentia uel possibilitate cognoscendi Deum et diligendi et perfruendi; que imago post peccatum et per peccatum corrupta et deformata, sed non penitus deleta est. Unde est illud: »Verumptamen in imagine pertransit homo«. Quantumcumque enim homo transeat ex hoc in hoc de hoc statu uergat in illum numquam imago creationis ex toto deletur, quia naturalis et substantialis est et substantialia destrui non possunt. Imago gratuita est consistens in ipsa cognitione, dilectione, fruitione que penitus per culpam est deleta. Hinc est quod homo ille qui incidit in latrones expoliatus et uulneratus fuisse legitur. Expoliatus quantum ad imaginem gratuitam. Vulneratus quantum ad imaginem naturalem* (Achard von St. Viktor, Sermo in natali Domini, Paris Bibl. Nat. lat. 14590, f. 9r, zit. nach LEBRETON S. 15).

Im ›Gregorius‹-Prolog ist nur von der *imago gratuita,* die in der *cognitio* Gottes besteht, die Rede, nicht von der *imago naturalis* (das wäre der *sensus rationis*) – in Übereinstimmung mit den Aussagen der deutschen Predigt, die nicht zwischen den *gemina imagines* differenzieren. Die *mordære* entreißen dem Wanderer das Kleid der Erkenntnis (*der sinne kleit*) und fügen ihm die Wunden der Sünde zu. Gott aber versagt sein Erbarmen nicht, sondern schenkt *sîne kleit*: Hoffnung und Furcht.

Ich stimme mit GOEBEL 1971 darin überein, daß man nicht an eine Einbeziehung des Gleichnisses vom verlorenen Sohn denken muß, wenn man die geschenkten Kleider erklären will. Bei Beda hat das geschenkte Kleid die Bedeutung, die hier das geraubte hat: *immortalitas* und *innocentia.* Das konnte Hartmann hier nicht brauchen, denn die Wiederversöhnung mit Gott soll ja nicht sogleich erfolgen, was der Fall wäre, wenn sofort die habituelle Gnade geschenkt würde, sondern die Bußleistung des Sünders voraussetzen. Von der Auslegung des Gleichnisses auf den Sündenfall, die Bekehrung und Rechtfertigung des Menschen her ist die Einführung der geschenkten Kleider ohne Rückgriff auf Beda zu erklären.

Der Gedanke lag auch ohne Vorbild nahe: wenn der Teufel dem Menschen das Kleid des Gnadenstandes nimmt, schickt ihm Gott Hilfe: die Kleider Furcht und Hoffnung. DITTMANN bringt (1966 S. 194) eine mhd. Predigtstelle bei, wo von *vorhte* und *gedinge* gesagt wird, sie leiteten einen *ieglichen sunter an den rehtin wech.* Die Funktion dieser Tugenden wird in den Versen 117–123 so erläutert, daß sie auch ohne Vorwissen zu verstehen war: Furcht (vor der Hölle) und Hoffnung (auf Vergebung) bringen ihn zur *geistlîche(n) triuwe / gemischet mit der riuwe* (v. 125 f.), die ihn noch mehr kräftigt. Das ist offensichtlich der rechte Weg. Unter *riuwe* ist hier sicher die Reue im heutigen theologischen Sinn zu verstehen, die zum Nachlaß der Sünden führt. Daß *triuwe* eine über »Vertrauen« hinausgehende terminologische Bedeutung zukommt, ist angesichts der Formelhaftigkeit der Reimverbindung *riuwe / triuwe* mit DITTMANN S. 185 f. zu bezweifeln. Ob *si* in v. 127 (*si tâten im vil guotes / und ervurpten in des bluotes*) auf *gedinge/vorhte* oder *triuwe/riuwe* zu beziehen ist, möchte ich offenlassen. Die folgenden Verse beschreiben jedenfalls die endgültige Heilung des

Sünders, die durch die Abfolge beider Akte (*gedinge, vorhte, triuwe / riuwe*) erfolgt: Öl und Wein sind Gnade und Gesetz.

Es ist hier wohl an *venia* und *poena*, genauer noch an *lex* und *gratia* zu denken, Begriffe, die bei der Beschreibung von Gregors Amtsführung v. 3793–3822 noch einmal aufgegriffen werden (vgl. U. SCHWAB S. 62 f.) und in der mehrfach angespielten Zahl 17 – Bußjahre, 153 Mark (HELLGARDT S. 66), 170 Prologverse – symbolisch verborgen sind (U. SCHWAB S. 64). Auch die deutsche Predigt legt den Wein auf die Strenge des Gesetzes (*swer sine sůnde niene wandilt, der můz in daz ewige vůer*) und das Öl auf den Trost der Gnade aus (hg. SCHÖNBACH I S. 127, 4 ff., ähnlich Prager Predigten, hg. DIEMER S. 365).

Der Erzähler beschreibt einen Dreischritt: Gott sendet *spes* und *timor* (die Kleider), der Sünder leistet *riuwe*; *lex* und *gratia* geben die Rechtfertigung: *siechtuomes buoz*. Damit ist der Gnadenstand wiedergewonnen – die Immortalitas, die Gottebenbildlichkeit, wird nicht einfach geschenkt, sondern muß vom Sünder auf dem rauhen Weg der Buße erreicht werden. Mit dieser Auslegung ist das Thema von Gregors Vita gegeben.

LITERATURVERZEICHNIS

1. Abkürzungen

ADB	Allgemeine Deutsche Biographie
AfdA	Anzeiger für deutsches Altertum und deutsche Literatur
Aufriß	Deutsche Philologie im Aufriß, 2. überarbeitete Auflage, hg. v. W. STAMMLER, Berlin 1957–1962
Bibl. lit. Ver.	Bibliothek des literarischen Vereins in Stuttgart
BMZ	Mittelhochdeutsches Wörterbuch mit Benutzung des Nachlasses von G. F. BENECKE, ausgearbeitet von W. MÜLLER, Leipzig 1854 ff.
DU	Der Deutschunterricht
DVjs	Deutsche Vierteljahresschrift für Literaturwissenschaft und Geistesgeschichte
Et. Germ.	Etudes Germaniques
Euph.	Euphorion
Germ. Rev.	Germanic Review
GGA	Göttingische Gelehrte Anzeigen
GLL	German Life and Letters
GRM	Germanisch-romanische Monatsschrift
HRG	Handwörterbuch zur deutschen Rechtsgeschichte, hg. v. A. ERLER/E. KAUFMANN, Berlin 1964 ff.
Jb.	Jahrbuch
LiLi	Literaturwissenschaft und Linguistik
Lit. wiss. Jb.	Literaturwissenschaftliches Jahrbuch
MGH (SS)	Monumenta Germaniae Historica (Scriptores) (Deutsche Chroniken)
MIÖG	Mitteilungen des Instituts für österreichische Geschichtsforschung
MSB	Sitzungsberichte der Bayerischen Akademie der Wissenschaften, München, phil.-hist. Klasse
MTU	Münchener Texte und Untersuchungen zur deutschen Literatur des Mittelalters
Nd. Jb.	Niederdeutsches Jahrbuch
Neoph.	Neophilologus
QuF	Quellen und Forschungen
PBB	Beiträge zur Geschichte der deutschen Sprache und Literatur (Seit 1955 Halle und Tübingen)
PL	Patrologiae cursus completus, series Latina, hg. von J. P. MIGNE, 1844 ff.
PMLA	Publications of the Modern Language Association of America
RL	Reallexikon der deutschen Literaturgeschichte, 2. Aufl., hg. v. W. KOHLSCHMIDT/W. MOHR, Berlin 1958 ff.
VL	W. STAMMLER/K. LANGOSCH, Die deutsche Literatur des Mittelalters. Verfasserlexikon, Berlin 1936–1953

WdF	Wege der Forschung
WW	Wirkendes Wort
ZfdA	Zeitschrift für deutsches Altertum und deutsche Literatur
ZfdPh	Zeitschrift für deutsche Philologie
ZfromPh	Zeitschrift für romanische Philologie
Zs.	Zeitschrift

2. Texte

Anordnung nach Autoren bzw. gängigen Titeln, sonst nach Herausgebern und Übersetzern.

(Alberich) Chronica Albrici Monachi trium fontium, hg. von P. SCHEFFER-BOICHORST, MGH SS XXVII, Hannover 1874, S. 631–950.

(Alexius A) G. EIS, Beiträge zur mittelhochdeutschen Legende und Mystik. Untersuchungen und Texte (Germanische Studien 161), Berlin 1935.

Annales Herbipolenses, hg. von G. H. PERTZ, MGH SS XVI, Hannover 1859 (Neudruck 1963), S. 1–12.

Annales Palidenses auctore Theodore Monacho, hg. von G. H. PERTZ, MGH SS XVI, Hannover 1859 (Neudruck 1963), S. 48–98.

Arnoldi Chronica Slavorum ... hg. von G. H. PERTZ, MGH SS rer. germ. in us. schol. XVI, Hannover 1868.

Arnoldi Lubecensis Gregorius Peccator de teutonico Hartmanni de Aue in latinum translatus, hg. von G. VON BUCHWALD, Kiel 1889.

BACHMANN, A./SINGER, S. (Hgg.), Deutsche Volksbücher. Aus einer Zürcher Handschrift des 15. Jahrhunderts (Bibl. lit. Ver. 185), Tübingen 1889.

(Baldrich) Vita B. Roberti de Arbrissello auctore Baldrico episcopo Dolensi, PL 162, 1043–1058.

BALUZE, S. (Hg.), Vita Beati Stephani Abbatis Monasterii Obazinensis in Lemovicibus, in: STEPHANI BALUZII Miscellanorum Lib. IV, Paris 1683, S. 64–204.

Bernhard von Clairvaux, Liber ad milites Templi sive de laude novae militiae, PL 182, 921–940.

Berthold von Zwiefalten, Liber de constructione monasterii Zwivildensis, hg. von H. F. O. ABEL, MGH SS X, Hannover 1852 (Neudruck 1963), S. 93–124.

Burchard von Ursberg, Chronik, hg. von O. HOLDER-EGGER/B. VON SIMSON, MGH SS rer. germ. in us. schol. XVI, Hannover/Leipzig 1916.

Caesarii Heisterbachensis Monachi ordinis Cisterciensis Dialogus Miraculorum ... recognovit J. STRANGE, Köln/Bonn/Brüssel 1871.

CARTELLIERI, A./STECHELE, W. (Hgg.), Chronicon universale anonymi laudunensis, Leipzig/Paris 1904.

CHROUST, A. (Hg.), Quellen zur Geschichte des Kreuzzugs Friedrichs I., MGH SS rer. germ. Nov. ser. V., Berlin 1928.

Dante, Opere, a cura di M. PORENA e M. PAZZAGLIA (Classici Italiani 3), Bologna 1966.

Decretum Gratiani in Corpus iuris canonici editio Lipsiensis secunda post AE. L. RICHTERI ... instruxit AE. FRIEDBERG, I.: Decretum Magistri Gratiani, Graz 1959.

DIEMER, J., Deutsche Predigtentwürfe aus dem 13. Jh., Germania 3 (1858) 360–367.

Eilhart von Oberg, Tristrant, hg. von H. Bussmann (Altdeutsche Textbibliothek 70), Tübingen 1969.

Faral, E. (Hg.), Les arts poétiques du XIIIe siècle, Paris 1962.

Fistes, S. O., Gregorius. Eine Erzählung von Hartmann von Aue, Halle 1851, [2]1855.

(Galfred) Vita Beati Bernardi fundatoris congregationis de Tironio in Gallia auctore Gaufrido Grosso, PL 172, 1367–1446.

(Garnier von Rochefort), Allegoriae in Sacram Scripturam, PL 112, 849–1088.

Gautier d'Arras, Œuvres, I: Eracle, II: Ille et Galeron, hg. von E. Löseth, Paris 1890 (Neudruck Genf 1974).

Gerhoh von Reichersberg, Liber de aedificio Deo, PL 194, 1191–1335.

Gerhoh von Reichersberg, Opera inedita II, 1, hg. von D. und O. van den Eyndel/A. Rijnersdaenl, Rom 1956.

De S. Gerlaco eremito in Belgia, Vita auctore anonymo, in: Acta Sanctorum ... collegit, digessit, notis illustravit Ioannes Bolandvs, Tom. Ian. I, Antverpiae 1643, S. 306–320.

Gervasius von Tilbury, Otia imperialia, hg. von R. Pauli, MGH SS XXVII, Hannover 1885 (Neudruck 1965), S. 359–394.

Gesta Romanorum, hg. von H. Oesterley, Berlin 1872.

Die Gesta Romanorum. Nach der Innsbrucker Hs. vom Jahre 1342 und vier Münchener Hss. hg. von W. Dick, Erlangen/Leipzig 1890 (Neudruck Amsterdam 1970).

Gisleberti Chronicon Hanoniense, hg. von G. H. Pertz, MGH SS rer. germ. in us. schol. XXIX, Hannover 1869.

Goethes Werke, hg. im Auftrage der Großherzogin Sophie von Sachsen, 1. Abt., Bd 19, Bd. 26, Bd. 42, 2, Weimar 1891, 1889, 1907.

Görres, J. (Hg.), Altdeutsche Volks- und Meisterlieder aus den Handschriften der Heidelberger Bibliothek, Frankfurt 1817.

de Goncourt, E. et J., Germinie Lacerteux, Paris (Flammarion/Fasquelle) (1937).

Gottfried von Straßburg, Tristan und Isold, hg. von F. Ranke, Berlin [4]1959.

(Grégoire A) Vie du pape Grégoire le Grand, Légende française publiée pour la première fois par V. Luzarche, Tours 1857.

(Grégoire B) Die altfranzösische Gregoriuslegende nach der Londoner Handschrift zum ersten Male hg. von G. Telger (Arbeiten zur Romanischen Philologie 5), Münster 1933.

Gregorius Magnus, Moralium libri, sive expositio in librum B. Job, PL 75, 509–1162, PL 76, 9–782.

Grillparzer, Franz, Selbstbiographie, in: A. Sauer (Hg.), F. G., Prosaschriften IV (Sämtliche Werke 16), Wien 1925.

von der Hagen, F. H. (Hg.), Minnesinger. Deutsche Liederdichter des 12., 13. und 14. Jahrhunderts, 4. Teil, Berlin 1838 (Neudruck Aalen 1963).

Hartmann von Aue, Erec, hg. von A. Leitzmann, 3. Auflage besorgt von L. Wolff (Altdeutsche Textbibliothek 39), Tübingen 1963.

Hartmann von Aue, Gregorius, hg. von H. Paul, 10. Auflage besorgt von L. Wolff (Altdeutsche Textbibliothek 2), Tübingen 1963.

Hartmann von Aue, Gregorius. Der »gute Sünder«, hg. von F. Neumann (Deutsche Klassiker des Mittelalters, NF 2), Wiesbaden 1958.

Hartmann von Aue, Der arme Heinrich, hg. von H. PAUL, 14. neu bearbeitete Auflage von L. WOLFF (Altdeutsche Textbibliothek 3), Tübingen 1972.

Hartmann von Aue, Iwein, hg. von G. F. BENECKE und K. LACHMANN. Neu bearbeitet von L. WOLFF. 7. Ausgabe, I. Text, II. Handschriftenübersicht, Anmerkungen und Lesarten, Berlin 1968.

Heinrici Chronicon Lyvorniae, hg. von W. ARNDT, MGH SS XXIII, Hannover 1874 (Neudruck 1963), S. 231–332.

Heinrich von Veldeke, hg. von L. ETTMÜLLER (Dichtungen des deutschen Mittelalters 8), Stuttgart 1852.

Herrade de Landsberg, ›Hortus deliciarum‹, publié aux frais de la societé pour la Conservation des Monuments Historiques d'Alsace, Straßburg 1879–1891.

Hildegard von Bingen, Scivias seu Visiones, PL 197, 383–738.

HILKA, A. (Hg.), Historia septem sapientium II. Johannis de Alta Silva, Dolopathos sive De rege et septem sapientium, Heidelberg 1913.

Historia Welforum Weingartensis, hg. von L. WEILAND, MGH SS XXI, Hannover 1869 (Neudruck 1963), S. 454-472.

(Hoche, J. G.), Vertraute Briefe über die jetzige abenteuerliche Lesesucht ..., Hannover 1794.

HOFFMANN, H., Predigten aus dem 13. Jh., Fundgruben 1 (1830) 70–126.

Honorius Augustodunensis, Speculum Ecclesiae, PL 172, 813–1108.

Ivo von Chartres, Epistolae, PL 162, 11–290.

JEITTELES, A. (Hg.), Altdeutsche Predigten aus dem Benedictinerstifte St. Paul in Kärnten, Innsbruck 1878.

JORDAN, K. (Hg.), Die Urkunden Heinrichs des Löwen, Herzogs von Sachsen und Bayern (MGH, Deutsche Geschichtsquellen des Mittelalters, 500–1500), Stuttgart [2]1957.

KLAPPER, J. (Hg.), Erzählungen des Mittelalters in deutscher Übersetzung und lateinischem Urtext (Wort und Brauch 12), Breslau 1914, S. 296–298.

KOCH, J. (Hg.), Chardry's Josaphaz, Set Dormanz und Petit Plet (Altfranzösische Bibliothek 2), Heilbronn 1879.

Konrad von Fußesbrunnen, Die Kindheit Jesu, hg. von H. FROMM und K. GRUBMÜLLER, Berlin/New York 1973.

Konrad von Würzburg, Engelhard, Hg. von P. GEREKE, 2. neu bearbeitete Auflage von I. REIFFENSTEIN (Altdeutsche Textbibliothek 17) Tübingen 1963.

LABBE, PH. (Hg.), Chronicon duplex monasterii S. Albani Andegavensis, in: Novae bibliothecae manuscriptorum librorum, I, Paris 1657, S. 275–282.

LABBE, PH. (Hg.), Vita imperfecta S. Amandi, ebd., II, S. 481–498.

(Loewe, Carl) C. L. s Werke XIII, 1, hg. von M. RUNZE, Brüssel/London/New York (1901).

Luther, Martin, Die Lügend von St. Johanne Chrysostomo. 1537, in: D. Martin Luthers Werke, Kritische Gesamtausgabe 50, Weimar 1914, S. 48–64.

Mann, Thomas, Gesammelte Werke in 12 Bänden, Oldenburg 1960.

Mann, Thomas, Briefe 1937–1947, hg. von E. MANN, Kempten 1963.

Mann, Thomas, Briefe 1948–1955 und Nachlese, hg. von E. MANN, Kempten 1965.

Mann, Thomas – Karl Kerényi. Gespräch in Briefen, hg. von K. KERÉNYI, Zürich 1960.

Marbod von Rennes, Epistolae, PL 171, 1465–1492.

Marbod von Rennes, Liber decem capitulorum, PL 171, 1693–1716.

Martens W. (Hg.), Historia de Sancto Gregorio Papa, Programm des Progymnasiums zu Tauberbischofsheim 555, Tauberbischofsheim 1883.

(Martin von Cochem) Außerlesenes History-Buch / Oder Ausführliche / anmüthige / und bewegliche Beschreibung Geistlicher Geschichten und Historien ... Hundert Historien / ... beweglich vorgetragen ... Durch P. MARTINUM von Cochem ..., Dillingen 1687 (Exemplar in der Staatsbibl. München).

(Martin von Cochem) Außerlesenes ... History-Buch / Darin ... Lauter denckwürdige / anmuthig beschriebene / und mehrenteils unbekante / ... Hundert und zwantzig Historien / ... Verfasset ... Durch P. MARTINUM von Chochem ... (Dritte Ausgabe), Augsburg/Dillingen 1706 (Exemplar im Kapuzinerkloster Ehrenbreitstein).

(Martin von Cochem) Das Dritte ... History-Buch / In welchem Lauter Exemplarische ... Lebensbeschreibungen Von den lieben GOttes Heiligen enthalten ... Durch Martinum von Cochem/Capuciner Ordens, Dillingen 1692 (Exemplar in der Staatsbibl. München).

(Martin von Cochem) Das Grosse Leben Christi / Oder: Außführliche / andächtige / und bewögliche Beschreibung Deß Lebens und Leydens unsers HErrn JEsu CHristi ... Authore R. P. Martino Cochem, Ord. Capucin., München 1716.

(Martin von Cochem) Verbesserte Legend der Heiligen ... von P. Dionysius von Lützenburg ... Nach dessen gottseligem Ableben von vielen Fehlern gereiniget, von P. Martin von Cochem ... Augsburg 1799.

Massmann, H. F. (Hg.), Sanct Alexius Leben in acht gereimten mittelhochdeutschen Bearbeitungen, Quedlinburg/Leipzig 1843.

Matter, M. (Hg.), Lettres et pièces rares ou inédites, publiées et accompagnés d'introductions et de notes, Paris 1846.

Maurer, F. (Hg.), Die religiösen Dichtungen des 11. und 12. Jahrhunderts, III, Tübingen 1970.

Mellbourn, G. (Hg.), Speculum Ecclesiae (Lunder germanistische Forschungen 12), Lund 1944.

Du Méril, E. (Hg.), Poésies inédites du moyen âge, Paris 1854.

Merz, W./Hegi, F. (Hgg.), Die Wappenrolle von Zürich, II (Text), Zürich/Leipzig 1930.

Meyer, J./Schaltegger, F., Thurgauisches Urkundenbuch, hg. vom thurgauischen historischen Verein, II, 1000–1250, bearb. von J. M. fortgeführt von F. Sch., Frauenfeld 1917.

Meyer, P. (Hg.), La légende en prose de Saint Grégoire, Romania 33 (1904) 42–46.

Des Minnesangs Frühling. Nach K. Lachmann, Moriz Haupt und F. Vogt neu bearbeitet von C. von Kraus, Stuttgart [34]1967.

Mohr, H., Der arme Heinrich und Historie von der wunderlichen Geduld der Gräfin Griseldis (Deutsche Volksbücher, hg. von H. M.), Freiburg 1918.

Nietzsche, Friedrich, Wagner als Apostel der Keuschheit, in: F. N., Werke in 3 Bänden, hg. von K. Schlechta, II, München 1966, S. 1051–1053.

Gallus Oheims Chronik von Reichenau, hg. von K. A. Barack (Bibl. lit. Ver. 84), Stuttgart 1866.

Ortlieb von Zwiefalten, De fundatione monasterii Zwivildensis Libri duo, hg. von H. F. O. Abel, MGH SS X, Hannover 1852 (Neudruck 1963) S. 64–92.

Ottonis episcopi Frisingensis et Rahewini Gesta Frederici seu rectius Cronica / Die Taten Friederichs oder richtiger Cronica, hg. von F. J. SCHMALE, übers. von A. SCHMIDT (Freiherr-vom-Stein-Gedächtnisausgabe 17), Darmstadt 1965.

Das Passional. Eine Legenden-Sammlung des 13. Jahrhunderts, hg. von K. KÖPKE (Bibliothek der gesammten deutschen National-Literatur 32), Quedlinburg/Leipzig 1852 (Neudruck Amsterdam 1966).

Petrus Malleacensis, Libri duo de antiquitate et commutatione in melius Malleacensis insulae, et translatione corporis sancti Rigomeri, in: PH. LABBE (Hg.), Novae Bibliothecae manuscriptorum librorum, II, Paris 1657.

(Reimbold von Lüttich), Libellus de diversis ordinibus et professionibus qui sunt in ecclesia, PL 213, 807–850.

Rudolf von Ems, Barlaam und Josaphat, hg. von F. PFEIFFER (Dichtungen des deutschen Mittelalters 3), Leipzig 1843.

Rudolf von Ems, Der guote Gerhart, hg. von J. ASHER (Altdeutsche Textbibliothek 56), Tübingen 1962.

RÜTTGERS, S. (Hg.), Der Heiligen Leben und Leiden, anders genannt das Passional, Leipzig 1913.

RUF, P. (Hg.), Mittelalterliche Bibliothekskataloge III, 3. Bistum Bamberg, München 1939, S. 650–670.

Rupert von Deutz, De trinitate et operibus ejus libri XLII, PL 167, 199–1828.

Rupert von Deutz, De vita vere apostolica dialogorum libri V, PL 176, 609–664.

Sachsenspiegel, I: Landrecht, hg. von K. A. ECKHARDT (Germanenrechte NF, Abteilung Land- und Lehnrechtsbücher), Göttingen 1955.

Sächsische Weltchronik, Anhang IV, hg. von L. WEILAND, MGH Dt. Chron. II, Neudruck Dublin/Zürich 1971, S. 274–276.

SCHALTEGGER, F./LEISI, E. (Hgg.), Thurgauisches Urkundenbuch IV, 1300–1340, Frauenfeld 1931.

SCHMELLER, J. A. (Hg.), Gregorius, ZfdA 2 (1842) 486–500.

SCHÖNBACH, A. E. (Hg.), Altdeutsche Predigten I–III, Graz 1888–1891 (Neudruck Darmstadt 1964).

SCHWENCKE, O., Gregorius de grote Sünder. Eine erbaulich-paränetische Prosaversion der Gregorius-Legende im zweiten Lübecker Mohnkopf-Plenarium, Nd. Jb. 90 (1967) 63–88.

SIEBMACHERS Großes und allgemeines Wappenbuch I–VI, Suppl. I–XII, Nürnberg 1772. Neubearbeitete Ausgabe von O. T. VON HEFNER, Nürnberg 1854 ff.

Simrock, K., Gedichte. Neue Auswahl, Stuttgart 1863.

Simrock, K., Eine schöne merkwürdige Historie des heiligen Bischofs Gregorius auf dem Stein genannt ... Berlin 1839.

SIMROCK, K. (Hg.), Die deutschen Volksbücher. Gesammelt und in ihrer ursprünglichen Echtheit wiederhergestellt von K. S., XII, Frankfurt 1865.

SPECHTLER, F. V. (Hg.), Die geistlichen Lieder des Mönchs von Salzburg (QuF NF 51 [175]), Berlin/New York 1972.

STAMMLER, W. (Hg.), Spätlese des Mittelalters, I: Weltliches Schrifttum (Texte des späten Mittelalters und der frühen Neuzeit 16), Berlin 1963, S. 9–19.

(Stephan von Fougères/Rennes) De S. Guilielmo Firmato, Vita Auctore Stephano Episcopo Redonensi, in: Acta Sanctorum ... collecta, digesta, illustrata a G. Henschenio et D. Papebrochio, Tom. Apr. III, Antverpiae 1575, S. 334–341.

(Thomas von Aquin) Divi Thomae Aquinatis Summa theologica, Ed. altera romana ... vol. I–VI, Rom 1922/23.

Tieck, Ludwig, hg. von U. Schweikert (Dichter über ihre Dichtungen 9,1), München 1971.

(Udalrich) Antiquiores consuetudines Cluniacensis Monasterii collectore Udalrico monacho Benedictino, PL 149, 635–778.

Ulrich von Türheim, Rennewart, hg. von A. Hübner (Deutsche Texte des Mittelalters 39), Berlin 1939.

(Volksbuch) Eine schöne merkwürdige Historie des heiligen Bischofs Gregorii auf dem Stein, Köln, Chr. Everaerts o. J. (ca. 1810–1813/14) (Exemplar in der Univ. Bibl. Hamburg).

Vrtel-Wierczynski, St. (Hg.), Starapolska legenda o sw Aleksym Porownawczem Ale literatur slowiánskich (Poznanskie towarzystwo pryzjaciot Nauk Prace Komisji filologicznej 9), Posen 1937.

Wackernagel, Ph. (Hg.), Edelsteine deutscher Dichtung und Weisheit im 13. Jahrhundert. Ein mittelhochdeutsches Lesebuch, 3. verbesserte Auflage, Frankfurt a. M. 1865.

Wackernagel, W. (Hg.), Altdeutsches Lesebuch. Neue Ausgabe der 2. Auflage, Basel 1847.

Wackernagel, W. (Hg.), Altdeutsche Predigten und Gebete, Basel 1876 (Neudruck Darmstadt 1964).

(Wallersteiner Margarete) K. Bartsch, Wetzels heilige Margarethe, Germanist. Studien 1 (1872) 1–30.

Walther von der Vogelweide, 13., aufgrund der 10. von C. von Kraus bearb. Ausgabe neu hg. von H. Kuhn, Berlin 1965.

Wartmann, H. (Hg.), Urkundenbuch der Abtei St. Gallen, II, Zürich 1866.

Wirnt von Gravenberg, Wigalois der Ritter mit dem Rade, hg. von J. M. N. Kapteyn, I: Text (Rheinische Beiträge und Hülfsbücher zur germanischen Philologie und Volkskunde 9), Bonn 1926.

Wolfram von Eschenbach, 6. Auflage hg. von K. Lachmann, Berlin/Leipzig 1926 (Neudruck 1962).

Niclas von Wyle, Translationen, hg. von A. von Keller (Bibl. lit. Ver. 57), Stuttgart 1861 (Neudruck Hildesheim 1967).

(Wolfher) Vita Godehardi episcopi Hildenesheimensis auctore Wolfherio, Vita prior, MGH SS XI, Hannover 1854 (Neudruck 1963), S. 162–196.

Zingerle, I. V. (Hg.), Von Sant Gregorio auf dem Stain und Von Sant Gerdraut. Aus dem Winter-Teile des Lebens der Heiligen, Innsbruck 1873.

3. Forschungsliteratur

Innerhalb der alphabetischen Anordnung in zeitlicher Folge.

Adorno, Th. W., Einleitung in die Musiksoziologie (rowohlts deutsche enzyklopädie 292/93), (Reinbek) 1968.

ALSHEIMER, R., Das Magnum Speculum Exemplorum als Ausgangspunkt populärer Erzähltraditionen. Studien zu seiner Wirkungsgeschichte in Polen und Rußland (Europäische Hochschulschriften 19,3), Bern/Frankfurt a. M. 1971.

ALSZEGHY, Z., Ein Verteidiger der Welt predigt Weltverachtung. Zum Verständnis der ›Vanitas mundi‹-Literatur des Mittelalters, Geist und Leben 35 (1962) 197–207.

ANTON, H., Die Romankunst Thomas Manns. Begriffe und hermeneutische Strukturen (UTB 153), Paderborn 1972.

AUSTEN, M., Das kanonische Zinsverbot, Theologie und Glaube 25 (1933) 441–445.

BADER, K. S., Das Freiamt im Breisgau und die freien Bauern am Oberrhein (Beiträge zur oberrheinischen Rechts- und Verfassungsgeschichte 2), Freiburg i. Br. 1935.

BADER, K. S., Der deutsche Südwesten in seiner territorialstaatlichen Entwicklung, Stuttgart 1950.

BARTSCH, K., Die beiden literarhistorischen Stellen bei Rudolf von Ems, Germania 24 (1879) 1–9.

BAUER, F., Hartmanns von Aue Heimath und Stammburg, Germania 16 (1871) 155 bis 162.

BEATTY MAC LEAN, J., Hartmann von Aue's Religious Attitude and Didacticism in his Gregorius, The Rice Institute Pamphlet 139,1 (1952) 1–17.

BEAUJEAN, M., Der Trivialroman im ausgehenden 18. Jahrhundert (Abhandlungen zur Kunst-, Musik- und Literaturwissenschaft 22), Bonn 1964.

BECHTEL, H., Wirtschaftsgeschichte Deutschlands. Von der Vorzeit bis zum Ende des Mittelalters, München [2]1951.

BECK, G., Fiktives und Nicht-Fiktives. Bemerkungen zu neueren Tendenzen in der Thomas-Mann-Forschung, Studi Germanici, n. s. 9 (1971) 447–476.

BECQUET, J., L'Erémitisme clérical et laïc dans l'ouest de la France, in: L'Eremitismo... 1965, S. 182–211.

BEHLAND, M., Nationale und nationalistische Tendenzen in Vorreden zu wissenschaftlichen Werken, in: B. VON WIESE/R. HENSS (Hgg.), Nationalismus in Germanistik und Dichtung. Dokumentation des Germanistentages in München vom 17.–22. Oktober 1966, Berlin 1967, S. 334–346.

BENNHOLDT-THOMSEN, A., Die allegorischen *kleit* im ›Gregorius‹-Prolog (1962), in: H. KUHN/CH. CORMEAU (Hgg.), Hartmann von Aue (WdF 359), S. 195–216.

BENZ, R., Die deutschen Volksbücher. Ein Beitrag zur Geschichte der deutschen Dichtung, Jena 1913.

BERNARDINA, MARIA SR., P. Martin von Cochem. Sein Leben, sein Wirken, seine Zeit, Mainz 1886.

BERTAU, K., Das deutsche Rolandslied und die Repräsentationskunst Heinrichs des Löwen, Wirk. Wort 20,2 (1968) 4–30.

BERTAU, K., Deutsche Literatur im europäischen Mittelalter, 2 Bde., München 1972/73.

BEYERLE, K., Von der Gründung bis zum Ende des freiherrlichen Klosters (724–1427), in: K. B. (Hg.), Die Kultur der Abtei Reichenau, I, München 1925 (Neudruck 1974), S. 55–212.

BEYERLE, F., Der ›Arme Heinrich‹ Hartmanns von Aue als Zeugnis mittelalterlichen Ständerechts, in: Festgabe H. Fehr, Karlsruhe 1948, S. 28–46.

BEZZOLA, R. R., Guillaume IX et les origines de l'amour courtois, Romania 66 (1940) 145–237.

BEZZOLA, R. R., Der französisch-englische Kulturkreis und die Erneuerung der europäischen Literatur im 12. Jh., ZfromPh 62 (1942) 1–18.

BIESE, F., Handbuch der Geschichte der deutschen National-Literatur für Gymnasien und höhere Bildungsanstalten, 1. Teil, Berlin 1846.

BLATTMANN, E., Die Lieder Hartmanns von Aue (Philologische Studien und Quellen 44), Berlin 1968.

BLIGNY, B., L'Érémitisme et les Chartreux, in: L'Eremitismo ... 1965, S. 248–270.

BLOCH, M., La société féodale, II, Paris 1940.

BOESCH, B., Die mittelalterliche Welt und Thomas Manns Roman ›Der Erwählte‹, WW 2 (1951/52) 340–349.

DE BOOR, H., Albrecht von Kemnaten (1961), in: H. D. B., Kleine Schriften, I, Berlin 1964, S. 198–208.

DE BOOR, H., Die Höfische Literatur. Vorbereitung, Blüte, Ausklang 1170–1250 (H. D. B. / R. NEWALD, Geschichte der deutschen Literatur II), München 1974.

BORST, A., Das Rittertum im Hochmittelalter. Idee und Wirklichkeit, Saeculum 10 (1959) 213–231.

BORST, A., Lebensformen im Mittelalter, Frankfurt a. M./Berlin 1973.

BOSL, K., Die Reichsministerialität der Salier und Staufer (Schriften der MGH 10) Stuttgart 1950/51.

BOSL, K., Potens und Pauper, in: K. B., Frühformen der Gesellschaft im mittelalterlichen Europa, München/Wien 1964, S. 106–134.

BOSL, K., Staat, Gesellschaft, Wirtschaft im deutschen Mittelalter (GEBHARDT, Handbuch der deutschen Geschichte I,7) (dtv WR 4207), München [2]1973.

BRACKERT, H., Rudolf von Ems, Heidelberg 1968.

BRACKERT, H., Hartmann von Aue: *Mich hât beswæret mînes herren tôt*, in: G. JUNGBLUTH (Hg.), Interpretationen mittelhochdeutscher Lyrik, Bad Homburg v. d. H./Berlin/Zürich 1969, S. 169–184.

BRANDSTETTER, A., Prosaauflösung. Studien zur Rezeption der höfischen Epik im frühneuhochdeutschen Prosaroman, Frankfurt a. M. 1971.

BRANDT, W., Landgraf Hermann I. von Thüringen in Paris? Abbau einer germanistischen Legende, in: Festschrift Fr. von Zahn, II (Mitteldeutsche Forschungen 50/II), Köln/Wien 1971, S. 200–222.

BRINKER, K., Formen der Heiligkeit. Studien zur Gestalt des Heiligen in mittelhochdeutschen Legendenepen des 12. und 13. Jahrhunderts, Diss. Bonn 1968.

BRINKMANN, H., Der Prolog im Mittelalter als literarische Erscheinung (1964), in: H. B., Studien zur Geschichte der deutschen Sprache und Literatur, II, Düsseldorf 1966, S. 79–105.

BRINKMANN, H., Wege der epischen Dichtung im Mittelalter (1964), ebd., S. 106–136.

BRÜCKNER, A. und W., Zeugen des Glaubens und ihre Literatur. Altväterbeispiele, Kalenderheilige, protestantische Martyrer und evangelische Lebenszeugnisse, in: W. BRÜCKNER (Hg.), Volkserzählung und Reformation, Berlin 1974, S. 521–578.

BRÜCKNER, W., Historien und Historie. Erzählliteratur des 16. und 17. Jahrhunderts als Forschungsaufgabe, in: ebd., S. 13–123.

BÜTTNER, H., St. Georgen und die Zähringer, Zs. f. Gesch. d. Oberrheins NF 53 (1940) 1–23.

BÜTTNER, H., Staufer und Zähringer im politischen Kräftespiel zwischen Bodensee und Genfersee während des 12. Jahrhunderts (Mitteilungen der Antiquarischen Gesellschaft in Zürich 40,3), Zürich 1961.

BÜTTNER, H., Friedrich Barbarossa und Burgund. Studien zur Politik der Staufer während des 12. Jahrhunderts, in: Probleme des 12. Jahrhunderts. Reichenau-Vorträge 1965–1967 (Vorträge und Forschungen 12), Konstanz/Stuttgart 1968, S. 79 bis 119.

BUMKE, J., Wolframs Willehalm. Studien zur Epenstruktur und zum Heiligkeitsbegriff der ausgehenden Blütezeit (Germanische Bibliothek 3. Reihe), Heidelberg 1959.

CALDWELL, J. R., Manuscripts of Gervase of Tilbury's ›Otia imperialia‹, Scriptorium 16, 1 (1962) 28–45 (I).

CALDWELL, J. R., Interrelationships of the Manuscripts of Gervase of Tilbury's ›Otia imperialia‹, ebd., 2 (1962) 246–274 (II).

CALDWELL, J. R., Gervase of Tilbury's Addenda, Mediaeval Studies 24 (1962) 95–126 (III).

CAPPELLI, B., Il monachesimo basiliano ai confini Calabro-Lucani, II, Studi Niliani (Deputazione di storia patria per la Calabria. Collana storica 3), Neapel 1963.

CARTELLIERI, A., Philipp II. August, König von Frankreich, 2 Bde., Leipzig 1899/1900 (Neudruck Aalen 1969).

CHENU, M. D., Moines, clercs, laïcs au carrefour de la vie évangélique (XIIe siècle), Rev. d'histoire ecclésiastique 49 (1954) 59–89.

CLASEN, S., OFM, Die Hagiographie als literarische Art. Erwägungen zu einem neuen Antoniusbuch, II, Wissenschaft und Weisheit 31 (1968) 81–99.

CLASEN, S., OFM, Das Heiligkeitsideal im Wandel der Zeiten, Wissenschaft und Weisheit 33 (1970) 46–64, 132–164.

CONGAR, Y., Les laïcs et l'ecclésiologie des »ordines« chez les théologiens des XIe et XIIe siècles, in: I laici . . . 1968, S. 83–117.

CONSTABLE, G., The Second Crusade as Seen by Contemporaries, Traditio 9 (1953) 213–279.

CORMEAU, CH., Hartmanns von Aue ›Armer Heinrich‹ und ›Gregorius‹. Studien zur Interpretation mit dem Blick auf die Theologie zur Zeit Hartmanns (MTU 15), München 1966.

CORMEAU, CH., Rez. von DITTMANN, Hartmanns Gregorius, PBB 88 (Tübingen 1967) 363–367.

COSMAN, M. P., The Education of the Hero in Arthurian Romance, Chapel Hill 1965/66.

COWPER, F. A. G., More Data on Gautier d'Arras, PLMA 64 (1949) 302–316.

CURTIUS, E. R., Europäische Literatur und lateinisches Mittelalter, Bern/München [4]1963.

DAHRENDORF, R., Homo sociologicus, Köln/Opladen [5]1964.

DAHRENDORF, R., Gesellschaft und Demokratie in Deutschland, München 1965.

DAMEN, C., Studie over St. Gerlach van Houthem, Publications de la Société historique et archéologique dans le Limbourg à Maestricht 92/93 (1965/67) 49–113.

DELARUELLE, E., Les Érémites et la Spiritualité populaire, in: L'Eremitismo . . . 1965, S. 212–247.

DELHAYE, PH., L'organisation scolaire au XIIe siècle, Traditio 5 (1947) 211–268.

DEPT, G. G., Les influences anglaise et française dans le compté de Flandre au début du XIIIme siècle (Université de Gand, Recueil de travaux publiés par la faculté de philosophie et lettres 59), Gent/Paris 1928.

DEROUX, M.-P., Les origines de l'oblature bénédictine (Les Editions de la Revue Mabillon 1), Vienne 1927.

DIERKS, M., Studien zu Mythos und Psychologie bei Thomas Mann (Thomas-Mann-Studien 2), Bern/München 1972.

DITTMANN, W., *Dune hâst niht wâr, Hartman!* Zum Begriff der *wârheit* in Hartmanns ›Iwein‹, in: Festgabe U. Pretzel, Berlin 1963, S. 150–161.

DITTMANN, W., Hartmanns Gregorius. Untersuchungen zur Überlieferung, zum Aufbau und Gehalt (Philologische Studien und Quellen 32), Berlin 1966.

DJUKANOVIĆ, J., Sprache und Stil in Hartmanns ›Gregorius‹ und Thomas Manns ›Erwähltem‹, Beograd 1971.

DÖRRER, A., Ludus de Antichristo, VL III (1943), Sp. 87–185.

DOLBERG, L., Cistercienser-Mönche und Conversen als Landwirte und Arbeiter, Stud. u. Mitt. a. d. Bened. u. Cist. Orden 13 (1892) 216–236, 379–394, 512–528.

DOPSCH, A., Herrschaft und Bauer in der deutschen Kaiserzeit, Stuttgart ^{2}1964.

DORN, E., Der sündige Heilige in der Legende des Mittelalters (Medium Aevum 10), München 1967.

DOYERE, DOM P., Érémitisme, in: Dictionnaire de spiritualité ... IV (Paris 1961) Sp. 936–982.

DUBOIS, J., L'Institution monastique des convers, in: I laici ... 1968, S. 183–261.

DUBY, G., Dans la France du Nord-Ouest. Au XIIe siècle: les »Jeunes« dans la société aristocratique, Annales 19 (1964) 835–846.

DÜWEL, H., Die Bedeutung der Ironie und Parodie in Thomas Manns Roman: Der Erwählte. Habilschr. masch. Rostock 1953.

DÜWEL, K., Werkbezeichnungen der mittelhochdeutschen Erzählliteratur, Diss. masch. Göttingen 1965.

EGGERS, H., *Non cognovi litteraturam* (zu ›Parzival‹ 115,27) (1963), in: Wolfram von Eschenbach, hg. von H. RUPP (WdF 57), Darmstadt 1966, S. 533–548.

EHLERS, J., Monastische Theologie, historischer Sinn und Dialektik. Tradition und Neuerung in der Wissenschaft des 12. Jahrhunderts, in: A. ZIMMERMANN (Hg.), Antiqui und Moderni (Miscellanea Mediaevalia 9), Berlin/New York 1974, S. 58–79.

EHRENTREICH, S., Erzählhaltung und Erzählerrolle Hartmanns von Aue und Thomas Manns dargestellt an ihren beiden Gregoriusdichtungen, Diss. Frankfurt 1963.

EIFLER, M., Thomas Mann. Das Groteske in den Parodien ›Joseph und seine Brüder‹, ›Das Gesetz‹, ›Der Erwählte‹ (Abhandlungen zur Kunst-, Musik- und Literaturwissenschaft 102), Bonn 1970.

EIS, G., Salernitanisches und Unsalernitanisches im ›Armen Heinrich‹ des Hartmann von Aue (1957), in: H. KUHN/CH. CORMEAU (Hgg.), Hartmann von Aue (WdF 359), Darmstadt 1973, S. 135–150.

ELEMA, J., (/VAN DER WAL, R.), Zum Volksbuch ›Eine schöne und merkwürdige Historie des heiligen Bischofs Gregorii auf dem Stein genannt‹ (1963), in: H. ELEMA, Imaginäres Zentrum. Studien zur deutschen Literatur, Assen 1968, S. 91–123.

ELM, K., Beiträge zur Geschichte des Wilhelmitenordens (Münstersche Forschungen 14), Köln/Graz 1962.

ELM, K., Italienische Eremitengemeinschaften des 12. und 13. Jahrhunderts. Studien zur Vorgeschichte der Augustiner-Eremiten, in: L'Eremitismo ... 1965, S. 491–559.

ENGELSING, R., Analphabetentum und Lektüre, Stuttgart 1973.

L'Eremitismo in Occidente nei secoli XI e XII. Atti della seconda Settimana internazionale di studio, Mendola, 30 agosto-6 Settembre 1962 (Miscellanea del Centro di studi mediaevali 4), Mailand 1965.

EROMS, H. W., *vreude* bei Hartmann von Aue (Medium Aevum 20), München 1970.

VON ERTZDORFF, X., Rudolf von Ems. Untersuchungen zum höfischen Roman im 13. Jahrhundert, München 1967 (I).

VON ERTZDORFF, X., Die Wahrheit der höfischen Romane des Mittelalters, ZfdPh 86 (1967) 375–389 (II).

ETTMÜLLER, L., Herbstabende und Winternächte. Gespräche über Deutsche Dichtungen und Dichter, Stuttgart 1866.

FECHTER, W., Das Publikum der mittelhochdeutschen Dichtung, Frankfurt a. M. 1935 (Neudruck 1966).

FECHTER, W., Handschriften im Besitz mittelalterlicher Zähringer, Zs. f. Gesch. d. Oberrheins NF 50 (1937) 705–710.

FECHTER, W., Der Kundenkreis des Diebold Lauber, Zentralblatt f. Bibliothekswesen 55 (1938) 121–146.

FECHTER, W., Lateinische Dichtkunst und deutsches Mittelalter. Forschungen über Ausdrucksmittel, poetische Technik und Stil mittelhochdeutscher Dichtungen (Philologische Studien und Quellen 23), Berlin 1964.

FEHR, H., Die Entstehung der Landeshoheit im Breisgau, Leipzig 1904.

FEUSI, SR. INIGA, Das Institut der Gottgeweihten Jungfrauen. Sein Fortleben im Mittelalter, phil. Diss. Freiburg (Schweiz) 1917.

FICHTENAU, H., Einleitung zu: H. F./E. ZÖLLNER (Hgg.), Urkundenbuch zur Geschichte der Babenberger in Österreich, I (Publikationen des Instituts für österreichische Geschichtsforschung 1), Wien 1950.

FINK, G.-L., L'érmite dans la littérature allemande, Et. Germ. 18 (1963) 167–199.

FIRSCHING, K., Die deutschen Bearbeitungen der Kilianslegende unter besonderer Berücksichtigung deutscher Legendenhandschriften des Mittelalters (Quellen und Forschungen zur Geschichte des Bistums und Hochstifts Würzburg 26), Würzburg 1972.

FISCHER, H., Studien zur deutschen Märendichtung, Tübingen 1968.

FLEIG, E., Handschriftliche, wirtschafts- und verfassungsgeschichtliche Studien zur Geschichte des Klosters St. Peter auf dem Schwarzwald, Diss. Freiburg i. Br. 1908.

FOURQUET, J., Hartmann d'Aue et l'adaptation courtoise, Et. Germ. 27 (1972) 333–340.

FRANCESCHINI, E., La Figura dell' eremita nella letteratura latina medioevale, in: L'Eremitismo ... 1965, S. 560–569.

FRANK, G., Studien zur Bedeutungsgeschichte von »Sünde« und sinnverwandten Wörtern in der mittelhochdeutschen Dichtung des 12. und 13. Jahrhunderts, Diss. masch. Freiburg 1950.

GALLAIS, P., Recherches sur la mentalité des romanciers français du moyen âge, I, Cahiers de civilisation médiévale 7 (1964) 479–493, II, ebd. 13 (1970) 333–347.

GANSHOF, F. L., Brabant, Rheinland und Reich im 12., 13. und 14. Jahrhundert (Gesellschaft für Rheinische Geschichtskunde), (Bonn) 1938.

GANSHOF, F. L., Was ist das Lehenswesen? 2., revidierte deutsche Auflage, Darmstadt 1967.

GANZ, P., Geschichte der Heraldischen Kunst in der Schweiz im 12. und 13. Jahrhundert, Frauenfeld 1899.

GANZ, P. (F.), Polemisiert Gottfried gegen Wolfram? PBB 88 (Tübingen 1966) 68–85.

GANZ, P. F., Dienstmann und Abt. ›Gregorius Peccator‹ bei Hartmann von Aue und Arnold von Lübeck, in: Festschrift W. Schröder, Berlin 1974, S. 250–275.

GEHLEN, A., Urmensch und Spätkultur. Philosophische Ergebnisse und Aussagen, Frankfurt a. M./Bonn [2]1964.

GEIL, G., Gottfried von Straßburg und Wolfram von Eschenbach als literarische Antipoden. Zur Genese eines literaturgeschichtlichen Topos, Köln/Wien 1973.

GELZER, H., Nature. Zum Einfluß der Scholastik auf den altfranzösischen Roman (Stilistische Forschungen 1), Halle 1917.

Genealogisches Handbuch zur Schweizer Geschichte, hg. von der Schweizerischen Heraldischen Gesellschaft, III: Niederer Adel und Patriziat, Zürich 1908–1916.

GÉNICOT, L., L'Érémitisme du XIe siècle dans son contexte économique et social, in: L'Eremitismo ... 1965, S. 45–69.

GEORGI, TH., Allgemeines europäisches Bücher-Lexikon, 5 Bde., Leipzig 1742–1763.

GERNENTZ, H. J., Soziale Anschauungen und Forderungen in der frühmittelhochdeutschen geistlichen Dichtung, Diss. masch. Rostock 1954.

GERNENTZ, H. J., Formen und Funktionen der direkten Rede und Redeszenen in der deutschen epischen Dichtung von 1150 bis 1200, Habilschr. masch. Rostock 1958.

GERVINUS, G. G., Geschichte der Deutschen Dichtung, 1. Band, 5., völlig umgearbeitete Auflage, Leipzig 1871.

GESCHIERE, L., Pour une édition de la Vie du Pape Grégoire (Legende du Pape Grégoire) en ancien français, in: Actas del XI congreso international de linguistica y filologia romanicas. Pub. par A. QUILIS (Revista de filologia española, Anejo 86), Madrid 1968, S. 747–764.

GNÄDINGER, L., Eremitica. Studien zur altfranzösischen Heiligenvita des 12. und 13. Jahrhunderts (Beihefte zur ZfdPh 130), Tübingen 1972.

GNÄDINGER, L., Trevrizent – seine wüstenväterlichen Züge in Wolfram von Eschenbachs ›Parzival‹ (Buch IX), in: Studi di letteratura religiosa tedesca. In memoria di S. Lupi (Bibl. della rivista di storia e letteratura religiosa. Studi e testi 4), o. O. 1972, S. 135–175.

GOEBEL, K. D., Hartmanns ›Gregorius‹-Allegorie, ZfdA 101 (1971) 213–226.

GOEBEL, K. D., Untersuchungen zu Aufbau und Schuldproblem in Hartmanns ›Gregorius‹ (Philologische Studien und Quellen 78), Berlin 1974.

GÖRRES, J., Die teutschen Volksbücher, Heidelberg 1807.

GÖSSMANN, E., Typus der Heilsgeschichte oder Opfer morbider Gesellschaftsordnung? Ein Forschungsbericht zum Schuldproblem in Hartmanns ›Gregorius‹ (1950–1971), Euph. 68 (1974) 42–80.

GÖTTERT, K. H., *Devotio – Andâht.* Frömmigkeitsbegriff und Darstellungsprinzip im legendarischen Erzählen des hohen Mittelalters, in: Festschrift F. Tschirch, Köln/Wien 1972, S. 151–169.

GOUGAUD, L., La vie érémitique au Moyen Age, Rev. d'ascétique et de mystique 1 (1920) 209–240, 313–328.

GOUGAUD, L., Anciennes traditions ascétiques, I, Rev. d'ascétique et de mystique 3 (1922) 56–59; II, ebd. 4 (1923) 140–156.

GRANDIN, L. R., *Guot, güete, unguot, guottât*: a word study in Hartmann's ›Gregorius‹, Mod. Lang. Notes 88 (1973) 927–946.

GRAUS, F., Volk, Herrscher und Heiliger im Reich der Merowinger, Prag 1965.

GREEN, D. H., Irony and Medieval Romance, Forum for Mod. Lang. Studies 6 (1970) 65–82.

GRIMM, G. (Hg.), Literatur und Leser. Theorien und Modelle zur Rezeption literarischer Werke, Stuttgart 1975.

GROSSE, S., Beginn und Ende der erzählenden Dichtungen Hartmanns von Aue, PBB 83 (Tübingen 1961/62) 137–156.

GROSSE, S., *Wis den wîsen gerne bî!* Die höfischen Lehren in Hartmanns ›Gregorius‹ und Wolframs ›Parzival,‹ DU 14,6 (1962) 52–66.

GROEBEN, N., Literaturpsychologie. Literaturwissenschaft zwischen Hermeneutik und Empirie (Sprache und Literatur 80), Stuttgart/Berlin/Köln/Mainz 1972.

GRUNDMANN, H., Die Frauen und die Literatur im Mittelalter, Archiv f. Kulturgesch. 26 (1936) 129–161.

GRUNDMANN, H., Neue Beiträge zur Geschichte der religiösen Bewegungen im Mittelalter, Archiv f. Kulturgesch. 37 (1955) 129–182.

GRUNDMANN, H., Zur Vita S. Gerlaci eremitae, Dt. Archiv f. Erforschg. d. MA.s 18 (1962) 539–554.

GRUNDMANN, H., Deutsche Eremiten, Einsiedler und Klausner im Hochmittelalter (10. bis 12. Jh.), Archiv f. Kulturgesch. 45 (1963) 60–90.

GRUNDMANN, H., Adelsbekehrungen im Hochmittelalter. Conversi und nutriti im Kloster, in: Festschrift G. Tellenbach, Freiburg/Basel/Wien 1968, S. 325–345.

GRUNDMANN, H., Wahlkönigtum, Territorialpolitik und Ostbewegung im 13. und 14. Jahrhundert. 1198–1378 (GEBHARDT, Handbuch der deutschen Geschichte, 9. Auflage, Bd. 5) (dtv WR 4205), München 1973.

GÜTERBOCK, F., Zur Entstehung Freiburgs im Breisgau mit Seitenblick auf Bern, Burgdorf und Freiburg i. U. und mit Exkurs über die Herkunft des Namens Bern, Zs. f. Schweiz. Gesch. 22 (1942) 185–219.

GUILLOREAU, L., L'Abbaye d'Étival-en-Charnie et ses Abesses (1109–1790), I, Rev. historique et archéologique du Maine 49 (1901) 113–139.

VON DER HAGEN, F. H., Albrechts von Eib Novelle vom klugen Procurator, Germania (von der Hagen) 9 (1850) 239–248.

VON DER HAGEN, F. H./BÜSCHING, J. G., Literarischer Grundriß zur Geschichte der Deutschen Poesie von der ältesten Zeit bis in das sechzehnte Jahrhundert, Berlin 1812.

HAGERTY-KRAPPE, A., La Légende de saint Grégoire, Le Moyen Age 3 (1936) 161–177.

HALBACH, K. H., Die Weingartner Liederhandschrift als Sammlung poetischer Texte, in: Die Weingartner Liederhandschrift. Textband (zur Faksimileausgabe), Stuttgart 1969.

HALLER, J., Das Papsttum. Idee und Wirklichkeit, III (rowohlts deutsche enzyklopädie 225/26), Reinbek 1965.

HALLINGER, K., Woher kommen die Laienbrüder? Analecta S. Ord. Cist. 12 (1956) 1–104.

HALLINGER, K., Ausdrucksformen des Umkehrgedankens, Stud. u. Mitt. z. Gesch. d. Benediktinerordens 70 (1959) 169–181.

HALPERSOHN, R., Über die Einleitungen im altfranzösischen Kunstepos, Diss. Heidelberg, Berlin 1911.

HAMBURGER, K., Der Humor bei Thomas Mann. Zum Joseph-Roman, München 1965.

HARMS, W., Homo viator in bivio. Studien zur Bildlichkeit des Wegs (Medium Aevum 21), München 1970.

HATTO, A. T., Peotry and the Hunt in Medieval Germany, AUMLA, Journal of the Australasian Universities Language and Literature Association 25 (1966) 33–56.

HAUCK, K., Geblütsheiligkeit, in: Festschrift P. Lehmann zum 65., St. Ottilien 1950, S. 187–240.

HAUCK, K., Zur Genealogie und Gestalt des staufischen Ludus de Antichristo, GRM NF 2 (1951/52) 11–26.

HAUCK, K., Haus- und sippengebundene Literatur mittelalterlicher Adelsgeschlechter (1954, Neufassung 1960), in: W. LAMMERS (Hg.), Geschichtsdenken und Geschichtsbild im Mittelalter (WdF 21), Darmstadt 1965, S. 165–199.

HAUG, F., Kritik der Rollentheorie und ihrer Anwendung in der bürgerlichen deutschen Soziologie (Fischer Taschenbuch 6508), Frankfurt a. M. 1972.

HAUG, W., Die Symbolstruktur des höfischen Epos und ihre Auflösung bei Wolfram von Eschenbach, DVjs 45 (1971) 668–705.

HAUG, W., *Der aventiure meine*, in: Würzburger Prosastudien, II, K. Ruh zum 60. (Medium Aevum 31), München 1975, S. 93–111.

HEINZE, N., Zur Gliederungstechnik Hartmanns von Aue. Stilistische Untersuchungen als Beitrag zu einer strukturkritischen Methode (Göppinger Arbeiten zur Germanistik 98), Göppingen 1973.

HEITJAN, I., Die Buchhändler, Verleger und Drucker Bencard, 1630–1762, Börsenblatt f. d. Dt. Buchhandel 16 (1960) Sondernummer.

HEITZ, P./RITTER, F., Versuch einer Zusammenstellung der Deutschen Volksbücher des 15. und 16. Jahrhunderts nebst deren späteren Ausgaben und Literatur, Straßburg 1924.

HELLERSBERG-WENDRINER, A., Mystik der Gottesferne. Eine Interpretation Thomas Manns, Bern/München 1960.

HELLGARDT, E., Zum Problem symbolbestimmter und formalästhetischer Zahlenkomposition in mittelalterlicher Literatur. Mit Studien zum Quadrivium und zur Vorgeschichte des mittelalterlichen Zahlendenkens (MTU 45), München 1973.

HERKERT, O., Das landesherrliche Beamtentum der Markgrafschaft Baden im Mittelalter, Diss. Freiburg i. Br. 1910.

HERLEM, B., Le Gregorius de Hartmann von Aue et ses sources Françaises, Diss. masch. Paris 1975.

HERLIHY, D., Land, Family and Women in Continental Europe, 701–1200, Traditio 18 (1962) 89–120.

HERTLING, L., Hagiographische Texte zur frühmittelalterlichen Bußgeschichte, Zs. f. kath. Theol. 4 (1931) 109–122.

HESS, U., Heinrich Steinhöwels ›Griseldis‹. Studien zu Text- und Überlieferungsgeschichte einer frühhumanistischen Prosanovelle (MTU 43), München 1973.

HEUSSI, K., Der Ursprung des Mönchtums, Tübingen 1936.

HEYCK, E., Geschichte der Herzoge von Zähringen, Freiburg i. Br. 1891.

HEYCK, E., Urkunden, Siegel und Wappen der Herzöge von Zähringen, Freiburg i. Br. 1892.

HILSCHER, E., Die Geschichte vom Guten Sünder, in: G. WENZEL (Hg.), Vollendung und Größe Thomas Manns, Halle a. S. 1962, S. 220–232.

HILSCHER, E., Thomas Mann. Leben und Werk (Schriftsteller der Gegenwart), Berlin (Ost) 1965.

HINCK, W., Die deutsche Ballade von Bürger bis Brecht. Kritik und Versuch einer Neuorientierung (Kleine Vandenhoek-Reihe 273 S), Göttingen ²1972.

HINTZE, O., Wesen und Verbreitung des Feudalismus (1929), in: O. H., Feudalismus – Kapitalismus, hg. von G. OESTREICH (Kleine Vandenhoek-Reihe 313 S), Göttingen 1970, S. 12–47.

HOFMEISTER, PH., Eremiten in Deutschland, in: Festschrift M. Schmaus, II, München/Paderborn/Wien 1967, S. 1191–1214.

HUNT, T., The Rhetorical Background to the Arthurian Prologue: Traditions and the Old French Vernacular Prologues, Forum for Mod. Lang. Studies 6 (1970) 1–15.

HUYGHEBAERT, N., Les femmes laïques dans la vie religieuse des XIe et XIIe siècles dans la province ecclésiastique de Reims, in: I laici ... 1968, S. 346–395.

VON INAMA-STERNEGG, K. TH., Deutsche Wirtschaftsgeschichte des 10.–12. Jahrhunderts (Deutsche Wirtschaftsgeschichte 2), Leipzig 1891.

ISER, W., Die Appellstruktur der Texte (Konstanzer Universitätsreden 28), Konstanz 1970.

JAKOBS, H., Der Adel in der Klosterreform von St. Blasien (Kölner Historische Abhandlungen 16), Köln/Graz 1968.

JAMMERS, E., Das Königliche Liederbuch des deutschen Minnesangs, Heidelberg 1965.

JAUSS, H. R., Paradigmawechsel in der Literaturwissenschaft, Linguistische Berichte 3 (1969) 44–56.

JAUSS, H. R., Literaturgeschichte als Provokation, Frankfurt a. M. 1970.

JAUSS, H. R., Kleine Apologie der ästhetischen Erfahrung, Konstanz 1972.

JAUSS, H. R., Racines und Goethes Iphigenie. Mit einem Nachwort über die Partialität der rezeptionsästhetischen Methode, neue hefte f. philosophie 4 (1973) 1–46.

JOHNEN, J., Philipp von Elsass, Graf von Flandern, 1157 (1163)–1191, Bulletin de la Commission royale d'histoire 79 (Brüssel 1910) 341–469.

JOHRENDT, J., ›Milites‹ und ›Militia‹ im 11. Jahrhundert. Untersuchungen zur Frühgeschichte des Rittertums in Frankreich und Deutschland, Diss. Erlangen 1971.

JOLLES, A., Einfache Formen, Darmstadt ²1958.

JONAS, K. W., Die Thomas-Mann-Literatur, Band 1. Bibliographie der Kritik 1896–1955, Berlin 1972.

JONES, P. J., Prologue and Epilogue in Old French Lives of Saints before 1400, Diss. Philadelphia 1933.

JORDAN, K., Einleitung zu: K. J. (Hg.), Die Urkunden Heinrichs des Löwen (MGH, Deutsche Geschichtsquellen des Mittelalters), Stuttgart ²1957.

JUNGBLUTH, G., Das dritte Kreuzlied Hartmanns. Ein Baustein zu einem neuen Hartmannbild (1955), in: H. KUHN/CH. CORMEAU (Hgg.), Hartmann von Aue (WdF 359), Darmstadt 1973, S. 108–134.

JUNGBLUTH, G., Zum Text des Gregorius, PBB 83 (Tübingen 1961/62) 157–161.

KÄMPFER, W., Studien zu den gedruckten mittelniederdeutschen Plenarien (Niederdeutsche Studien 2), Münster/Köln 1954.

KAHLER, E., Die Erwählten, Neue Rundschau (1955) 298–311, = The Elect, in: E. K., The Orbit of Thomas Mann, Princeton 1969, S. 44–63.

KAISER, GERHARD, Rez. von ISER, Appellstruktur, Poetica 4 (1971) 267–277.

KAISER, GERT, Textauslegung und gesellschaftliche Selbstdeutung. Aspekte einer sozialgeschichtlichen Interpretation von Hartmanns Artusepen (Wissenschaftliche Paperbacks, Literaturwissenschaft), Frankfurt a. M. 1973.

KAUTZSCH, R., Diebolt Lauber und seine Werkstatt in Hagenau, Zentralblatt f. Bibliothekswesen 12 (1895) 1–32; 57–113.

KAYSER, W., Geschichte der deutschen Ballade, Berlin 1936.

KAYSER, W., Literarische Wertung und Interpretation, in: W. K., Die Vortragsreise, Bern 1958, S. 39–57.

KAYSER, W., Das literarische Leben der Gegenwart, in: W. K., Deutsche Literatur in unserer Zeit, Göttingen 1959.

KENNEDY, A. J., The Hermit's Role in French Arthurian Romance, Romania 95 (1974) 54–83.

VON KĘSZYCKA, F., Kaiserin Beatrix, Gemahlin Friedrichs I. Barbarossa, Diss. Freiburg (Schweiz), Posen 1923.

KIENAST, W., Die deutschen Fürsten im Dienste der Westmächte bis zum Tode Philipps des Schönen von Frankreich, I (Bijdragen van het Instituut voor middeleeuwsche geschiedenis der Rijks-Universiteit te Utrecht 10), Utrecht 1924.

KIENAST, W., Deutschland und Frankreich in der Kaiserzeit (1000–1270), 3 Bde. (Monographien zur Geschichte des Mittelalters 9, 1–3) Stuttgart 1974/75.

KING, K. C., Zur Frage der Schuld in Hartmanns Gregorius, Euph. 57 (1963) 44–66.

KING, K. C., The Mothers Guilt in Hartmann's Gregorius, in: Medieval German Studies, Festschrift F. Norman, London 1965, S. 84–93.

KLEMM, H. G., Das Gleichnis vom barmherzigen Samariter. Grundzüge der Auslegung im 16./17. Jahrhundert (Beiträge zur Wissenschaft vom Alten und Neuen Testament, 6. Folge H. 3), Stuttgart/Berlin/Köln/Mainz 1973.

KLIPSTEIN, E., Nachdenkliches zu Thomas Manns letztem Roman, Neue Rundschau 62,3 (1951) 140–145.

KOBBE, P., Funktion und Gestalt des Prologs in der mittelhochdeutschen nachklassischen Epik des 13. Jahrhunderts, DVjs 43 (1969) 405–417.

KOCH, J. (Hg.), Artes Liberales. Von der antiken Bildung zur Wissenschaft des Mittelalters (Studien und Texte zur Geistesgeschichte des Mittelalters 5), Leiden/Köln 1959.

KOCH, M., Sankt Fridolin und sein Biograph Balther (Geist und Werk der Zeiten 3), Zürich 1959.

KÖHLER, E., Zur Selbstauffassung des höfischen Dichters (1955), in: E. K., Trobadorlyrik und höfischer Roman, Berlin 1962, S. 9–20.

KÖHLER, E., Ideal und Wirklichkeit in der höfischen Epik (Beihefte zur Zeitschrift für romanische Philologie 97), Tübingen ²1970.

KÖHLER, R., Griselda (Griseldis) (1871), in: R. K., Kleinere Schriften zur erzählenden Dichtung des Mittelalters, hg. von J. BOLTE (Kleinere Schriften II), Berlin 1900, S. 501–534.

KÖHNKE, K., Kafkas »guoter Sündære«. Zu der Erzählung »Die Verwandlung«, Acta Germanica 6 (1971) 107–120.

KÖNIG, L., Die Politik des Grafen Balduin V von Hennegau, Bulletin de la Commission royale d'histoire 74 (1905) 195–428.

KOENIG, R., Deutsche Literaturgeschichte, Bielefeld/Leipzig 1885.

KOLB, H., Über den Ursprung der Unfreiheit. Eine Quästio im Sachsenspiegel, ZfdA 103 (1974) 289–311.

KOLIWER, M., Untersuchungen zu den epischen Werken Hartmanns von Aue, Diss. masch. Rostock 1968.

KRAMER, H.-P., Erzählerbemerkungen und Erzählerkommentare in Chrestiens und Hartmanns ›Erec‹ und ›Iwein‹ (Göppinger Arbeiten zur Germanistik 35), Göppingen 1971.

VON KRAUS, C., Des Minnesangs Frühling. Untersuchungen, Leipzig 1939.

KRAUSE, G., Die Handschrift von Cambrai der altfranzösischen ›Vie de saint Grégoire‹ (Romanistische Arbeiten 19), Halle a. S. 1932.

KREUTZER, H. J., Der Mythos vom Volksbuch. Studien zur Wirkungsgeschichte des frühen deutschen Romans seit der Romantik, Stuttgart 1977.

KREUZER, H., Trivialliteratur als Forschungsproblem. Zur Kritik des deutschen Trivialromans seit der Aufklärung, DVjs 41 (1967) 173–191.

KRIEGER, A., Topographisches Wörterbuch des Großherzogtums Baden, I, Heidelberg 1904.

KROESCHELL, K., Recht und Rechtsbegriff im 12. Jahrhundert, in: Probleme des 12. Jahrhunderts. Reichenau-Vorträge 1965–1967 (Vorträge und Forschungen 12), Konstanz/Stuttgart 1968, S. 309–335.

KROESCHELL, K., Deutsche Rechtsgeschichte 1 (bis 1250) (rororo studium 8), Reinbek 1972.

KUHN, H., Hartmann von Aue als Dichter (1953), in: H. KUHN/CH. CORMEAU (Hgg.), Hartmann von Aue (WdF 359), S. 68–86.

KUHN, H., »der gute sünder – der erwählte?«, Nachwort zu: Hartmann von Aue, Gregorius. der gute sünder. Mittelhochdeutscher Text nach der Ausgabe von F. NEUMANN, Übersetzung von B. KIPPENBERG, Ebenhausen 1959.

KUHN, H./CORMEAU, CH. (Hgg.), Hartmann von Aue (WdF 359), Darmstadt 1973.

KULISCHER, J., Allgemeine Wirtschaftsgeschichte des Mittelalters und der Neuzeit, I (Handbuch der mittelalterlichen und neueren Geschichte hg. von G. VON BELOW und F. MEINECKE 3), München/Berlin 1928.

KUNZE, K., Studien zur Legende der heiligen Maria Aegyptiaca im deutschen Sprachgebiet (Philologische Studien und Quellen 49), Berlin 1969.

KUPPER, J.-L., La politique des ducs de Zähringen entre la Moselle et la mer du Nord dans la seconde moitié du XIIe siècle, Le moyen âge 78 (1972) 427–466.

KUPPER, J.-L., Raoul de Zähringen, évêque de Liège. 1167–1191. Contribution à l'histoire de la politique impériale sur la Meuse moyenne (Académie royale de Belgique. Mémoires de la Classe des Lettres. Collection in 8° – 2e série, T. 62, Fascicule 2 – 1974), Bruxelles 1974.

LACHMANN, K., Lesarten zu Hartmanns Gregorius, ZfdA 5 (1845) 32–69.

I laici nella »societas christiana« dei secoli XI e XII. Atti della Settimana internazionale di studio, Mendola, 21–27 agosto 1965 (Miscellanea del Centro di studi medioevali 5), Mailand 1968.

LANDGRAF, A. M., Dogmengeschichte der Frühscholastik, 8 Bde., Regensburg 1952–1956.

LANGOSCH, K., Die deutsche Literatur des lateinischen Mittelalters in ihrer geschichtlichen Entwicklung, Berlin 1964.

LAUSBERG, H., Handbuch der literarischen Rhetorik, München 1960.

LE BRAS, G., Le mariage dans la théologie et le droit de l'Église du XIe au XIIIe siècle, Cahiers de civilisation médiévale 11 (1968) 191–202.

LEBRETON, M.-M., Recherches sur les principaux thèmes théologiques traités dans les sermons du XIIe siècle, Recherches de Théologie ancienne et médiévale 23 (1956) 5–18.

LECLERCQ, J., L'exhortation de Giullaume Firmat, in: Analecta Monastica 2 (Studia Anselmiana 31), Rom 1953, S. 28–44.

LECLERCQ, J., L'amour des lettres et le désir de Dieu, Paris 1957 (deutsch: Wissenschaft und Gottverlangen. Zur Mönchstheologie des Mittelalters, Düsseldorf 1963).

LECLERCQ, J., Le poème de Payen Bolotin contre les faux ermites, Rev. Bénédictine 68 (1958) 52–86.

LECLERCQ, J., »Eremus« et »Eremita«, Collectanea ordinis Cisterciensis 17 (1963) 8–30 (I).

LECLERCQ, J., Problèmes de l'érémitisme, Studia monastica 5 (1963) 197–212 (II).

LECLERCQ, J., Postface, Rev. d'asc. et de myst. 41 (1965) 287–290.

VAN DER LEE, A., *De mirabili divina dispensatione et ortu beati Gregorii Pape.* Einige Bemerkungen zur Gregoriussage, Neophil. 53 (1969) 30–47.

LE GOFF, J., Das Hochmittelalter (Fischer Weltgeschichte 11), Frankfurt a. M. 1965.

LEHNERT, H., Thomas-Mann-Forschung. Ein Bericht (Referate aus der DVjs), Stuttgart 1969.

LEITZMANN, A., Zum Gregorius Peccator, ZfdA 67 (1930) 285–288.

LEJEUNE, R., Rôle littéraire d'Aliénor d'Aquitaine et de sa famille, Cultura neolatina 14 (1954) 5–57.

LEMMER, M., Unhöfisches und Wirklichkeitsnahes in der mittelhochdeutschen Epik um 1200, Diss. masch. Halle 1956.

LERMEN, B. H., Moderne Legendendichtung (Abhandlungen zur Kunst-, Musik- und Literaturwissenschaft 53), Bonn 1968.

LESSER, J., Einige Bemerkungen über Thomas Manns Verhältnis zu Philosophie und Religion, Neue Rundschau (1955) 518–523.

LIEPE, W., Elisabeth von Nassau-Saarbrücken. Entstehung und Anfänge des Prosaromans in Deutschland, Halle a. S. 1920.

LINDNER, K., Die Jagd im frühen Mittelalter (Geschichte des deutschen Weidwerks 2), Berlin 1940.

LINKE, HJ., Epische Strukturen in der Dichtung Hartmanns von Aue. Untersuchungen zur Formkritik, Werkstruktur und Vortragsgliederung, München 1968.

LINTZEL, M., Die Mäzene der deutschen Literatur im 12. und 13. Jahrhundert (1933), in: M. L., Ausgewählte Schriften, II, Berlin 1961, S. 507–532.

LORD, A. B., Homer, Parry and Huso, American Journal of Archeology 52 (1948) 34–44.

LUCHAIRE, A., La Société française au temps de Philippe-Auguste, Paris 1909 (Neudruck Brüssel 1964).

MACKENSEN, L., Die deutschen Volksbücher (Forschungen zur deutschen Geistesgeschichte des Mittelalters und der Neuzeit 2), Leipzig 1927.

MANITIUS, M., Geschichte der lateinischen Literatur des Mittelalters, III, München 1931.

MARTIN, E., Zwei alte Straßburger Handschriften, ZfdA 40 (1896) 220–223.

MASCHKE, E., Das Geschlecht der Staufer, München 1943.

MATTER, H., Die Literatur über Thomas Mann. Eine Bibliographie 1898–1969, 2 Bde., Berlin/Weimar 1972.

MAURER, F., Leid. Studien zur Bedeutungs- und Problemgeschichte, besonders in den großen Epen der staufischen Zeit, München ²1961.

MAYER, H. E., Geschichte der Kreuzzüge (Urban Bücher 86), Stuttgart/Berlin/Köln/Mainz 1965.

MAYER, J., Geschichte der Benediktinerabtei St. Peter auf dem Schwarzwald, Freiburg i. Br. 1893.

MAYER, TH., Der Staat der Herzöge von Zähringen (Freiburger Universitätsreden 20), Freiburg i. Br. 1935.

MAYER, TH., Die historisch-politischen Kräfte im Oberrheingebiet im Mittelalter (1938), in: TH. M., Mittelalterliche Studien, Lindau/Konstanz 1959, S. 387–403.

MAYER, TH., Die Besiedlung und politische Erfassung des Schwarzwalds (1939), in: ebd., S. 404–424.

MCDONALD, W. C./GOEBEL, U., German Medieval Literary Patronage from Charlemagne to Maximilian I (Amsterdamer Publikationen zur Sprache und Literatur 10), Amsterdam 1973.

MEERSSEMAN, G. G., Eremitismo e predicazione itinerante dei secoli XI e XII, in: L'Eremitismo ... 1965, S. 164–179.

MEERSSEMAN, G. G., I penitenti nei secoli XI e XII, in: I laici ... 1968, S. 306–345.

MELZER, H., Trivialisierungstendenzen im Volksbuch (Die deutschen Volksbücher in Faksimile-Drucken, Reihe B, 3), Hildesheim/New York 1972.

MENDELS, J./SPULER, L., Landgraf Hermann von Thüringen und seine Dichterschule, DVjs 33 (1959) 361–388.

MENZEL, W., Geschichte der Deutschen Dichtung von der ältesten bis auf die neueste Zeit, Neue Ausgabe, I, Leipzig 1875.

MERK, J., Die literarische Gestaltung der altfranzösischen Heiligenleben bis Ende des 12. Jahrhunderts, phil. Diss. Zürich 1946.

MERKEL, G. F., Deutsche Erbauungsliteratur. Grundsätzliches und Methodisches, Jb. f. Intern. Germanistik 3 (1971) 30–41.

MERKLE, A., Um die Heimat Hartmanns von Aue, Badische Heimat 54 (1974) 1–16.

MERTENS, V., Das Predigtbuch des Priesters Konrad. Überlieferung, Gestalt, Gehalt und Texte (MTU 33), München 1971.

MERZBACHER, F., Scientia und ignorantia im alten kanonischen Recht, Mlat. Jb. 2 (1965) (= Festschrift K. Langosch), S. 215–223.

METTLER, A., Laienmönche Laienbrüder Conversen, besonders bei den Hirsauern, Württembg. Vierteljahreshefte f. Landesgesch. 41 (1935) 201–253.

METZ, H., Die Entwicklung der Eheauffassung von der Früh- zur Hochscholastik. Ein Beitrag zum Verständnis der religiösen Motive der Minne- und Eheproblematik in der mittelhochdeutschen Epik, Diss. Köln 1972.

MEY, J., Zur Kritik Arnolds von Lübeck (Exkurs I. Arnolds lateinische Übersetzung des Gregorius Hartmanns von Aue im Verhältnis zum Original), phil. Diss. Leipzig 1912.

MIETH, D., Die Einheit von vita activa und vita contemplativa in den deutschen Predigten und Traktaten Meister Eckharts und bei Johannes Tauler (Studien zur Geschichte der katholischen Moraltheologie 15), Regensburg 1969.

MONECKE, W., Studien zur epischen Technik Konrads von Würzburg. Das Erzählprinzip der ›wildekeit‹, Stuttgart 1968.

MORIN, D. G., Rainaud l'ermite et Ives de Chartres: une épisode de la crise du cénobitisme au XIe–XIIe siècle, Rev. Bénédictine 40 (1928) 99–115.

MOSER, H., Karl Simrock, in: Bonner Gelehrte. Beiträge zur Geschichte der Wissenschaften in Bonn, Sprachwissenschaft, Bonn 1970, S. 57–62.

MOSER, H., Karl Simrock als Erneuerer mittelhochdeutscher Dichtung, in: Festschrift H. Eggers (PBB 94, Sonderheft), Tübingen 1972, S. 458–483.

MOSER-RATH, E., Predigtmärlein der Barockzeit, Exempel, Sage, Schwank und Fabel in geistlichen Quellen des oberdeutschen Raumes, Berlin 1964.

MOTTEK, H., Wirtschaftsgeschichte Deutschlands. Ein Grundriß, I, Berlin 1972.

MÜHLHER, R., Thomas Mann und die mythische Realität, in: R. M., Dichtung der Krise. Mythos und Psychologie in der Dichtung des 19. und 20. Jahrhunderts, Wien 1951, S. 231–253.

MÜLLER, K. F., Hartmann von Aue und die Herzöge von Zähringen, Lahr 1974.

MÜLLER, M., Die Lehre des hl. Augustinus von der Paradiesesehe und ihre Auswirkungen in der Sexualethik des 12. und 13. Jahrhunderts bis Thomas von Aquin (Studien zur Geschichte der katholischen Moraltheologie I), Regensburg 1954.

MÜSSENER, A., Der Eremit in der altfranzösischen nationalen und höfischen Epik, Diss. Rostock 1930.

MÜTZELL, J., Über die Behandlung der deutschen Literaturgeschichte, namentlich der älteren, auf Gymnasien, Zs. f. d. Gymnasialwesen 1 (1847) 34–71.

N. N., Franz Kugler, ADB 17 (1883) 307–315.

NAUMANN, B., Vorstudien zu einer Darstellung des Prologs in der deutschen Dichtung des 12. und 13. Jahrhunderts, in: Festschrift S. Beyschlag (Göppinger Arbeiten zur Germanistik 25), Göppingen 1970.

NAUMANN, B., Ein- und Ausgänge frühmittelhochdeutscher Gedichte und die Predigt des 12. Jahrhunderts, in: Studien zur frühmittelhochdeutschen Literatur. Cambridger Colloquium 1971, hg. von L. P. JOHNSON, H.-H. STEINHOFF, R. A. WISBEY (Publications of the Institute of Germanic Studies, University of London 19), Berlin 1974.

NAUMANN, H., Die Hohenstaufen als Lyriker und ihre Dichterkreise, Euph. 36 (1935) 21–49.

NEHLSEN, H., Cives et milites. Ein Beitrag zur Geschichte des ältesten Freiburger Patriziats, Schau-ins-Land 84–85 (1967) 79–124.

NEUMANN, E./KLAPPER, J., Exempel, RL I (Berlin 1958), S. 413–418.

NEUMANN, F., Rez. von CORMEAU, PBB 88 (Tübingen 1967) 363–367.

NOBEL, H., Schuld und Sühne in Hartmanns ›Gregorius‹ und in der frühscholastischen Theologie, ZfdPh 76 (1957) 42–79.

NYHOLM, K., Das höfische Epos im Zeitalter des Humanismus, Neuph. Mitt. 66 (1965) 297–313.

OCHS, E., Hartmann von Aue, Arch. f. d. Stud. d. Neueren Spr. 197 (1961) 14.

OEXLE, O. G., Hermann I., Markgraf von Verona, NDB 8 (1969) 643 f.

OHLY, F., Wolframs Gebet an den Heiligen Geist im Eingang des ›Willehalm‹ (1961/62), in: Wolfram von Eschenbach, hg. von H. RUPP (WdF 57), Darmstadt 1966, S. 455–518.

OHLY, F., Der Verfluchte und der Erwählte. Vom Leben mit der Schuld (Rheinisch-Westfälische Akademie der Wissenschaften. Vorträge G 207), Opladen 1976.

PANZER, F., Deutsche Heldensage im Breisgau (Neujahrsblätter der Badischen Historischen Kommission NF 7), Heidelberg 1904.

PATZE, H., Die Entstehung der Landesherrschaft in Thüringen, I (Mitteldeutsche Forschungen 22), Köln/Graz 1962.

PATZE, H., Adel und Stifterchronik. Frühformen territorialer Geschichtsschreibung im hochmittelalterlichen Reich, Blätter f. deutsche Landesgesch. 100 (1964) 5–81, 101 (1965) 67–128.

PERNOUD, R., Aliénor d'Aquitaine, Paris 1965.

PETERS, U., Frauendienst. Untersuchungen zu Ulrich von Lichtenstein und zum Wirklichkeitsgehalt der Minnedichtung (Göppinger Arbeiten zur Germanistik 46), Göppingen 1971.

PETERS, U., Artusroman und Fürstenhof. Darstellung und Kritik neuerer sozialgeschichtlicher Untersuchungen zu Hartmanns ›Erec‹, Euph. 69 (1975) 175–196.

DE PETIGNY, J., Lettre inédite de Robert d'Arbrissel à la comtesse Ermengarde, Bibl. de l'école des Chartes 5, III (1854) 209–235.

PHILIPPI, K. P., Methodologische Probleme der Literatursoziologie, Wirk. Wort 20 (1970) 217–230.

PICKERING, F. P., On Coming to Terms with Curtius, GLL 11 (1957–58) 335–345.

PICKERING, F. P., Literatur und darstellende Kunst im Mittelalter (Grundlagen der Germanistik 4), Berlin 1966.

PICOZZI, R., Allegory and Symbol in Hartmann's ›Gregorius‹, in: Essays on German Literature in honour of G. Joyce Hallamore, Univ. of Toronto 1968, S. 19–33.

PIIRAINEN, I. T., Das Triviale und das Trivialsprachliche. Ein Beitrag zur Literatursoziologie des ausgehenden Mittelalters, Neuph. Mitt. 72 (1971) 359–372.

PLESSNER, H., Soziale Rolle und menschliche Natur, in: Festschrift Th. Litt, Düsseldorf 1960, S. 105–115.

PÖRKSEN, U., Der Erzähler im mittelhochdeutschen Epos. Formen seines Hervortretens bei Lamprecht, Konrad, Hartmann, in Wolframs Willehalm und in den »Spielmannsepen«. (Philologische Studien und Quellen 58), Berlin 1971.

POPITZ, H., Der Begriff der sozialen Rolle als Element der soziologischen Theorie, Tübingen 1967.

PORTMANN, H., Wesen und Unauflöslichkeit der Ehe in der kirchlichen Wissenschaft des 11. und 12. Jahrhunderts, Emsdetten 1938.

PRETZEL, U., Zum Prolog von Hartmanns Gregorius, mit einem Exkurs über einen Sondergebrauch von mhd. *ein*, in: Festschrift G. Cordes, I, Neumünster 1973, S. 117–125.

PRINZ, F., Gesellschaftsgeschichtliche Aspekte frühmittelalterlicher Hagiographie, LiLi 2 (1973), H. 11, S. 17–36.

PROSDOCIMI, L., Lo stato di vita laicale nel diritto canonico dei secoli XI e XII, in: I laici ... 1968, S. 56–77.

RAGOTZKY, H., Studien zur Wolfram-Rezeption (Studien zur Poetik und Geschichte der Literatur 20), Stuttgart/Berlin/Köln/Mainz 1971.

RAISON, L./NIDERST, R., Le mouvement érémitique dans l'Ouest de la France à la fin du XIe siècle et au début du XIIe, Annales de Bretagne 55 (1948) 1–46.

RAUSCHEN, G., Die Legende Karls des Großen im 11. und 12. Jahrhundert. Mit einem Anhang von H. LOERSCH (Publikationen der Gesellschaft für Rheinische Geschichtskunde 7), Leipzig 1890.

REINHARDT, H. J. F., Die Ehelehre der Schule des Anselm von Laon. Eine theologie- und kirchenrechtsgeschichtliche Untersuchung zu den Ehetexten der frühen Pariser Schule des 12. Jahrhunderts (Beiträge zur Geschichte der Philosophie und Theologie des Mittelalters, NF 14), Münster 1974.

REUTER, H. G., Die Lehre vom Ritterstand. Zum Ritterbegriff in Historiographie und Dichtung vom 11. bis zum 13. Jahrhundert, Köln/Wien [2]1974.

RICHARD, A., Histoire des comtes de Poitou 778–1204, II: 1126–1204, Paris 1903.

RICHARDSON, H. G., Gervase of Tilbury, History 46 (1961) 102–114.

RICHTER, J., Der Ritter zwischen Gott und Welt – ein Bild mittelalterlicher Religion bei Hartmann von Aue, Zs. f. Religions- u. Geistesgesch. 16 (1964) 57–69.

RIEZLER, S., Der Kreuzzug Kaiser Friedrichs I., in: Forschungen zur deutschen Geschichte 10, (Berlin) 1870 (Neudruck Osnabrück 1968), S. 3–149.

RISCHER, CH., Literarische Rezeption und kulturelles Selbstverständnis in der deutschen Literatur der »Ritterrenaissance« des 15. Jahrhunderts (Studien zur Poetik und Geschichte der Literatur 29), Stuttgart 1973.

RITTNER, V., Kulturkontakte und soziales Lernen. Kreuzzüge im Licht einer mittelalterlichen Biographie (Kollektive Einstellungen und sozialer Wandel im Mittelalter 1), Köln/Wien 1973.

RÖRIG, F., Mittelalter und Schriftlichkeit, in: Die Welt als Geschichte, Zs. f. Universalgesch. 13 (1953) 29–41.

ROOS, H., Die Stellung der Grammatik im Lehrbetrieb des 13. Jahrhunderts, in: J. KOCH (Hg.), Artes Liberales, 1969, S. 94–106.

ROQUES, M., Notes pour l'édition de la Vie de saint Grégoire en ancien français, Romania 77 (1956) 1–25.

ROSENFELD, H., Die Legende als literarische Gattung, GRM, NF 2 (1951/52) 70–74.

ROSENFELD, H., Vorreformatorischer und nachreformatorischer Meistersang. Zur Augsburger Meistersingerschule von Ulrich Wiest bis Raphael Duller, in: Festschrift H. Moser, Berlin 1974, S. 253–271.

ROSENHAGEN, G., Rez. von SEEGERS, ZfdPh 25 (1893) 125–128.

ROSENKRANZ, K., Geschichte der Deutschen Poesie im Mittelalter, Halle 1830.

RUH, K., Höfische Epik des deutschen Mittelalters, I: Von den Anfängen bis zu Hartmann von Aue (Grundlagen der Germanistik), Berlin 1967, [2]1977.

RUH, K., Hartmanns ›Armer Heinrich‹. Erzählmodell und theologische Implikation, in: Festschrift H. de Boor zum 80., München 1971, S. 315–329.

RUPPERT, H., Goethes Bibliothek. Katalog, Weimar 1958.

SALMON, P., The Underrated Lyrics of Hartmann von Aue, Mod. Lang. Rev. 66 (1971) 810–825.

SCHALK, F., Zur Entwicklung der Artes in Frankreich und Italien, in: J. KOCH (Hg.), Artes Liberales, 1969, S. 137–148.

SCHANZE, H., Zu H. Linkes Methode der Formkritik in ihrer Anwendung auf das epische Werk Hartmanns von Aue, in: Probleme mittelhochdeutscher Erzählformen. Marburger Colloquium 1969, hg. von P. F. GANZ und W. SCHRÖDER, Berlin 1972, S. 10–39.

SCHENDA, R., Die protestantisch-katholische Legendenpolemik im 16. Jahrhundert, Archiv f. Kulturgesch. 52 (1970) 28–48 (I).

SCHENDA, R., Volk ohne Buch. Studien zur Sozialgeschichte der populären Lesestoffe 1770–1910 (Studien zur Philosophie und Literatur des 19. Jh.s 5), Frankfurt a. M. 1970 (II).

SCHENDA, R., Hieronymus Rauscher und die protestantisch-katholische Legendenpolemik, in: W. BRÜCKNER (Hg.), Volkserzählung und Reformation, Berlin 1974, S. 179–259.

SCHEUTEN, P., Das Mönchtum in der altfranzösischen Profandichtung (12.–14. Jahrhundert) (Beiträge zur Geschichte des alten Mönchstums und des Benediktinerordens 7), Münster 1919.

SCHIEB, G., Schuld und Sühne in Hartmanns Gregorius, PBB 72 (1950) 51–64.

SCHIROKAUER, A., Zur Interpretation des Armen Heinrich, ZfdA 83 (1951/52) 59–78.

SCHLUMPF, E., Die hl. Wiborada, Klausnerin auf St. Georgen, und der hl. Adalrich, Einsiedler auf der Ufenau, Zs. f. Schw. Kirchengesch. 42 (1948) 250–253.

SCHMEIDLER, B., Anti-asketische Äußerungen aus Deutschland im 11. und beginnenden 12. Jahrhundert, in: Festschrift W. Goetz, Leipzig 1927, S. 35–52.

SCHMID, K., Welfisches Selbstbewußtsein, in: Festschrift G. Tellenbach, Freiburg/Basel/Wien 1968, S. 389–416.

SCHMID, L., Des Minnesängers Hartmann von Aue Stand, Heimat und Geschlecht, Tübingen 1875.

SCHMITT, A., Die deutsche Heiligenlegende von Martin von Cochem bis Alban Stolz, Freiburg i. Br. 1932.

SCHMITZ, H. J., Die Bussbücher und das kanonische Bussverfahren. Nach handschriftlichen Quellen dargestellt, 2 Bde., Mainz 1883, Düsseldorf 1898 (Neudruck Graz 1958).

SCHMITZ, J., Sühnewallfahrten im Mittelalter, Diss. phil. Bonn 1910.

SCHNEIDER, F., Die höfische Epik im frühneuhochdeutschen Prosaroman, Diss. Bonn 1915.

SCHNELL, R., Rudolf von Ems. Studien zur inneren Einheit seines Gesamtwerks (Basler Studien 41), Bern 1969.

SCHNITH, K., Otto IV. und Gervasius von Tilbury. Gedanken zu den Otia Imperialia, Histor. Jb. 82 (1962) 50–69.

SCHÖN, TH., Die verschiedenen Familien von Ow, von Au, von Auw, von Ouw, von Aw, von Owen, Vierteljahrsschr. f. Wappen-, Siegel- und Familienkunde 18 (1890) 265–288, 19 (1891) 465–481.

SCHÖNBACH, A. E., Über Hartmann von Aue. Drei Bücher Untersuchungen, Graz 1894.

SCHOOLMEESTERS, E., Radulphe de Zaehringen, Biographie Nationale de Belgique (Brüssel 1905) 551–555.

SCHOTTMANN, H., Gregorius und Grégoire (1965), in: H. KUHN/CH. CORMEAU (Hgg.), Hartmann von Aue, S. 373–407.

SCHRAMM, A., Der Bilderschmuck der deutschen Frühdrucke, II, III, IX, XVII, XVIII, Nürnberg, Leipzig 1920/1935.

SCHREIBER, H., Geschichte der Stadt Freiburg i. Br., I, Freiburg i. Br. 1957.

SCHREINER, K., Sozial- und standesgeschichtliche Untersuchungen zu den Benediktinerkonventen im östlichen Schwarzwald (Veröffentlichungen der Kommission für geschichtliche Landeskunde in Baden-Württemberg, Reihe B, 31), Stuttgart 1964.

SCHREINER, K., ›Discrimen veri ac falsi‹, Ansätze und Formen der Kritik in der Heiligen- und Reliquienverehrung des Mittelalters, Archiv f. Kulturgesch. 48 (1966) 1–53 (I).

SCHREINER, K., Zum Wahrheitsverständnis im Heiligen- und Reliquienwesen des Mittelalters, Saeculum 17 (1966) 131–169 (II).

SCHRÖDER, E., Rez. von K. EULING (Hg.), Die Jakobsbrüder von Kunz Kistener, GGA 163,1 (1901) 40–52.

SCHRÖDER, E., Der Dichter der ›Guten Frau‹, in: Festschrift J. von Kelle, Prag 1908, S. 339–352.

SCHRÖDER, E., Der Dichter Gottfried von Hohenlohe, in: Festschrift G. Leidinger, München 1930, S. 241–247.

SCHRÖDER, E., Aus den Anfängen des deutschen Buchtitels, Nachr. d. Ges. d. Wiss. Göttingen, Phil.-Hist. Kl., NF II, 1, Göttingen 1937.

SCHRÖDER, W., Zur Chronologie der drei großen mittelhochdeutschen Epiker, DVjs 31 (1957) 264–302.

SCHRÖDER, W., Rez. von CORMEAU, AdfA 79 (1968) 54–61.

SCHÜPPERT, H., Kirchenkritik in der lateinischen Lyrik des 12. und 13. Jahrhunderts (Medium Aevum 23), München 1972.

SCHULMEISTER, R., *aedificatio* und *imitatio*. Studien zur intentionalen Poetik der Legende und Kunstlegende (Geistes- und sozialwissenschaftliche Dissertationen 16), Hamburg 1971.

SCHULTE, A., Eine neue Hypothese über die Heimat Hartmanns von Aue, ZfdA 41 (1897) 261–282.

SCHULTE, A., Die Reichenau und der Adel, in: K. BEYERLE (Hg.), Die Kultur der Abtei Reichenau, I, München 1925 (Neudruck 1974), S. 557–605.

SCHULTE, J. CH., P. Martin von Cochem 1634–1712. Sein Leben und seine Schriften (Freiburger theologische Studien 1), Freiburg 1910.

SCHULTE-SASSEN, J., Die Kritik an der Trivialliteratur seit der Aufklärung (Bochumer Arbeiten zur Sprach- und Literaturwissenschaft 6), München 1971.

SCHULTZ, A., Das höfische Leben zur Zeit der Minnesinger, 2 Bde., Leipzig [2]1889 (Neudruck Osnabrück 1965).

SCHUMACHER, M., Die Auffassung der Ehe in den Dichtungen Wolframs von Eschenbach (Germanische Bibliothek 3. Reihe), Heidelberg 1967.

SCHUPPE, E., Zur Textkritik des ›Gregorius Peccator‹ Arnolds von Lübeck, Diss. Leipzig 1914.

SCHWAB, U., Lex et gratia. Der literarische Exkurs Gottfrieds von Straßburg und Hartmanns ›Gregorius‹, Messina 1967.

SCHWARZ, M., Heiligsprechungen im 12. Jahrhundert und die Beweggründe ihrer Urheber, Archiv f. Kulturgesch. 39 (1957) 43–62.

SCHWARZ, W., Free will in Hartmann's Gregorius, PBB 89 (Tübingen 1967) 129–150.

SCHWIETERING, J., Die Demutsformel mittelhochdeutscher Dichter (1921), in: J. SCH., Philologische Schriften, hg. von F. OHLY und M. WEHRLI, München 1969, S. 140 bis 215.

SEEGERS, H., Neue Beiträge zur Textkritik von Hartmanns Gregorius, Diss. Kiel 1890.

SEELISCH, A., Zur Textkritik von Hartmanns Gregorius, ZfdPh 16 (1884) 257–306.

SEELISCH, A., Rez. von G. BUCHWALD (Hg.), Gregorius Peccator, ZfdPh 19 (1887) 121 bis 128.

SEIGFRIED, H., Der Schuldbegriff im ›Gregorius‹ und im ›Armen Heinrich‹ Hartmanns von Aue, Euph. 65 (1971) 162–182.

SEPPELT, F. X., Geschichte der Päpste, III, München 1956.

SEYBOLT, R. F., Fifteenth Century Editions of the ›Legenda Aurea‹, Speculum 21 (1946) 327–338.

SIEFKEN, H., *Der sælden strâze.* Zum Motiv der zwei Wege bei Hartmann von Aue, Euph. 61 (1967) 1–21.

SIGNER, L., Martin von Cochem. Eine große Gestalt des rheinischen Barock (Institut für europäische Geschichte Mainz, Vorträge 35), Wiesbaden 1963.

SOETEMANN, C., Alter Wein in neuen Schläuchen. Über Stofferfindung und Stoffentlehnung in der deutschen Literatur, Levende talen 205 (1960) 360–371.

SOMMER, D., Entwicklungstendenzen der bürgerlichen Literatursoziologie, Wiss. Zs. d. Univ. Halle, Reihe B, 15 (1966) 463–476.

SPARNAAY, H., Verschmelzung legendarischer und weltlicher Motive in der Poesie des Mittelalters, Diss. Amsterdam 1922.

SPARNAAY, H., Hartmann von Aue, Studien zu einer Biographie, 2 Bde., Halle a. S., 1933/38 (Neudruck Darmstadt 1976).

SPARNAAY, H., Brauchen wir ein neues Hartmannsbild? DVjs 39 (1965) 639–649.

SPECHT, F. A., Geschichte des Unterrichtswesens in Deutschland von den ältesten Zeiten bis zur Mitte des 13. Jahrhunderts, Stuttgart 1885.

SPIEWOK, W., Das Menschenbild der deutschen Literatur um 1200, Wiss. Zs. d. Univ. Greifswald, Ges.- u. sprachwiss. R. 5/6 (1966) 505–513.

SPRANDEL, R., Ivo von Chartres und seine Stellung in der Kirchengeschichte (Pariser Historische Studien 1), Stuttgart 1962.

SPRANDEL, R., Gewerbe und Handel 900–1350, in: Handbuch der deutschen Wirtschafts- und Sozialgeschichte, hg. von H. AUBIN/W. ZORN, I, Stuttgart 1971, S. 202–225.

SPRANDEL, R., Mentalitäten und Systeme. Neue Zugänge zur mittelalterlichen Geschichte, Stuttgart 1972.

SPRANDEL, R., Zu den Funktionen des Mönchstums, in: O. KÖHLER (mit Beiträgen von anderen), Versuch einer »Historischen Anthropologie«, Saeculum 25 (1974) 129–246, hier S. 211–214.

SPRANDEL, R., Über sozialen Wandel im Mittelalter, Saeculum 26 (1975) 205–213.

STACKMANN, K., Der Erwählte. Thomas Manns Mittelalter-Parodie, Euph. 53 (1959) 61–74.

STACKMANN, K., Ein seltenes Wort im ›Erwählten‹, in: Festgabe H. Wohltmann, Stade 1964, S. 176–179.

STÄLIN, CH. F., Wirtembergische Geschichte, II: Schwaben und Südfranken, Stuttgart/Tübingen 1847.

STAHL, H., P. Martin von Cochem und das ›Leben Christi‹ (Beiträge zur Literaturgeschichte und Kulturgeschichte des Rheinlandes 2), Bonn 1901.

STAMMLER, W., Preining, Jörg, VL III (1943), Sp. 927–946.

STAMMLER, W., Von der Mystik zum Barock. 1400–1600, Stuttgart [2]1950.

STAMMLER, W., Mittelalterliche Prosa in deutscher Sprache, in: Aufriß II, Berlin [2]1960, Sp. 749–1102.

STAUFFER, M., Der Wald. Zur Darstellung und Deutung der Natur im Mittelalter, Bern 1959.

STEIN, W., Handels- und Verkehrsgeschichte der deutschen Kaiserzeit (Abhandlungen zur Verkehrs- und Seegeschichte 10); Berlin 1922 (Neudruck 1967).

STEINBACH, E., Gottes armer Mensch. Die religiöse Frage im dichterischen Werk von Thomas Mann, Zs. f. Theol. u. Kirche 50 (1953) 207–242.

STOLTE, H., Hartmanns sogenannte Witwenklage und sein drittes Kreuzlied, DVjs 25 (1951) 185–198.

STRAUCH, PH., Deutsche Prosanovellen des 15. Jh.s, II, ZfdPh 29 (1885) 373–443.

STRUNK, G., Kunst und Glaube in der lateinischen Heiligenlegende. Zu ihrem Selbstverständnis in den Prologen (Medium Aevum 12), München 1970.

STRAYER, J. R./COULBORN, R., The Idea of Feudalism, in: R. C. (Hg.), Feudalism in History, Hamden 1965, S. 3–11.

SZÖVÉRFFY, J., Das Volksbuch – Geschichte und Problematik, DU 14,2 (1962) 5–28.

SZONDI, P., Versuch über Thomas Mann, Neue Rundschau 67 (1956) 557–563, wieder als: Thomas Manns Gnadenmär von Narziß, in: Satz und Gegensatz. Sechs Essays, Frankfurt a. M. 1964, S. 71–78.

TELLENBACH, G., Il Monachesimo riformato ed i laici nei secoli XI e XII, in: I laici ... 1968, S. 118–142.

TILVIS, P., Über die unmittelbaren Vorlagen von Hartmanns ›Erec‹ und ›Iwein‹, Ulrichs ›Lanzelet‹ und Wolframs ›Parzival‹, Neuph. Mitt. 60 (1959) 29–65, 129–144.

TOBIN, F. J., ›Gregorius‹ and ›Der arme Heinrich‹. Hartmann's Dualistic and Gradualistic Views of Reality (Stanford German Studies 3), Bern/Frankfurt a. M. 1973.

TOBIN, F. J., Fallen man and Hartmann's ›Gregorius‹, Germanic Review 50 (1975) 85–98.

TONOMURA, N., Zur Schuldfrage im ›Gregorius‹ Hartmanns von Aue, Wirk. Wort 18 (1968) 1–17.

TRENKLE, J. B., Geschichte des Bergbaus im südwestlichen Schwarzwald (1028–1869), Zs. f. Bergrecht 11 (1870) 185–230.

TRITSCHELLER, E., Die Markgrafen von Baden im 11. und 13. Jahrhundert, Diss. masch. Freiburg i. Br. 1954.

TRUSEN, W., Forum internum und gelehrtes Recht, Zs. f. Rechtsgesch., Kanonist. Abt. 57 (1971) 83–126.

TSCHIRCH, F., Gregorius der Heilære – eine Wort- und Bedeutungsstudie zu Hartmanns Büßer-Legende, in: Festschrift J. Quint, Bonn 1964, S. 237–250.

TSCHIRCH, F., 17 – 34 – 153. Der heilsgeschichtliche Symbolgrund im ›Gregorius‹ Hartmanns von Aue, in: Festschrift P. Böckmann, Hamburg 1964, S. 37–46.

TSCHIRCH, F., Das Selbstverständnis des mittelalterlichen deutschen Dichters, in: P. WILPERT (Hg.), Beiträge zum Berufsbewußtsein des mittelalterlichen Menschen (Miscellanea mediaevalia 3), Berlin 1964.

TSCHIRCH, F., Rez. von HJ. LINKE, Epische Strukturen in der Dichtung Hartmanns von Aue, PBB 93 (Tübingen 1971) 444–457.

TUBACH, F. C., Index Exemplorum: A Handbook of Medieval Religious Tales (Folklore Fellows Communications 204), Helsinki 1969.

URBANEK, F., Kaiser, Grafen und Mäzene im ›König Rother‹ (Philologische Studien und Quellen 71), Berlin 1976.

VALVEKENS, J. B., De S. Gerlaco, eremita, Analecta Praemonstrat. 35 (1959) 348–353.

VEIT, W., Toposforschung. Ein Forschungsbericht, DVjs 37 (1963) 120–163.

VAN DER VEN, F., Sozialgeschichte der Arbeit, II (dtv 4083), München 1972.

VERWEYEN, TH., Apophthegma und Scherzrede, Bad Homburg v. d. H./Berlin/Zürich 1970.

VILLER, M./RAHNER, K., Aszese und Mystik in der Väterzeit, Freiburg 1939.

VOGEL, C., La discipline pénitentielle en Gaule des origines a la fin du VIIe siècle, Paris 1952.

VOIGT, G., Friedrich Engels und die deutschen Volksbücher, Dt. Jb. f. Volkskde. 1 (1955) 65–108.

WAAS, A., Geschichte der Kreuzzüge, I, Freiburg 1956.

WACKERNAGEL, W., Die deutsche Heldensage im Lande der Zähringer und in Basel, ZfdA 6 (1848) 157–161.

WALSHE, M. O'C, The Prologue to Hartmann's Gregorius, London Medieval Studies 2 (1951) 87–100.

VON WALTER, J., Das Leben Roberts von Arbrissel. Studien zur Geschichte des Mönchtums, Diss. Göttingen 1901.

VON WALTER, J., Die ersten Wanderprediger Frankreichs, Studien zur Geschichte des Mönchtums, Neue Folge, Leipzig 1906.

WAPNEWSKI, P., Der Gregorius in Hartmanns Werk, ZfdPh 80 (1961) 225–253.

WAPNEWSKI, P., Hartmann von Aue (Sammlung Metzler M 17), Stuttgart [5]1972, [6]1976.

WASSERSCHLEBEN, F. W. H., Die Bußordnungen der abendländischen Kirche, Halle 1851 (Neudruck Graz 1958).

WEHRLI, M., Roman und Legende im Hochmittelalter, in: Festschrift P. Markwardt, Berlin 1961.

WEIGAND, H. J., Thomas Manns Gregorius, Germ. Rev. 27 (1952) 10–30, 83–95.

WEIGAND, R., Die Lehre der Kanonisten des 12. und 13. Jahrhunderts von den Ehezwecken, Studia Gratiana 12 (1967) 443–478.

WEIMANN, R., »Rezeptionsästhetik« und die Krise der Literaturgeschichte, Weimarer Beiträge 8 (1973) 5–33.

WEINBERG, K., Kafkas Dichtungen. Die Travestien des Mythos, Bern/München 1963.

WELLER, K., König Konrad IV. und der Minnesang, Württ. Vierteljahreshefte f. Landesgesch. NF 34 (1928) 37–43.

WENZEL, H., Der Gregorius Hartmanns von Aue. Überlegungen zur zeitgenössischen Rezeption des Werkes, Euph. 66 (1972) 323–354.

WERNER, E., Zur Frauenfrage und zum Frauenkult im Mittelalter: Robert von Arbrissel und Fontevrault, Forsch. u. Fortschr. 29 (1955) 269–276.

WERNER, E., Pauperes Christi, Leipzig 1956.

WERNER, E., Die Kreuzzugsidee im Mittelalter, Wiss. Zs. d. Univ. Leipzig 5 (1957/58), ges. u. sprachwiss. Reihe, S. 135–140.

WERNER, E., Bemerkungen zu einer neuen These über die Herkunft der Laienbrüder, Zs. f. Geschichtswiss. 6 (1958) 353–361.

WILHELM, F., Zur Geschichte des Schrifttums in Deutschland bis zum Ausgang des 13. Jahrhunderts, II: Der Urheber und sein Werk in der Öffentlichkeit (Münchener Archiv für Philologie des Mittelalters und der Renaissance 8) München 1921.

WILLIAMS-KRAPP, W., Studien zu ›Der Heiligen Leben‹, ZfdA 105 (1976) 274–303.

WILLSON, H. B., Hartmann's ›Gregorius‹ and the Parable of the Good Samaritan, Mod. Lang. Rev. 54 (1959) 195–203.

WILLSON, H. B., Weiteres zur Schuldfrage im Gregorius Hartmanns von Aue, ZfdPh 89 (1970) 34–53.

WILLSON, H. B., *Unmâze* in Hartmann's Gregorius, Medium Aevum 42 (1973) 224–237 (I).

WILLSON, H. B., Love and order in the Medieval German Courtly Epic. An inaugural lecture, Leicester 1973 (II).

WILLSON, H. B., A »New Order« in Hartmann's ›Gregorius‹ and ›Der arme Heinrich‹, Nottingham Medieval Studies 18 (1974) 3–16.

WINKELMANN, (E.), Otto IV., ADB 24 (1887) 621–634.

WOLF, A., Gnade und Mythos. Zur Gregoriuslegende bei Hartmann von Aue und Thomas Mann, WW 12 (1962) 193–209.

WOLF, A., Gregorius bei Hartmann von Aue und Thomas Mann (Interpretationen zum Deutschunterricht an den höheren Schulen), München 1964.

WOLF, A., Erzählkunst und verborgener Schriftsinn. Zur Diskussion um Chrétiens ›Yvain‹ und Hartmanns ›Iwein‹, Sprachkunst 2 (1971) 1–42.

WOLFF, L., Welfisch-Braunschweigische Dichtung der Ritterzeit, Jb. d. Ver. f. nddt. Sprachforsch. 71/73 (1948/50) 68–89.

WOLFF, L., Rez. von DITTMANN, Hartmanns Gregorius, PBB 89 (Tübingen 1967) 96–100.

WOLLASCH, J., Die Anfänge des Klosters St. Georgen im Schwarzwald (Forschungen zur oberrheinischen Landesgeschichte 14), Freiburg i. Br. 1964.

WOLLASCH, J., Mönchtum des Mittelalters zwischen Kirche und Welt (Münstersche Mittelalter-Schriften 7), München 1973.

WOLPERS, TH., Die englische Heiligenlegende des Mittelalters. Eine Formgeschichte des Legendenerzählens von der spätantiken lateinischen Tradition bis zur Mitte des 16. Jahrhunderts (Buchreihe der Anglia 10), Tübingen 1964.

WOLTER, H., Ordericus Vitalis. Ein Beitrag zur kluniazensischen Geschichtsschreibung (Veröffentlichungen des Instituts für europäische Geschichte Mainz 7), Wiesbaden 1955.

WOLTER, H., Bernhard von Clairvaux und die Laien, Scholastica 34 (1959) 161–189 (I).

WOLTER, H., Geschichtliche Bildung im Rahmen der Artes Liberales, in: J. KOCH (Hg.), Artes Liberales, 1959, S. 50–83 (II).

WYSLING, H., Thomas Manns Verhältnis zu den Quellen. Beobachtungen am ›Erwählten‹, in: P. SCHERRER/H. WYSLING, Quellenkritische Studien zum Werk Thomas Manns (Thomas-Mann-Studien 1), Bern/München 1967, S. 258–324.

WYSS, U., Theorie der mittelhochdeutschen Legendenepik (Erlanger Studien 1), Erlangen 1973.

WYSS, U., Selbstkritik des Erzählers. Ein Versuch über Wolframs Titurelfragment, ZfdA 103 (1974) 249–289.

ZAAL, J. W. B., »A lei francesca« (Sainte Foy, v. 20). Etude sur les chansons de saints Gallo-Romanes du XIe siècle, Leiden 1962.

ZARNCKE, F., Der deutsche Cato, Osnabrück ²1966.

ZIEGLER, J. G., Die Ehelehre der Pönitentialsummen von 1200–1350. Eine Untersuchung zur Geschichte der Moral- und Pastoraltheologie (Studien zur Geschichte der katholischen Moraltheologie 4), Regensburg 1956.

ZIMMERMANN, P., Wilhelm von Lüneburg, ADB 42 (1897) 727–729.

ZWIERZINA, K., Überlieferung und Kritik von Hartmanns Gregorius, ZfdA 37 (1893) 129–217, 356–416.

4. Rezensionen zu Thomas Mann ›Der Erwählte‹

Goldschmit[-Jentner], R., Das neue Werk von Thomas Mann, Heidelberger Tageblatt vom 3. 4. 1951.

Hausmann, M., Thomas Mann: Der Erwählte, Weser-Kurier vom 19. 5. 1951, 2. Beiblatt Nr. 112.

Korn, K., Im Legendenton, Frankfurter Allgemeine Zeitung vom 17. 3. 1951, Literaturblatt.

Krüger, H., Thomas Manns neuer Roman ›Der Erwählte‹, Der christliche Sonntag 3, 19 (13. 5. 1951) 148.

Mackensen, L., Thomas Mann bearbeitet einen christlichen Stoff, Die neue Ordnung 5 (1951) 465–469.

Prescott, O., Books of the Times (The Holy Sinner), The New York Times, International Edition, 11. 9. 1951, S. 6.

Schwarz, G., Der Erwählte. Zu Thomas Manns neuem Roman, Welt und Wort 6 (1951) 299 f.

Schwerte, H., Die Vorheizer der Hölle. Zu Thomas Manns »archaischem Roman«, Die Erlanger Universität 5, 3. Beilage (13. 6. 1951).

Sieburg, F., Thomas Manns neuer Roman. Die Welt vom 15. 3. 1951 (Nr. 63), S. 3.

Spender, St., Mr. Mann's Tale of Agony and Love, The New York Times Book Review vom 9. 9. 1951, S. 1 und 24.

Störi, F., Thomas Mann: ›Der Erwählte‹ oder Scherz, Satire, Ironie und tiefere Bedeutung. Neue Schweizer Rundschau, NF 19, Nr. 1 (Mai 1957) 54–57.

West, A., (Anzeige von ›The Holy Sinner‹), The New Yorker vom 6. 10. 1951, S. 114 f.

REGISTER